Sandra Wesenberg | Silke Birgitta Gahleitner
Lehrbuch Psychologie in der Sozialen Arbeit

Studienmodule Soziale Arbeit

Herausgegeben von
Ria Puhl | Regina Rätz | Eberhard Raithelhuber | Wolfgang Schröer | Titus Simon | Steve Stiehler | Mechthild Wolff

Die Reihe „Studienmodule Soziale Arbeit" präsentiert Grundlagentexte und bietet eine Einführung in basale Themen der Sozialen Arbeit. Sie orientiert sich sowohl konzeptionell als auch in Inhalt und Aufbau der Einzelbände hochschulübergreifend an den jeweiligen Studienmodulen. Jeder Band bereitet den Stoff eines Semesters in Lehr- und Lerneinheiten auf, ergänzt durch Übungsfragen, Vorschläge für das Selbststudium und weiterführende Literaturhinweise.

Sandra Wesenberg | Silke Birgitta Gahleitner

Lehrbuch Psychologie in der Sozialen Arbeit

Eine Einführung in psychosoziales Denken und Handeln in klinischen Handlungsfeldern

Die Autorinnen

Sandra Wesenberg, Prof. Dr. phil. (Diplom-Pädagogin, Sozialarbeiterin M. A., Verhaltenstherapeutin für Kinder und Jugendliche i. A.), seit 2017 Gastprofessorin für Klinische Psychologie mit den Schwerpunkten Beratung und Therapie an der ASH Berlin.

Silke Birgitta Gahleitner, Prof. Dr. phil. habil., Studium der Sozialen Arbeit, Promotion in Klinischer Psychologie, Habilitation in den Erziehungswissenschaften, langjährig als Sozialarbeiterin und Psychotherapeutin tätig. Seit 2006 Professorin für Klinische Psychologie und Sozialarbeit im Arbeitsbereich Psychosoziale Diagnostik und Intervention an der Alice Salomon Hochschule in Berlin.

Dieses Buch ist erhältlich als:
ISBN 978-3-7799-3914-6 Print
ISBN 978-3-7799-5130-8 E-Book (PDF)

1. Auflage 2022

in der Verlagsgruppe Beltz · Weinheim Basel
Werderstraße 10, 69469 Weinheim

Herstellung: Ulrike Poppel
Satz: text plus form, Dresden
Druck und Bindung: Beltz Bad Langensalza GmbH, Bad Langensalza
Beltz Grafische Betriebe ist ein klimaneutrales Unternehmen (ID 15985-2104-100)
Printed in Germany

Weitere Informationen zu unseren Autor_innen und Titeln finden Sie unter: www.beltz.de

Inhalt

Lehreinheit 1

Psychosozial Denken und Handeln – ein erster Einblick

1 Zur Einführung

1.1 Einführung

Es lässt sich viel darüber diskutieren, wie bezugswissenschaftliche Inhalte für Studierende der Sozialen Arbeit eingeführt werden sollen. Auf dem Markt der Lehrbücher zu psychologischen Grundlagen für sozialwissenschaftliche Fächer häufen sich Angebote, die die Lehre stark bezugsdisziplinär vonseiten der psychologischen Disziplin konzeptualisieren. Das ist auf vielen Ebenen sinnvoll, die Inhalte lassen sich für Studierende aber nicht immer leicht in die Fachwissenschaft Soziale Arbeit oder gar Praxiserfahrungen integrieren. Das vorliegende Lehrbuch soll diesen Konzeptionen einen ergänzenden Vorschlag gegenüberstellen. Es fokussiert auf eine Auswahl psychologischer Konzepte und Theorien, die seit vielen Jahren Studierenden der Sozialen Arbeit in einer Einführungsvorlesung vermittelt werden und einem anderen Grundkonzept verpflichtet sind: Die Inhalte sind stets der Anwendung innerhalb der Sozialen Arbeit und konkreten – klinisch bzw. psychosozial ausgerichteten – Praxiskontexten gewidmet. Sozialarbeiter*innen sind hier gefordert, über psychologische Kenntnisse zu verfügen, sie jedoch zusätzlich immer wieder für ihre Berufspraxis kritisch zu reflektieren, auf das Spektrum sozialarbeiterischer Anforderungen und Zielgruppen zu beziehen und sie sich berufs- und situationsangemessen zunutze zu machen.

Der ‚moderne Mensch' benötigt eine hohe Flexibilität und differenzierte Fähigkeiten, das eigene Handeln sinnvoll auf die vorhandenen Vielfältigkeiten von Anforderungen und Aktionsalternativen abzustimmen. Reichen die eigenen Ressourcen dafür nicht aus, die dadurch entstehenden Verunsicherungen aufzufangen, kann es zu körperlichen, psychischen und sozialen Beeinträchtigungen, Krankheiten, Desintegrations- und Exklusionsprozessen kommen. Kernaufgabe der Sozialen Arbeit ist eine kontinuierliche Weiterentwicklung adäquater Unterstützungsformen, um soziale Problemlagen und die daraus entstehenden gesundheitlichen und strukturellen Herausforderungen zu beantworten. Für Studierende Sozialer Arbeit ist es in diesem Kontext von Bedeutung, die Prozesse zu verstehen, die jedes Individuum fortwährend vor die Aufgabe stellen, vor dem Hintergrund der bisher entwickelten psychischen Struktur und der aktuellen psychosozialen Situation bedeutsame Veränderungen seiner Lebenslage psychisch zu verarbeiten.

In 16 Lehreinheiten werden Studierende an psychosoziales Grundlagenwissen herangeführt, lernen individuelle psychosoziale Problemlagen im Kontext von Umfeld- und Lebensbedingungen zu verstehen und Anknüpfungspunkte für klinisch-sozialarbeiterisches Handeln abzuleiten. Eine Soziale Arbeit, die sich um sinnvolle Integration psychologischer Inhalte als Basiswissen für psychosoziale Arbeitsfelder bemüht, vermag auf diese Weise konstruktive Veränderungsimpulse für Einzelne im Kontext ihrer jeweiligen Umfeld- und Lebensbedingungen zu entwickeln. Gesundheit, Krankheit und Beeinträchtigung müssen dabei auch in der Lehre an Studierende als biografisch, d.h. in soziokulturellen Milieus verankert, vermittelt, die Lebenswelt als sozialer Raum mit einer spezifischen Sozial- und Gesellschaftsstruktur aufgefasst und das Zusammenwirken von sozialstrukturellen und psychosozialen Einflussfaktoren thematisiert werden.[1]

Die Vermittlung der notwendigen Kenntnisse und Kompetenzen an Sozialarbeiter*innen hat jedoch auch eine versorgungspolitische Dimension: Die Disziplin der Psychologie hat sich in den letzten Jahrzehnten in einigen zentralen Bereichen stark auf innerpsychisch zentrierte Inhalte zurückgezogen und hierauf aufbauend Interventionen (weiter-)entwickelt. Mit dieser Perspektivverengung ist vielen Adressat*innen der Sozialen Arbeit jedoch nicht zu helfen – sie sind mit solchen Angeboten oft nicht einmal initial erreichbar. Aber sie sind erreichbar mit indikationsspezifischen und situationsadäquaten Methoden sozialer Beratung und Sozialtherapie im Rahmen umfassender ‚psychosozialer Behandlung'. Soziale Arbeit – im Unterschied zu anderen Professionen – kann vermitteln, unterstützen, Ressourcen erschließen, erziehen, koordinieren, beraten und den Beratungs- bzw. Behandlungsprozess auf einer komplexeren Basis als die Psychologie erforschen und auswerten. Hier liegen wichtige Aufgaben der Weiterentwicklung Sozialer Arbeit in Wissenschaft, Lehre und Praxis für die Zukunft – auch im Sinne einer besseren Versorgung der Adressat*innen.

Wir wünschen unseren Studierenden, dass sie über diese Kenntnisse und Kompetenzen im Anschluss an das Studium nicht nur so umfassend wie möglich verfügen, sondern daran auch die Freude haben, die dieser – an vielen Stellen hoffnungsvolle – Arbeitsbereich in sich birgt. Dieses Buch soll einen ersten Zugang zu den psychologischen Grundlagen Sozialer Arbeit eröffnen. Die folgen-

---

1 Im Abgrenzungsdiskurs der Sozialen Arbeit von psychologisch geprägten Konzepten ist verloren gegangen, dass neben den klinisch geprägten historischen Wurzeln (u.a. Alice Salomon, Mary Richmond) auch in der Psychologie, insbesondere der Gemeindepsychologie und Sozialpsychiatrie, ein wesentlich umfassenderes Verständnis von Psychologie als Gesundheitsarbeit unter Einbezug des sozialen Kontexts existierte und zum Teil noch existiert. ‚Case Work' als einzelfallbezogene Beratung, Begleitung und Unterstützung in prekären Lebenslagen trägt diese Wurzeln. Auch unsere Auseinandersetzung als Autorinnen ist über einen langen Zeitraum hinweg entwickelt worden und stets weiter gewachsen. Das Buch resultiert daher aus einem komplexen Diskussionsprozess, in den zahlreiche vorherige Publikationen eingegangen sind (u.a. Gahleitner, 2020, 2021; Gahleitner, Hahn & Glemser, 2013).

den Kapitel geben eine Einführung in psychosoziales Denken und Handeln in klinischen Handlungsfeldern der Sozialen Arbeit. Die Leser*innen erhalten Einblicke in zentrale Modelle und grundlegende Befunde verschiedener psychologischer Teilbereiche (insbesondere aus Entwicklungspsychologie und klinischer Psychologie), lernen verschiedene Konzepte psychosozialen Fallverstehens und biografische Zugänge zu individuellen Lebensverläufen kennen, werden in Fallbeispielen unterschiedlichen Klient*innen Sozialer Arbeit in klinischen Handlungsfeldern begegnen und erfahren, wie psychosoziale Diagnostik und Intervention geplant und gestaltet werden kann, um psychosozial hoch belastete Klient*innen angemessen zu beraten und alltagsnah zu begleiten.

Die Kapitel bzw. Lehreinheiten sind dabei zu thematischen Blöcken zusammengefasst. So stehen in den Kapiteln 2 bis 4 psychosoziale Konzepte, Paradigmen und Theorien rund um Entwicklung und Sozialisation über die gesamte Lebensspanne im Blickpunkt. Als besonders bedeutsam erweisen sich hierbei unseres Erachtens bindungstheoretische Bezüge sowie entwicklungs- und sozialpsychologische Modelle, die menschliche Entwicklung in Wechselwirkung zwischen Individuum und sozialer Umgebung („person-in-environment") begreifen und individuelle Lebensverläufe in ihrer biografischen Gewordenheit zugänglich machen.

Die Kapitel 5 und 6 geben einen Überblick zur konkreten Gestaltung psychosozialer Diagnostik und Intervention anhand eines Fallbeispiels. Nathalie kommt aus einem multipel belasteten familiären Umfeld, hat wiederholt Gewalt und Traumata erfahren und lebt seit ihrem 16. Lebensjahr in einer therapeutischen Jugendwohngruppe. Anhand dieses Fallbeispiels, einführend vorgestellt in Kapitel 1.2, werden Schritt für Schritt die Zugänge zu einem umfassenden Fallverstehen nachvollzogen sowie Möglichkeiten psychosozialer Intervention erläutert. Auch im nachfolgenden Themenblock, der beispielhaft verschiedene psychische Symptombilder (Traumafolgestörungen, Depression, ADHS, Persönlichkeitsstörung, Demenz) in den Blickpunkt rückt, werden immer wieder Fallbeispiele einbezogen. Über diesen Zugang soll ein Fallverstehen ermöglicht werden, das ‚Fälle' nicht nur in vorrangig pathogener und individualisierter Sicht auf ‚Symptome' beschränkt betrachtet, sondern ein biografisch orientiertes Verständnis individueller Lebensverläufe und spezifischer psychosozialer Problemlagen eröffnet, eingebettet in gesellschaftliche Verhältnisse.

In den abschließenden Kapiteln 13 bis 16 werden vier zentrale Grundorientierungen von Beratung und Therapie vorgestellt. Die Einblicke in psychoanalytische, kognitiv-verhaltensorientierte, humanistische und systemische Denk- und Erklärungsmodelle sowie Interventionsstrategien beinhalten dabei deutlich mehr als unterschiedliche ‚Methodenkoffer' und psychotherapeutische Handlungsstrategien. Die Grundorientierungen sind vielmehr mit je spezifischen

Haltungen und Menschenbildern bzw. Vorstellungen zu menschlicher Entwicklung und Sozialisation verknüpft. Die Verfahren bedeuten also unterschiedliche Verständnisse und Zugangsweisen zu Menschen und deren Entwicklung, Persönlichkeit und den wahrgenommenen Veränderungsmöglichkeiten und bestimmen damit auch wesentlich Ziele, Inhalte und Vorgehensweisen therapeutischer und beraterischer sowie sozialarbeiterischer Interventionen in klinischen Handlungsfeldern.

1.2 Nathalie – ein Fallbeispiel aus der Praxis

Nathalie wuchs mit zwei jüngeren Schwestern und einem jüngeren Bruder bis zum 16. Lebensjahr in ihrer Ursprungsfamilie auf. In der Familie kam es regelmäßig zu Alkoholexzessen und häuslicher Gewalt durch den Vater – sowohl gegenüber Nathalies Mutter als auch Nathalie selbst und ihren Geschwistern gegenüber. Mehrere Kinder des Vaters aus vorherigen Beziehungen wurden durch das Jugendamt fremd untergebracht. Nathalie und ihre drei Geschwister haben aufgrund des Alkoholmissbrauchs beider Eltern während der Schwangerschaften eine angeborene Alkoholembryopathie (sog. Fetales Alkoholsyndrom) und eine dadurch bedingte Intelligenzminderung zurückbehalten. Nathalies Bruder hat eine Schädelfissur, vermutlich von einer frühen Misshandlung durch den Vater; die Mutter wurde wegen mehrerer ungeklärter Knochenbrüche im Krankenhaus behandelt. Nathalie und ihre beiden Schwestern erzählen von zahlreichen aggressiven Ausbrüchen des Vaters, in denen er zunächst die Mutter, in der Folge jedoch auch die Kinder unkontrolliert schlug und mit Gegenständen z. T. gefährlich verletzte. Die Mutter war außerstande, sich und die Kinder zu schützen, und überließ die Verantwortung dafür bereits zu einem frühen Zeitpunkt Nathalie.

Bis zu Nathalies 16. Lebensjahr konnte das Jugendamt nicht im Rahmen des Kinderschutzes tätig werden, weil die Mutter und ihre Kinder im hermetisch abgeriegelten Gewaltsystem aus Angst vor weiterer Gewalt nicht in der Lage waren, über die Misshandlungen zu berichten. Als Nathalie 16 Jahre alt war, kehrte ihre Schwester nach einem Krankenhausaufenthalt nicht mehr in die Familie zurück und öffnete sich erstmals dem Jugendamt. Daraufhin beendeten auch Nathalie und ihre jüngste Schwester ihr Schweigen über die Gewalt, vertrauten sich ebenfalls der Familientherapeutin an und ließen sich fremd unterbringen. Kurz darauf wurde Nathalie in die stationäre Jugendhilfeeinrichtung „Myrrha“ aufgenommen. Diese sozialtherapeutische Mädchenwohngruppe gehört zum Verbund der Therapeutischen Jugendwohngruppen in Berlin und richtet ihr Angebot an Mädchen und junge Frauen, deren Entwicklung beim Verbleib in der Herkunftsfamilie nicht sichergestellt werden kann. Die Einrichtung war ehemals spezialisiert auf (sexuelle) Gewalterfahrung und wird zumeist in diesem Kontext belegt, in den vergangenen Jahren wurde das Angebot jedoch auf Mädchen mit verschiedenen Traumafolgestörungen ausgeweitet. In der Einrichtung wird ein Milieu geschaffen, das den Mädchen und jungen Frauen ermöglicht, sich psychisch zu stabilisieren, (Selbst-)Vertrauen zu gewinnen, realistische Lebensperspektiven für sich zu entwerfen und umzusetzen, ein konstruktives Krisenmanagement zu erlernen sowie ein Netz förderlicher sozialer Kontakte aufzubauen. Das Team besteht aus Sozialarbeiter*innen, Psycholog*innen, Erzieher*innen, einer Kinder- und Jugendlichenpsychotherapeutin sowie einer Kunst- und Kreativtherapeutin. Fast alle Mitarbeiter*innen verfügen über fachspezifische Zusatzqualifikationen. Dies ermöglicht eine fruchtbare interdisziplinäre Zusammenarbeit.

Jede Jugendliche hat eine eigene Bezugsbetreuung, d. h., jemand aus dem Betreuungsteam ist jeweils speziell für eine Jugendliche zuständig und pflegt mit ihr in regelmäßigen Gesprächen eine besondere Beziehung. In diesem Bezugsbetreuungssetting wird der Alltag umfassend pädagogisch begleitet und die gemeinsame Planung konkret anstehender Schritte besprochen. Eine Kinder- und Jugendlichenpsychotherapeutin sowie eine Kreativtherapeutin unterstützen diesen Prozess über wöchentliche Angebote. Geraten die Bewohnerinnen in Krisen, werden sie sowohl von der Bezugsbetreuung als auch vom Team unterstützt – sei dies nun im Rahmen der stationären Einrichtung selbst oder durch eine kurzzeitige Unterbringung in einer Kriseneinrichtung oder Klinik. In der Psychotherapie geht es – falls die Mädchen ausreichend stabil sind – darum, die anstehenden Problemlagen im geschützten psychotherapeutischen Setting zu reflektieren, mit der eigenen Biografie zu verbinden und Bewältigungsmöglichkeiten zu entwerfen. Im Übergangsraum der Kreativtherapie wiederum werden Alltagssituationen mit therapeutischer Qualität aufgesucht und den Mädchen angeboten – innerhalb von Gruppenarbeitsangeboten, jedoch auch in Einzelarbeit. Von der gesamten Einrichtung werden die Jugendlichen im Alltag unterstützt, Strategien zu entwickeln und umzusetzen, um möglichen weiteren Krisen vorzubeugen bzw. sie zu meistern. Wo dies möglich ist, wird mit den Familien der Bewohnerinnen zusammengearbeitet. Außerdem pflegt das Team in regelmäßigen Fallbesprechungen und kontinuierlicher Supervision interdisziplinären Austausch. Auch mit anderen Einrichtungen und Stellen wie der Kinder- und Jugendpsychiatrie, stationären psychiatrischen Einrichtungen und Beratungsstellen arbeitet das Team zusammen. In den Hilfekonferenzen, in denen Erfahrungen, die alle Beteiligten mit den Jugendlichen gemacht haben, sowie Einschätzungen bezüglich des Entwicklungsverlaufs zusammenfließen, wird die weitere Hilfeplanung gemeinsam festgelegt. Die Jugendlichen erleben und gestalten auf diese Weise unterschiedliche Beziehungsqualitäten: mit den Peers, mit den Betreuerinnen und Betreuern, mit den Therapeutinnen und Therapeuten und mit der Leitungskraft.

Im Folgenden wird das Fallbeispiel von Nathalie im Text immer wieder herangezogen. Insbesondere soll das Vorgehen psychosozialer Diagnostik und Intervention in der konkreten Handlungspraxis in den Kapiteln 5 und 6 anhand dieses Falls veranschaulicht werden (vgl. ausführlich Gahleitner, 2021).

Lehreinheit 2–4

Entwicklung und Sozialisation psychosozial betrachtet

2 Zentrale Modelle und Befunde der Entwicklungspsychologie und deren Bedeutung für Soziale Arbeit

Entwicklungspsychologie kann (neben klinischer Psychologie und Sozialpsychologie) als besonders bedeutsames Teilgebiet der Psychologie gelten, dessen Theorien, Modelle und empirische Befunde für Soziale Arbeit in verschiedensten Praxis- und Forschungsfeldern höchst relevant sind. Entwicklungspsychologie beschäftigt sich dabei mit der Beschreibung und Erklärung von Veränderungen des Verhaltens und Erlebens von Menschen sprichwörtlich „von der Wiege bis zur Bahre" (Bowlby 1988/2018a, S. 48). Dieses Einstiegskapitel vermittelt einen grundlegenden Überblick zu zentralen Annahmen und Themen der Entwicklungspsychologie über die gesamte Lebensspanne.

2.1 Entwicklungspsychologie – Eine kurze Einführung

„Der Bereich der Entwicklungspsychologie befasst sich mit der Beschreibung und Erklärung intraindividueller Veränderungen im menschlichen Erleben und Verhalten über die gesamte Lebensspanne, von der vorgeburtlichen Entwicklung bis zum Tod" (Schwarzer & Walper, 2020, S. 37). Faltermaier, Mayring, Saup und Strehmel (2014) zufolge hat sich Entwicklungspsychologie dabei allerdings nicht immer mit Entwicklungs- und Veränderungsprozessen über die ganze Lebenszeit hinweg beschäftigt. Lange Zeit wurden nahezu ausschließlich die Wachstums- und Veränderungsprozesse von Kindern und Jugendlichen untersucht. Allmählich geriet dann „das Alter", verstanden als höheres und höchstes Lebensalter, in den Blick. Die vergleichsweise schnelle Herausbildung der Gerontologie – als Fachgebiet, das biologische, medizinische, psychologische sowie soziale Aspekte von Alterungsvorgängen erforscht – ist u. a. mit dem demografischen Wandel verknüpft. Eine „Errungenschaft des 20. Jahrhunderts" (Baltes & Baltes, 1994/2018, S. 2) ist die deutlich gestiegene Lebenserwartung in den Industriestaaten. Seither ist in Deutschland und anderen westlichen Gesellschaften ein demografischer Umbruch zu beobachten, der mit einem wachsenden Anteil älterer Menschen an der Gesamtbevölkerung einhergeht. In der Entwicklungspsychologie beschäftigte man sich nun intensiv mit den psychischen Veränderungen am Ende der Lebensspanne. Für das übrige Erwachsenenalter herrschte nach Faltermaier und Kollegen (2014) hingegen lange Zeit das Bild einer ‚fertigen Person' vor. Einen möglichen Grund für die Ausblendung des (mittleren) Erwachsenenalters aus den entwicklungspsychologischen Diskursen sehen die Autoren in der „Unauffälligkeit der Entwicklungsprozesse von Erwachsenen" (ebd., S. 12): „Mit psychischen Phänomenen wie dem, was wir ‚Entwicklung' nennen, ist es eigentümlich: Sie sind so alltäglich, dass wir sie kaum bemerken. Oft fällt uns erst spät und im Nachhinein auf, dass wir uns selbst weiterentwickelt haben" (ebd., S. 11).

Während also viele Entwicklungs- und Lernprozesse in Kindheit und Jugend leicht beobachtbar und beschreibbar sind (und sich damit z. B. testpsychologisch auch gut erfassen lassen), verlaufen Veränderungsprozesse im Erleben und Verhalten im Erwachsenenalter deutlich weniger offensichtlich. Zudem hielt sich lange Zeit die Vorstellung, dass „sich eine Person durch Reifungs- und Lernvorgänge in Kindheit und Jugend [entwickelt,] bis die Entwicklung mit Erreichen des Erwachsenenalters abgeschlossen ist; die erwachsene Person bleibt dann lange weitgehend stabil[,] bis sie sich unter dem Einfluss biologischer Abbauprozesse im Alter allmählich psychisch und sozial zurückzieht" (ebd., S. 12 f.; Erg. v. Verf.).

Abbildung 1 zeigt ein Beispiel sog. „Lebenstreppen" oder „Lebensbögen", die vom 16. bis zum Beginn des 20. Jahrhunderts als Darstellungen mensch-

Abbildung 1: Eduard Gustav May: Das Stufenalter des Menschen, ca. 1847 bis 1853 (© Museum Europäischer Kulturen, Staatliche Museen zu Berlin; Fotograf unbekannt) (vgl. auch Joerißen & Will, 1983, S. 131)

licher Entwicklung weit verbreitet waren. Der erste Teil der Lebensspanne, also Kindheit, Jugend bis zum frühen Erwachsenenalter wurde demnach als eine Zeit des Wachstums und des Gewinns von Möglichkeiten betrachtet. Ausgehend von den Kompetenzen des mittleren Erwachsenenalters – der Mensch auf dem Lebensbogen steht auf der obersten Stufe – folgt eine Zeit des Abbaus und des Schwindens von Kräften. Hier spiegelt sich die nach Tews (1991/1995) bis Ende des 19. Jahrhunderts verbreitete Vorstellung wider, das höhere Lebensalter als eine Phase zu verstehen, die primär durch körperliche und psychische Funktionseinbußen, Krankheiten und Gebrechlichkeit charakterisiert ist. Die Vorstellung vom Lebenslauf als einem ‚Auf und Ab' lässt sich heute nicht mehr aufrechterhalten, und in aktuellen entwicklungspsychologischen Arbeiten wird die Lebensphase des hohen Alters nicht mehr mit einem alleinigen Verlust von Kompetenzen und Möglichkeiten gleichgesetzt. Vielmehr hat sich insbesondere seit Beginn der 1970er-Jahre ein Modell der lebenslangen Entwicklung durchgesetzt, das u.a. positiv konnotierte Veränderungen im hohen Alter stärker fokussiert. Mit der Annahme eines Modells lebenslanger Entwicklung rückten die Veränderungsprozesse im gesamten Erwachsenenalter stärker in den Blick entwicklungspsychologischer Forschungen (vgl. für einen Überblick Faltermaier et al., 2014).

2.2 Phasen- und Entwicklungsstufenmodelle – was Hänschen nicht lernt, lernt Hans nimmermehr

Wenngleich Entwicklung heute als Prozess verstanden wird, der die gesamte Lebensspanne umfasst, aber nicht mit Wachstum-Stagnation-Abbau gleichgesetzt werden kann, findet sich die grundlegende Vorstellung von Entwicklungsstufen bzw. bestimmten Phasen, denen spezifische Charakteristika zugeordnet werden, auch heute noch in vielen Modellen der Entwicklungspsychologie. Die Beantwortung der Frage, wie Entwicklung (z.B. bestimmter Kompetenzen, Fähigkeiten und Funktionsbereiche) verläuft, verweist in der Entwicklungspsychologie verkürzt definiert in zwei Richtungen (die sich nicht vorrangig ausschließen, sondern in neueren Konzeptionen eher ergänzen): (1) verschiedene Phasen- oder Stufenmodelle, wie bestimmte Entwicklungsaufgaben von Menschen in einem stufenmäßigen Verlauf oder in einem phasenhaften Prozess absolviert werden, (2) das heute weithin verbreitete Konzept lebenslanger (neuronaler) Plastizität.

Die Phasen- oder Stufenmodelle in der Entwicklungspsychologie gehen davon aus, dass bestimmte Entwicklungsprozesse an spezifische Lebensphasen, Zeiten, Situationen oder Umstände gebunden sind. In Konzepten von Entwicklungsstufen werden dabei zusätzlich zur Annahme bestimmter Phasen die Notwendigkeit einer Stufenfolge und ein anzustrebender Endzustand angenommen.

Verschiedene Modelle beschreiben konkrete Entwicklungsaufgaben in bestimmten Zeiträumen der Kindheit (z. B. die Entwicklung bestimmter sensomotorischer, sprachlicher und kognitiver Leistungen).

Mit Entwicklungsstufen sind nach Montada, Lindenberger und Schneider (2018, S. 28) in der klassischen Entwicklungspsychologie u. a. folgende Grundannahmen verbunden:

- Es wird eine „Veränderungsreihe mit mehreren Schritten" definiert, „die eine Richtung auf einen End- bzw. Reifezustand aufweist, der gegenüber dem Ausgangszustand höherwertig ist".
- „Die früheren Stufen werden als Bedingung der jeweiligen nachfolgenden angesehen". Die erfolgreiche ‚Bewältigung' einzelner Entwicklungsaufgaben ist demnach Voraussetzung für den Eintritt in die nächstfolgende Phase.
- „Die Veränderungen sind mit dem Lebensalter korreliert", d. h., sie werden mit bestimmten zeitlichen Phasen im Lebenslauf verknüpft.
- Die Entwicklungsstufen in einem traditionellen Verständnis „werden als universell in dem Sinne angesehen, dass sie in allen für die Spezies Homo sapiens normalen Entwicklungsumwelten auftreten, insofern natürlich und nicht kulturgebunden sind. Oft wird von der Entfaltung eines inneren Bauplanes gesprochen, die allerdings eines normalen Kontextes bedarf. Ein klassisches Beispiel ist die Entwicklung der Motorik bis zum Laufen im 1. Lebensjahr" (ebd.).

Gegenüber der Annahme von Stufenmodellen gibt es verschiedene Kritikpunkte. Insbesondere die „Universalismushypothese" stellt eine Beschränkung dar: So lässt sich diese Hypothese empirisch nicht sicher belegen, „weil immer Varianz zu beobachten ist und weil wir nicht über alle gegenwärtig lebenden, schon gar nicht über alle früheren und künftigen Populationen Daten haben. Vor allem aber bleiben jedwede nicht-universellen Veränderungen völlig unberücksichtigt: kulturspezifische, z. B. durch kulturelle Anforderungen, Normen, Ideen, Wissensbestände ausgelöste und mitgestaltete Entwicklungen" (ebd., S. 30). Weiterhin gibt es viele Veränderungen, die nicht als Abfolge mehrerer klar separierter, aufeinander aufbauender Schritte beschreibbar sind – dennoch wird hier von Entwicklung gesprochen. Auch die Annahme eines zu erreichenden „Reifezustands" ist in verschiedener Hinsicht problematisch. „Es gibt viele Entwicklungen, für die keine konsensuellen Wertkriterien vorliegen. Bezogen auf Fertigkeiten, Wissen und Kompetenzen wird es leichter gelingen, einen Konsens über Wertkriterien zu finden, als z. B. bei der Herausbildung von Persönlichkeitsmerkmalen, Wertorientierungen, Interessen, Einstellungen, Selbstbildern und Weltbildern" (ebd., S. 29).

Zudem bleiben in der Betrachtung mithilfe von Stufenmodellen Entwicklungen außen vor, die nicht in Richtung des erwünschten Endzustands weisen, z. B. die Entwicklung von antisozialen Verhaltensweisen oder das Nachlassen bestimmter kognitiver Kompetenzen im höheren Lebensalter. Nicht zuletzt ist insbesondere die Zuweisung von bestimmten Stufen an bestimmte Lebensalter in bestimmten Entwicklungsbereichen schwierig. „Veränderungen in psychologischen Variablen sind während des ganzen Lebens möglich durch das Zusammenspiel individueller Dispositionen und Potenziale mit wechselnden Kontexten, Anforderungen, Informationsangeboten und Erfahrungen" (ebd.).

2.3 Ein erweiterter Entwicklungsbegriff und (neuronale) Plastizität – was Hänschen nicht lernt, kann Hans immer noch lernen

Montada und Kollegen (2018, S. 29) zufolge ist die „die Konzeption von Entwicklung als eine Abfolge zwangsläufig aufeinander aufbauender Stufen […] viel zu eng, um alle Fragestellungen und Erkenntnisse der Entwicklungspsychologie aufzunehmen". Die Phasen- und Stufenmodelle lassen sich hingegen vielmehr als ‚Sonderfälle' in einen erweiterten Entwicklungsbegriff integrieren; dieser „umfasst sowohl Entwicklungsgewinne als auch Entwicklungsverluste und bezieht sich auf die gesamte Lebensspanne" (ebd., S. 30). Dieser Definition entsprechend verfolgt Entwicklungspsychologie nach Montada, Lindenberger und Schneider (2018) das Ziel, „Invarianz und Variabilität, Stabilität und Veränderung von Verhaltensrepertoires im Lebensverlauf zu erklären" (S. 39). Neben bestimmten sensomotorischen, sprachlichen und kognitiven Leistungen, die im Fokus klassischer (Stufen-)Modelle standen, sind insbesondere Überzeugungen, Motivationen, psychosoziale Kompetenzen und Selbstkonzepte Gegenstände der heutigen Entwicklungspsychologie. In den Blick rückt dabei in den letzten Jahren verstärkt eine Verknüpfung mit neurowissenschaftlichen Forschungsbefunden. „Durch den Einsatz moderner neurowissenschaftlicher Verfahren können die neuronalen Manifestationen von Entwicklungsprozessen sowie deren Beziehung zum Verhalten besser bestimmt werden als je zuvor" (ebd., S. 40).

Das Konzept lebenslanger neuronaler Plastizität bezieht sich auf den inzwischen empirisch breit belegten Befund, dass Entwicklung während der gesamten Lebensspanne von Menschen möglich ist, wenngleich das Gehirn in bestimmten Entwicklungsphasen besonders offen ist für spezifische Umwelteinflüsse. So erweist sich beispielsweise neben der Kindheit die Phase der Adoleszenz als „eine der erhöhten neuronalen Plastizität; vor allem in Hinsicht auf die Ausbildung von emotionalen, sozialen und intellektuellen Fähigkeiten und für potenziell schädliche Einflüsse von außen. […] Kindheit und Jugend sind aber keineswegs die einzigen sensiblen Phasen der Persönlichkeitsentwicklung. Hirnregionen, die mit komplexen Funktionen befasst sind, sind in der Regel lebenslang veränderbar" (Bauer & Hurrelmann, 2021, S. 142).

In diesem Sinne wird nicht in allen Entwicklungsbereichen von einer linearen Folge bestimmter Phasen ausgegangen, die zwingend nacheinander durchlaufen werden müssen. Dies impliziert also auch die Möglichkeit, dass bestimmte (ausbleibende oder Fehl-)Entwicklungen zu einem gewissen Grad veränderbar sind. Das Konzept lebenslanger Plastizität wird empirisch insbesondere dadurch begründet, dass die lang verbreitete Annahme, wonach die Gehirnentwicklung bis zum mittleren Erwachsenenalter abgeschlossen ist und im höheren Alter zwangsläufig nur noch Abbauprozesse erfolgen (wie dies die Vorstellung der Stufenalter aus Abb. 1 nahelegt), inzwischen widerlegt ist. Hirnstrukturen sind über die gesamte Lebenszeit hinweg veränderbar, und bis ins hohe Alter können Umstrukturierungen nachgewiesen werden. Wenn es also beispielsweise krankheitsbedingt einen Abbau in einem bestimmten Hirnbereich gibt, ist es tendenziell möglich, eine Verlagerung der Aufgabenbereiche auf andere Areale zu erreichen. Die Verknüpfung von (entwicklungs-)psychologischen und neurowissenschaftlichen Erkenntnissen zeichnet nach Montada, Lindenberger und Schneider (2018, S. 40) heute „ein vielschichtiges Bild, das auf der einen Seite die Unterschiedlichkeit und Formbarkeit von Entwicklungswegen verdeutlicht, auf der anderen Seite jedoch auch die Grenzen aufzeigt, die Reifung und Alterung, allgemeine Gesetze der neuronalen Organisation sowie kulturelle und physikalische Gesetzmäßigkeiten der Umwelt der menschlichen Entwicklung setzen".

2.4 Das Modell der psychosozialen Entwicklung nach Erikson

Auch wenn das Paradigma, menschliche Entwicklung sei plastisch und Entwicklungsprozesse verliefen individuell, in der Entwicklungspsychologie heute Standard ist, haben bestimmte Phasen- und Stufenmodelle dennoch weiterhin eine hohe Relevanz und finden ihre Anwendung in verschiedenen Bereichen. Eines der bekanntesten Modelle stellt das Konzept kognitiver Entwicklung nach Piaget (z. B. 1947/2020; Piaget & Inhelder, 1966/2009) dar, das beschreibt, wie bestimmte kognitive Funktionen bzw. Denkoperationen in einem phasenhaften Ablauf von Kindern erworben werden (vgl. u. a. Bauer & Hurrelmann, 2021, S. 103–107). Dieses Konzept wird insbesondere in der Pädagogik bzw. Frühpädagogik weiterhin häufig rezipiert. Kontrovers diskutiert wird allerdings u. a., dass Piaget der sozialen und materiellen Umwelt des Kindes keinen entscheidenden Einfluss auf die kindliche Entwicklung zuspricht (u.a. Herzog, 1991; Koerber, 2014; Schmithüsen & Ferring, 2015).

Weitere Modelle, die häufig in verschiedenen Bezugsdisziplinen der Psychologie, u.a. in Pädagogik und Sozialer Arbeit, aufgegriffen werden, sind das Konzept der Moralentwicklung von Kohlberg (1981/2017; vgl. auch Bauer & Hurrelmann, 2021, S. 107–110) sowie das Konzept psychosozialer Entwicklung nach Erikson (1959/2020). Das letztgenannte Modell wird im Folgenden als ein zentrales Beispiel der Phasen- und Stufenmodelle näher betrachtet.

Das (Stufen-)Modell der psychosozialen Entwicklung wurde von Erik Erikson, Psychologe und Psychoanalytiker (zu den Grundannahmen der Psychoanalyse vgl. Kap. 13) seit den 1950er-Jahren entwickelt (u.a. Erikson 1959/2020, 1974/1975). Im Gegensatz zu anderen Stufen- und Phasenmodellen, die beispielsweise nur die Entwicklung von kognitiven Funktionen in einem bestimmten Lebensalter, etwa in Kindheit und Jugend, umfassen, wird hier die psychosoziale Entwicklung im gesamten Lebensverlauf beschrieben. Erikson unterteilt den Lebenslauf in acht psychosoziale Entwicklungsstadien mit je einer eigenen Thematik, die in der Altersphase, also dem jeweiligen Stadium, dominiere. „Ein Stadium bedeutet nach Eriksons Verständnis eine neue Konfiguration von Vergangenheit und Zukunft, eine neue Kombination von Trieb und Abwehr, eine neue Gruppe von Fähigkeiten, die zu einer neuen Gruppierung von Aufgaben und Möglichkeiten passen; es bedeutet einen neuen Radius bedeutsamer Begegnungen“ (Noack, 2010, S. 44).

Entwicklung vollzieht sich in Eriksons Verständnis immer in einem Spannungsfeld zwischen den Bedürfnissen des Individuums und den Anforderungen der Umwelt. Die Persönlichkeit entwickelt sich also stets im Kontext sozialer Bezüge (in dieser Schwerpunktsetzung besteht ein deutlicher Unterschied zur Freud'schen Theorie, vgl. Kap. 13). In den Mittelpunkt seiner Überlegungen rückt Erikson (1964/1992) dabei die Frage nach der Entwicklung von (Ich-)Identität. Für ihn besteht „das Kernproblem der Identität in der Fähigkeit des Ichs, angesichts des wechselnden Schicksals Gleichheit und Kontinuität aufrechtzuerhalten“ (S. 87).

Innerhalb der einzelnen Entwicklungsstufen steht in Eriksons Modell immer eine bestimmte Krise der jeweils bestimmenden Grundthematik im Mittelpunkt, die erfolgreich gemeistert werden muss, damit psychosoziale Entwicklung gelingt. „In einer solchen Krise schwanke das Individuum zwischen zwei Polen der betreffenden Thematik und erst, wenn ein günstiges Verhältnis der beiden Pole erreicht sei, gelte die entsprechende Entwicklungsstufe als erfolgreich durchschritten. Resultat einer jeden Stufe seien sogenannte Stärken, die Erikson als grundlegende Tugenden bezeichnet“ (Noack, 2010, S. 44).

Das Konzept umfasst acht Stufen psychosozialer Entwicklung, wobei sich die ersten fünf bis zur Adoleszenz bzw. bis ins Jugendalter vollziehen. Ein Großteil der Aufgaben zur psychosozialen Entwicklung ist in Eriksons Modell (wie in vielen anderen) demnach in Kindheit und Jugend verortet. Drei weitere Entwicklungsstufen vollziehen sich im Erwachsenenalter: im jungen, mittleren und hohen. Ein erfolgreiches Durchlaufen der Stufen psychosozialer Entwicklung verhilft „zum Erwerb der Fähigkeit die äußeren und inneren Gefahren des Lebens zu meistern, ein Individuum zu werden, die Welt zu verstehen und noch Überschuss und Lebenskraft zu erübrigen. Kriterien, die für Erikson gleichsam eine gesunde Persönlichkeit charakterisieren“ (ebd.).

Tabelle 1 fasst diese acht Stufen hinsichtlich der betreffenden Lebensalter sowie der zentralen zu bewältigenden psychosozialen Krise zusammen und stellt sie den Entwicklungsphasen nach Sigmund Freud gegenüber (die in Kap. 13 noch ausführlicher betrachtet werden). Sichtbar wird die Erweiterung Eriksons im Vergleich zu Freud, der in seinen Konzeptionen zur Persönlichkeitsentwicklung auf Kindheit und Jugend fokussiert blieb.

Tabelle 1: Psychosoziale Phasen der Entwicklung nach Erikson

Altersabschnitt	Eriksons Stufenmodell (zentrale psychosoziale Krise)	Freuds Phasenlehre
Säuglingsalter (1. Lebensjahr)	Ur-Vertrauen versus Ur-Misstrauen	Orale Phase
Frühes Kindesalter (1–3 Jahre)	Autonomie versus Scham und Zweifel	Anale Phase
Mittleres Kindesalter (3–5 Jahre)	Initiative versus Schuldgefühl	Phallische Phase
Spätes Kindesalter (bis Pubertät)	Werksinn versus Minderwertigkeitsgefühl	Latenzphase
Adoleszenz (ab Pubertät)	Identität und Ablehnung versus Identitätsdiffusion	Genitale Phase
Frühes Erwachsenenalter (ab 20 Jahren)	Intimität und Solidarität versus Isolierung	
Mittleres Erwachsenenalter (ab 40 Jahren)	Generativität versus Selbstabsorption	
Höheres Erwachsenenalter (ab 60 Jahren)	(Ich-)Integrität versus Verzweiflung	

Quelle: Eigene Darstellung (in Anlehnung an Seiffge-Krenke, 2014; Lohaus & Vierhaus, 2019)

Die fünfte Stufe nimmt in Eriksons Modell eine Schlüsselrolle ein. Sie wird in der Adoleszenz verortet und ist durch den Grundkonflikt Identität versus Rollendiffusion gekennzeichnet. Die Suche nach Identität fasst Erikson als essenzielle Krise, in der junge Menschen vor der Herausforderung stehen, in Abgrenzung zu anderen Rollenbildern, beispielsweise jener der Eltern, ein eigenes stimmiges Selbstbild zu entwickeln: Wer bin ich? Wer möchte ich sein?

Wenn diese Krise erfolgreich bewältigt wird, entwickelt sich ein kongruentes Bild des eigenen Selbst bzw. eine stabile Identität. Wenn jedoch diese essenzielle Krise nicht vollständig gelöst wird, entwickelt sich nach Erikson ein Selbstbild ohne stabilen Kern. Das Individuum verbleibt dann im Zustand der Rollendiffusion, der*die Jugendliche erlebt das eigene Selbst weiterhin eher als unbeständig, als diffus, als bruchstückhaft. Die (Nicht-)Ausbildung einer stabilen Ich-Identität hat im Modell von Erikson weitreichende Auswirkungen auf die Gestaltung der weiteren Stufen und bildet damit ein Kernelement der weiteren psychosozialen Entwicklung.

In einer kritischen Gesamtwürdigung kann zunächst festgehalten werden, dass das Stufenmodell der psychosozialen Entwicklung nach wie vor ein verbreitetes Modell der Entwicklungspsychologie darstellt und ebenso in verschiedenen Bezugswissenschaften verwendet wird. Auch in der Sozialen Arbeit findet sich noch häufig ein Bezug auf einzelne Stufen, z. B. die Entwicklung im Jugendalter bzw. Eriksons Annahmen zur Identitätsentwicklung und zur Rollendiffusion, der Jugendliche ausgesetzt sind.

Juliane Noack (2010) betont in ihrer kritischen Würdigung u. a. die psychoanalytische Grundlegung sowie die Betrachtung des gesamten Lebenszyklus als Stärken von Eriksons Konzept: Demnach „kennzeichnet die Psychoanalyse eine hermeneutische Qualität, d. h. sie bietet Einsichten in die vielschichtigen Feinheiten menschlichen Da-Seins und So-Seins“ (S. 51). Erikson sei „nicht daran interessiert […] dogmatische Gesetze aufzustellen, sondern den Sinn einer Situation zu verstehen und Einsicht in deren komplexe Faktoren und Symptome zu gewinnen. Bezogen auf seine psychosoziale Identitätstheorie bedeutet das, dass ihn das ganze Muster bzw. Bild von Identität beschäftigt und damit konsequenterweise der gesamte Lebenszyklus, aus dem Identität hervorgeht und vor dessen Hintergrund sich ihre Entwicklung vollzieht“ (ebd.). Auch Hurrelmann und Bauer (2021) zufolge geht Erikson „über die Annahme von Freud hinaus, die menschliche Persönlichkeit werde vor allem in der frühen Kindheit geprägt. Seine Theorie betont die permanente Weiterentwicklung der Persönlichkeit über die gesamte Lebensspanne hinweg“ (S. 98).

Neben einer grundlegenden Kritik am Stufenaufbau und der suggerierten schematischen Abfolge bestehen Erikson gegenüber auch kritische Einwände z. B. bezüglich des normativen Charakters der Stufentheorie. Eriksons Verständnis von einem autonomen und handlungsfähigen Subjekt und der anzustrebenden Ich-Integrität erscheint demnach sehr an die gesellschaftlichen Normen angepasst. So weist Noack (2010) darauf hin, dass Eriksons Konzepte des Lebenszyklus und der Identität „aus seiner persönlichen Geschichte resultieren" (S. 51) und sein Werk „stark dem Muster und den Erfahrungen seines Lebens folgt" (ebd.). Hier knüpft die feministische Kritik an, Eriksons Modell basiere vornehmlich auf den Erfahrungen weißer, europäischer und nordamerikanischer Männer der Mittelklasse (Sorell & Montgomery, 2009, S. 98f.). Klassen- und schichtspezifische sowie geschlechtsspezifische Unterschiede werden hingegen ausgeblendet. Zudem wird die Gültigkeit des Modells vor dem Hintergrund der aktuellen gesellschaftlichen Bedingungen infrage gestellt.

2.5 „Patchwork-Identitäten" nach Keupp – mit Erikson und über Erikson hinaus

Für Erikson scheint die Frage der Identitätsarbeit ganz wesentlich an die Adoleszenzphase geknüpft. Seiner Annahme, mit Ende der Adoleszenz sei ein weitgehend stabiles Selbstgefühl erreicht, wird in aktuellen Theorieentwürfen die Herausforderung lebenslanger Identitätsarbeit entgegengesetzt. Heiner Keupp (u. a. Keupp et al., 1999/2013) spricht in diesem Zusammenhang von „Patchwork-Identitäten" und der Notwendigkeit lebenslanger Identitätsarbeit in der zweiten Moderne, die das beständige Neusortieren und Aushalten von Widersprüchen erfordert. Keupp (2010) sieht das ‚alte' Konzept Eriksons „unauflöslich mit dem Projekt der [ersten] Moderne verbunden. Es überträgt auf die Identitätsthematik ein modernes Ordnungsmodell regelhaft-linearer Entwicklungsverläufe. Es unterstellt eine gesellschaftliche Kontinuität und Berechenbarkeit, in die sich die subjektive Selbstfindung verlässlich einbinden kann. Gesellschaftliche Prozesse, die mit Begriffen wie Individualisierung, Pluralisierung, Globalisierung angesprochen sind, haben das Selbstverständnis der klassischen Moderne [allerdings] grundlegend in Frage gestellt" (S. 6). In der ersten Moderne existierten normalbiografische Grundrisse, die als Vorgaben für die Identitätsentwürfe der einzelnen Menschen dienten. Dabei spielte insbesondere die berufliche Teilidentität eine bedeutsame Rolle, die für die Identitätsarbeit der Subjekte einen klaren Orientierungsrahmen schuf. Mit der zweiten Moderne verloren diese Ordnungsvorgaben zunehmend an Verbindlichkeit. Keupp (2010) beschäftigt sich intensiv mit der Frage, wie Identitätskonstruktionen unter den veränderten gesellschaftlichen Bedingungen erfolgen. Identität wird dabei nicht mehr „als Entstehung eines inneren Kerns thematisiert, sondern als ein Prozessgeschehen beständiger ‚alltäglicher Identitätsarbeit', als permanente Passungsarbeit zwischen inneren und äußeren Welten. Die Vorstellung von Identität als einer fortschreitenden und abschließbaren Kapitalbildung wird zunehmend abgelöst durch die Idee, dass es bei Identität um […] die Abfolge von Projekten [geht], wahrscheinlich sogar um die gleichzeitige Verfolgung unterschiedlicher und teilweise widersprüchlicher Projekte über die ganze Lebensspanne hinweg" (ebd.). Keupp geht davon aus, „dass von den einzelnen Personen eine hohe Eigenleistung bei diesem Prozess der konstruktiven Selbstverortung zu erbringen ist. Sie müssen Erfahrungsfragmente in einen für sie sinnhaften Zusammenhang bringen. Diese individuelle Verknüpfungsarbeit nenne ich ‚Identitätsarbeit', und ich habe ihre Typik mit der Metapher vom ‚Patchwork' auszudrücken versucht" (ebd., S. 13).

„Identitätsarbeit hat als Bedingung und als Ziel die Schaffung von Lebenskohärenz. In früheren gesellschaftlichen Epochen war die Bereitschaft zur Übernahme vorgefertigter Identitätspakete das zentrale Kriterium für Lebensbewältigung. Heute kommt es auf die individuelle Passungs- und Identitätsarbeit an, also auf die Fähigkeit zur Selbstorganisation, zum ‚Selbsttätigwerden' oder zur ‚Selbsteinbettung'. […] Das Gelingen dieser Identitätsarbeit bemisst sich für das Subjekt von Innen an dem Kriterium der Authentizität und von außen am Kriterium der Anerkennung" (ebd., S. 14). In Kapitel 4.2 wird nochmals ausführlich darauf eingegangen, wie sich unter heutigen gesellschaftlichen Bedingungen die „alltägliche Identitätsarbeit" nach Keupp und Kolleg*innen (1993/2013) vollzieht.

Keupp geht es in der Auseinandersetzung mit den klassischen Annahmen Eriksons zur Identitätsentwicklung allerdings nicht um eine pauschale Zurückweisung, sondern vielmehr darum, „bei hoher Wertschätzung für dessen Leistung, seinen Ansatz historisch einzuordnen, was aber seine Bedeutung als Inspiration für die Identitätsforschung nicht schmälert" (Kraus, 2010, o. S.). Keupp (2010, S. 4) zufolge sollte vielmehr „der Anspruch auf eine fachwissenschaftliche Fortführung der Identitätsforschung […] sinnvoller Weise bei Erikson anknüpfen. Auf den ‚Schultern des Riesen' stehend lässt sich dann gut fragen, ob seine Antworten auf die Identitätsfrage ausreichen oder ob sie differenziert und weiterentwickelt werden müssen". Anschließend an Keupp kann also das Modell von Erikson auch heute noch als wichtige Bezugsquelle (auch für Theorien und Konzepte Sozialer Arbeit) gelten, allerdings bedarf es einer differenzierten Auseinandersetzung und zeitgemäßen Weiterentwicklung.

2.6 Bedeutung entwicklungspsychologischer Kenntnisse für die Soziale Arbeit

Anschließend an den kurzen einführenden Überblick zu entwicklungspsychologischen Grundfragen, Paradigmen und Modellen soll an dieser Stelle abschließend eine Annäherung an die Frage erfolgen, welche Bedeutung entwicklungspsychologische Kenntnisse für die Soziale Arbeit als Profession und Disziplin haben. Betrachtet man die Handlungspraxis von Sozialarbeiter*innen, so begegnen uns hier an verschiedensten Stellen alltagsrelevante Fragestellungen, bei denen entwicklungspsychologische Erkenntnisse weiterhelfen, u. a.: „Was hat man von einem Säugling, einem Grundschulkind, einem Jugendlichen, einem Erwachsenen, einem Greis zu erwarten? Welche Kompetenzen, Einstellungen, Interessen darf man voraussetzen? Welche Anforderungen sind angemessen, in welcher Hinsicht ist Schutz oder Schonung geboten? [...] In welchen Entwicklungsperioden hat man mit welchen typischen Risiken, mit welchen Krisen oder Problemen zu rechnen?“ (Montada et al., 2018, S. 37). Wie müssen Entwicklungsbedingungen (z. B. in Familie, sozialem Nahraum, institutionellen Settings) gestaltet sein, um die Entwicklung in bestimmten Bereichen (z. B. Bindungsverhalten, Sozialkompetenzen, kognitive Leistungen) positiv zu beeinflussen?

Auch sozialrechtliche Vorgaben, die das Handeln von Sozialarbeiter*innen in vielen Bereichen rahmen, begründen sich in einigen zentralen Bereichen über entwicklungspsychologische Erkenntnisse, etwa verschiedene Regelungen des Kinder- und Jugendhilfegesetzes oder des Strafgesetzes, die auf der Annahme einer besonderen Schutzbedürftigkeit von Kindern basieren, oder rechtliche Altersgrenzen zur Geschäftsfähigkeit und Strafmündigkeit.

Soziale Arbeit arbeitet am Schnittpunkt und in den Konfliktfeldern zwischen Individuum und Gesellschaft bzw. Subjekt und sozialen Systemen und steht dabei u. a. immer vor der Herausforderung, das Wissen aus verschiedenen Disziplinen, z. B. der (Entwicklungs-)Psychologie, zu integrieren und ins Verhältnis zu eigenen fachwissenschaftlichen Grundlagen, Erklärungsmodellen und Handlungstheorien zu setzen. Entwicklungspsychologie stellt dabei wie beschrieben vor allem normatives Wissen bereit, z. B. durch „Beschreibung von Lebensphasen, Kataloge altersspezifischer Entwicklungsaufgaben und -probleme, die Zusammenstellung von Leistungsinventaren und Entwicklungsnormen für verschiedene Altersstufen“ (Montada et al., 2018, S. 38). Soziale Arbeit ist hierbei auch gefordert, einen konstruktiven Umgang mit Ambivalenzen zu finden bzw. Perspektiven zu entwickeln und zu vertreten, die entwicklungspsychologischen (normativen) Paradigmen entgegenstehen oder diese erweitern (z. B. hinsichtlich einer stärkeren Berücksichtigung von Einflüssen sozialer und gesellschaftlicher Bedingungen auf Entwicklungsprozesse oder von Analysen struktureller Ungleichheiten und repressiver Machtverhältnisse).

Literaturtipps zum Weiterlesen

Ahnert, Lieselotte (Hrsg.) (2014). *Theorien in der Entwicklungspsychologie.* Wiesbaden: Springer VS.

Faltermaier, Toni, Leplow, Bernd, Saup, Winfried & Selg, Herbert (2014). *Entwicklungspsychologie des Erwachsenenalters* (Reihe: Grundriss der Psychologie, Bd. 14; 3., vollst. überarb. Aufl.). Stuttgart: Kohlhammer.

Keupp, Heiner (2010). *Vom Ringen um Identität in der spätmodernen Gesellschaft.* Vortrag bei den 60. Lindauer Psychotherapiewochen, 18.04.2010. Verfügbar unter: www.lptw.de/archiv/vortrag/2010/keupp-vom-ringen-um-identitaet-in-der-spaetmodernen-gesellschaft-lindauer-psychotherapiewochen2010.pdf [10.08.2021].

Lohaus, Arnold & Vierhaus, Marc (2019). *Entwicklungspsychologie des Kindes- und Jugendalters für Bachelor* (Reihe: Springer-Lehrbuch; 4., vollst. überarb. Aufl.). Wiesbaden: Springer VS.

3 Über Bindung als Grundbedürfnis und über Bindung hinaus

Bindungs-, Beziehungs- und Einbettungsphänomene sind elementar für die Entwicklung von Kindern, Jugendlichen und Erwachsenen und damit für sämtliche sozialarbeiterische Beratungs-, Behandlungs-, Begleitungs- und Betreuungsprozesse. Bindungs-, Beziehungs- und Milieuarbeit lässt sich daher nicht als ein Faktor in der Arbeit begreifen. Vielmehr ist es so, dass jede Intervention, jeder Entwicklungsschritt durch die Qualität persönlich und zugleich professionell geprägter Bindungs- und Beziehungsarbeit, durch einen aufrichtig geführten Dialog Wirkung entfaltet. Die professionelle Beziehung enthält im gelingenden Fall eine bedeutsame emotionale Bindungsqualität. Über eine gelungene professionelle Bindungsbeziehung entsteht daher die Möglichkeit zu Explorations- und gemeinsamen Kokonstruktionsprozessen, die wiederum Selbstevaluation, Selbstreflexions- und Bildungsvorgänge befördern und damit Persönlichkeits-, Identitätsbildungs- und Transformationsprozesse anregen.

3.1 Bindung

Bindung als psychosoziales Grundbedürfnis

Die „Befriedigung psychischer Grundbedürfnisse“ (Borg-Laufs & Dittrich, 2010) ist ein wichtiges Ziel psychosozialer Arbeit. Das Bewusstsein darüber, inwiefern Interventionen Einfluss auf die Befriedigung der Grundbedürfnisse nehmen, trägt daher dazu bei, Hilfeprozesse besser zu gestalten. Eine zentrale Rolle innerhalb der Grundbedürfnisse spielen die Bedürfnisse nach sozialer Einbettung. Kröger (2016) hält es daher für „angemessener von psycho*sozialen* (statt von psychischen) Grundbedürfnissen zu sprechen“ (S. 10; Hervorh. i. Orig.). Wird der elementare Bedarf daran angemessen erfüllt und gefördert, entwickeln Kinder natürlicherweise einen gesunden Selbstwert, Stabilität, Widerstandsfähigkeit und soziale Kompetenz (Cicchetti, 1999). Interessanterweise widmete sich der Begründer einer äußerst bedeutsamen Theorie zu diesem Zusammenhang, der Bindungstheorie – sehr sozialarbeiterisch – der Behandlung von Kindern aus dem ‚hard to reach‘-Bereich. In den Biografien seiner kleinen Patient*innen stieß der englische Psychoanalytiker Bowlby (1907–1990) dabei immer wieder auf frühkindliche Entbehrungen und Traumata.

Aus dieser Arbeit entwickelte er im Zuge der WHO-Studie (Bowlby, 1951/1973) und seiner Trilogie „Bindung“ („attachment“; 1969/2018b), „Trennung“ („separation“; 1973/2018c), „Verlust“ („loss“; 1980/2018d) seine Überlegungen. Bindung basiert demnach auf der menschlichen evolutiv geprägten Neigung zu einem kontinuierlichen „Aufsuchen und Aufrechterhalten der Nähe eines anderen Lebewesens“ (Bowlby, 1969/2018a, S. 192). In Situationen von Verunsicherung wird Bindungsverhalten aktiviert. Ist dieses Bedürfnis jedoch gestillt, kann das Kind explorieren, also sich weiterentwickeln. Die Abwesenheit stabiler Bindungspersonen behindert dagegen dieses ‚Explorieren‘ und damit die Entwicklung sämtlicher emotionaler, kognitiver und sozialer Fähigkeiten. Ausschlaggebend für das Gelingen dieses Prozessgeschehens ist die Verfügbarkeit mindestens einer Bezugsperson im Hinblick auf die Bedürfnisse und Signale des Kindes.

Diese Bezugsperson muss den Kindern in einer „feinfühligen“ Weise („sensitive“; Ainsworth, Bell & Stayton, 1974, u. a. S. 99) begegnen, das heißt, Signale wahrnehmen, sie richtig interpretieren und prompt und entwicklungsangemessen beantworten (Konzept der „Feinfühligkeit“). Je besser die Signale des Säuglings dazu führen, dass er Fürsorge erfährt, und je mehr er darin unterstützt wird, durch eigene Aktivität und Selbstfürsorge altersentsprechend unangenehme Gefühle zu beenden, desto besser kann er sowohl eine sichere Bindung als auch eine adäquate Emotionsregulation entwickeln. Aus den Erfahrungen, die der Säugling auf diese Weise mit seinen Betreuungspersonen macht, resultiert ein Gefühl der Gebundenheit, das verschiedene Qualitäten annehmen kann (Main, Kaplan & Cassidy, 1985).

Bindungstypen und Bindungsrepräsentationen

Aus den verschiedenen ‚Gebundenheiten‘ resultieren mit der Zeit Bindungsstrukturen, also tief verankerte emotionale wie kognitive Interaktionsskripte. Dabei werden verschiedene Bindungstypen (Ainsworth & Wittig, 1969) unterschieden: Verhält sich die zentrale Bindungsperson dem Säugling gegenüber „feinfühlig“, entwickelt er eine sichere Bindung, die von Vertrauen, Gegenseitigkeit und Kontinuität geprägt ist (in nichtklinischen deutschen Stichproben ca. 45 % der Kinder; Gloger-Tippelt, Vetter & Rauh, 2000, S. 92). Reagiert die Bindungsperson emotional wenig schwingungsfähig auf Bindungsbedürfnisse, ist die Wahrscheinlichkeit hoch, dass beim Säugling eine unsicher-vermeidende Bindung entsteht (ca. 28 % der Kinder; ebd.). Beantwortet die Bindungsperson die Signale manchmal emotional zugewandt, häufig aber auch mit Zurückweisung oder Aggressivität, entwickelt sich eine unsicher-ambivalente (verstrickte) Bindung (ca. 7 % der Kinder; ebd.). 20 % der Kinder zeigen einen desorganisiert geprägten Bindungsstil (s. u.).

Interessant ist, dass zunächst für jede Bezugsperson dabei ein eigenständiger Typus ausgebildet wird. Jede dieser Bindungen hat ihre eigene Spezifität, Tragfähigkeit, Kontinuität und emotionale Qualität (Brisch, 2006, S. 45 f.). Die verschiedenen Bindungsformen existieren zunächst also nebeneinander und werden erst im Verlauf der weiteren Entwicklung der ersten Lebensjahre in einer Bindungshierarchie je nach Bedeutung der Personen für das Kind in ein vorherrschendes Muster integriert (Steele, Steele & Fonagy, 1996), in das alle entwickelten Qualitäten mit einfließen. Über diese Interaktionen entwickelt der Säugling (Vertrauens-)Erwartungen, die sich mit der Zeit zu „internalen Arbeitsmodellen" („internal working models"; Main et al., 1985, bes. S. 74–77; vgl. auch „Bindungs-Arbeitsmodelle" bei Stern, 1985/2020, bes. S. 166 f.; vgl. bereits „Arbeitsmodelle" bei Bowlby, 1969/2018a, bes. S. 82–86) verfestigen und mit zunehmendem Alter als innere Schemata von sich in der Welt verstanden werden können. Daraus resultieren mit zunehmendem Alter sog. Bindungsrepräsentationen.

Erlebens- und Verhaltensmuster hängen folglich neben individuell geprägten Umständen vor allem von den konkreten Erfahrungen ab, die Menschen in ihrem Leben mit anderen machen bzw. gemacht haben. Eine sichere Bindungrepräsentation ist charakterisiert durch ein Vertrauensverhältnis zu Bezugspersonen: „Das resultierende mentale Modell beinhaltet die Erwartung, dass die Bezugspersonen zuverlässig und wohlwollend sind" (Bierhoff & Rohmann, 2010, S. 75). Dagegen zeigt sich eine unsichere Bindungsrepräsentation durch mangelhaftes Vertrauen: „Entweder findet ein Rückzug von wichtigen Bezugspersonen statt, wie er für den vermeidenden Bindungsstil typisch ist, oder es besteht eine Sorge im Hinblick auf die Verlässlichkeit der Bezugspersonen, wie sie für die ängstlich-ambivalente Bindung charakteristisch ist" (ebd.).

Bindungsrepräsentationen Erwachsener

Die Bindungsstile und -repräsentationen sind also stets ein Resultat aus vorausgegangenen Bindungs- und Beziehungskonstellationen, wirken aber zugleich strukturell auf neu entstehende Beziehungsmöglichkeiten ein. Sie „realisieren sich also sozusagen in jeweils konkreten Beziehungsvollzügen" (Gahleitner, 2017, S. 79) immer wieder neu. Man kann Bindungsrepräsentationen daher „nicht direkt wahrnehmen, sondern erschließt […] [sie] aus der Qualität des Umgangs mit den Bindungs- oder anderen nahestehenden Personen" (Grossmann & Grossmann, 2012/2017, S. 446; Erg. v. Verf.). Die Erschließung erfolgt dabei „vor allem […] aus der Art der sprachlichen Darstellung bindungsrelevanter Ereignisse" (ebd.), z. B. in der Bindungsdiagnostik im eigens dafür entwickelten „Adult Attachment Interview" („AAI"; George, Kaplan & Main, 1985; aktueller Gloger-Tippelt, 2012/2016). Angelehnt an die drei Formen der Bindungsqualität bei Kindern unterscheidet man hier diagnostisch folgende Bindungsrepräsentationen (für eine ausführliche Übersicht Hesse, 2018, S. 564):

1. Personen mit lebhafter Erinnerung an Kindheitserfahrungen, die offen, differenziert und emotional schwingungsfähig in einem kohärenten Erzählbogen über nahezu alle Kindheitserfahrungen, positive wie negative, sprechen können und die Begegnung mit anderen Menschen als bedeutsame Komponente ihres Lebens verstehen. Sie verfügen über ein *autonomes, sicheres* Bindungsmodell (entsprechend der sicheren Bindung bei Kindern).
2. Personen mit nur wenigen oder vagen Erinnerungen an Beziehungen in der Kindheit, die eher gehemmt, emotional zurückhaltend bis verarmt, häufig normalisierend („meine Kindheit war normal") und in einem verkürzten Erzählbogen über ihre Kindheitserfahrungen sprechen und Begegnungen mit anderen Menschen als Komponente ihres Lebens tendenziell aussparen. Sie zeigen einen *unsicher-distanzierten* Bindungsstil (entsprechend der unsicher-vermeidenden Bindung bei Kindern).
3. Personen, die emotionale Verwicklungen mit den Bezugspersonen aus ihrer Kindheit aufweisen und mit schillernden, durch Idealisierung oder durch Abwertung geprägten Ausführungen ihre Lebensgeschichte erzählen. Sie sprechen eher emotional überschießend und in einem verzettelten Erzählstil über ihre Kindheitserfahrungen und verlieren sich in den verschiedensten, emotional stark geprägten Erzählungen zu Begegnungen mit anderen Menschen. Sie sind durch ein *präokkupiertes* (bindungsverstricktes) Bindungsmodell charakterisiert (entsprechend der unsicher-ambivalenten Bindung bei Kindern).

Für autonom und sicher gebundene Erwachsene spielen Bindungsbeziehungen also eine wichtige Rolle und bieten einen zentralen und stabilisierenden Bezugspunkt für den Lebensalltag. Für unsicher-distanziert gebundene Personen spielen sie eine ‚geringe' Rolle. Hier wird nach außen Stärke und Unabhängigkeit betont, obwohl physiologisch hoher Isolierungsstress nachgewiesen werden kann (Spangler, Grossmann & Schieche, 2002, S. 115 f.). Die Gruppe der Personen mit einem präokkupierten Bindungsstil hingegen erlebt Beziehungen häufig widersprüchlich und sich selbst als kaum von diesen abgegrenzt. Die Bindungsrepräsentationen sind dabei nicht als absolute, sondern als relative Größen, also als Bindungsanteile zu verstehen. Weitere prägende Erfahrungen im späteren Leben überformen die frühen Erfahrungen. „Die kleinkindliche Bindung stellt also kein unveränderbares Schicksal dar" (Bierhoff & Rohmann, 2010, S. 75).

Desorganisierte Bindungsstrukturen

Im Gegensatz zur Entstehung einer sicheren Bindungsbasis in den ersten Lebensjahren erleben Kinder in traumatischen und gewaltvollen Verhältnissen die bedrohliche Doublebind-Situation (Doppelbindung aufgrund von Doppelbotschaft): einerseits das existenzielle Bedürfnis, sich der Bezugsperson zu nähern, andererseits dort nicht sicher oder dort gar bedroht zu sein. Dies hinterlässt beim Kind einen unlösbaren Bindungskonflikt und ist als Phänomen äußerst bedeutsam für die psychosoziale Arbeit. Fatalerweise führt der Konflikt nicht etwa zu einer Abwendung des Kindes von den destruktiven Bezugspersonen, sondern zu einer besonders verzweifelten Suche nach Bindung – ein Teufelskreis, der impliziert, dass solche Kinder häufig eine starke, aber äußerst maligne (problematische) Bindung an ihre Bezugspersonen entwickeln. Die Menge und Stärke des Bindungsverhaltens sind daher nicht gleichzusetzen mit der Sicherheit, die daraus entsteht. Ein sicher gebundenes Kind kann auf die Bindung vertrauen, sodass das Bindungssystem häufig nur geringfügig aktiviert ist. Für misshandelte Kinder besteht dagegen dauernder ‚Feueralarm'.

Die Beobachtung von Kindern mit solchem und ähnlichem Verhalten führte daher zur Einführung einer weiteren – für die Soziale Arbeit äußerst bedeutsamen – Bindungsklassifikation. Diese ‚desorganisierte Bindungsklassifikation', auch als ‚D-Typ' bezeichnet, kann *zusätzlich* zu den drei Bindungstypen sicher, unsicher-ambivalent und unsicher-distanziert auftreten und diagnostisch auch *zusätzlich* zu diesen vergeben werden. Von einem gewissen Ausmaß an spricht man allerdings häufig – eigentlich unpräzise – von *der* desorganisierten Bindung. Hierzu zählen Kinder, bei denen über bestimmte Phasen hinweg kein konsistentes Bindungsmuster beobachtet werden kann. Diese Kinder zeigen beispielsweise stereotype Verhaltensweisen, erstarren mitten in einer bindungsrelevanten Situation oder wechseln chaotisch zwischen verschiedenen Bindungsausprägungen (Main & Hesse, 1990/1993; Solomon & George, 1999). In nichtklinischen Stichproben zeigen ca. 15–20 % der Kinder ein solches Bindungsverhalten, bei Kindern mit Traumaerfahrungen (oder traumatisierten Eltern) ist dieses Muster bei bis zu 80 % der Kinder zu finden (Brisch, 2006, S. 47). Empirisch steht mit desorganisierten Bindungsstrukturen „nicht die elterliche Feinfühligkeit in Zusammenhang, sondern inkohärentes und ängstigendes Elternverhalten" (Zulauf Logoz, 2012, S. 786; vgl. auch Solomon & George, 2011). Bei Erwachsenen spricht man in Anlehnung an den desorganisierten Bindungstypus von einem „unverarbeiteten Bindungsstatus" („unresolved attachment status"; Main & Hesse, 1990/1993, S. 167).

An dieser Stelle ist nochmals zu betonen, dass die unsicher-distanzierte und unsicher-vermeidende Bindung im Gegensatz zur desorganisierten zwar als Risikofaktoren zu sehen sind, nicht jedoch als Pathologien. Vielmehr können sie als Bewältigungsstrategien verstanden werden, die ein Überleben in ungünstigen Verhältnissen ermöglichen. Kinder, die bereits in den ersten Lebensjahren und über einen längeren Zeitraum traumatisierende Erfahrungen gemacht haben, entwickeln im weiteren Lebensverlauf desorganisierte Bindungsanteile, die den Übergang zur Psychopathologie markieren. Wachsen diese desorganisierten Anteile stark an und entwickeln festgefahrene Muster, so entwickelt sich eine „Bindungsstörung" (z. B. eine aggressive Bindungsstörung). Dieser liegt eine schwerwiegende Fragmentierung (Zergliederung) der internalen Arbeitsmodelle zugrunde. Dabei geht man von einem fließenden Übergang von noch gesunden hin zu pathologischen Bindungsorganisationen aus (Crittenden, 1995/2000). Die pathologischen Veränderungen wirken bis hinein in den Körper und das Gehirn und beeinflussen künftige Lebensrealitäten (Kolk, Burbridge & Suzuki, 1999) bis hin zur Entwicklung von psychischen Krankheiten (Brisch, 2009/2020, bes. S. 93–95). Wenn zudem die Bindungsproblematiken der primären Bezugspersonen nicht aufgearbeitet werden können, haben sie negative Auswirkungen auf die Bindungsorganisation ihrer Kinder (transgenerationale Weitergabe von Bindungsmustern; Hesse & Main, 2017; Steele, Steele & Fonagy, 1996).

3.2 Netzwerke

Soziale Netzwerke und soziale Unterstützung

Ein reflexives Aufweichen von desorganisierten Bindungsstrukturen kann eine transgenerationale Weitergabe verhindern: „Neue feinfühlige und emotional verfügbare Interaktionserfahrungen [...] helfen dem Gehirn vermutlich, sich neu zu strukturieren und es besteht nochmals eine neue Chance für [...] Entwicklung" (Brisch, 2006, S. 44). Diese Beobachtungen lassen sich fast nahtlos auf die psychosoziale Arbeit übertragen. Eine stete Reflexion der Hilfebeziehung (Schleiffer, 2006) ist daher Voraussetzung für eine erfolgreiche Hilfe. Allerdings müssen dafür die Wissensbestände der Bindungstheorie im Sinne einer „Post-Bowlbyschen-Denkweise" (Drieschner, 2011b, S. 11) mit Informationen über Netzwerke und soziale Unterstützung verbunden werden. Überlegungen zu Netzwerken und sozialer Unterstützung – ebenso wie die Bindungstheorie – geben nicht nur Antworten auf Fragen zur frühen Kindheit, sondern sind „eng mit der gesamten Entwicklung verbunden, mit der Entwicklung von Denken, Planen, Wollen, der Entwicklung der Selbständigkeit, der Selbstkontrolle und der sozialen Fähigkeiten" (Grossmann & Grossmann, 2012/2017, S. 24).

So lässt sich beispielsweise ein deutlicher Zusammenhang zwischen Phänomenen sozialer Unterstützung und dem sicheren bzw. autonomen Bindungstypus auffinden, und auch Bindungssicherheit und soziale Kompetenz sind eng aneinander gekoppelt (Vaughn, Heller & Bost, 2001/2012). Umgekehrt betrachtet wird ein negatives soziales Umfeld zum Risikofaktor für die weitere Entwicklung. Ein geschulter Blick auf soziale Netzwerke und soziale Unterstützungsprozesse hilft daher, den „mikrosozialen Strukturzusammenhang" (Keupp, 1987, S. 159) bedeutsamer Beziehungskonstellationen im Alltag sichtbar zu machen. Das gilt auch für die professionelle Beziehungsgestaltung in psychosozialen Arbeitsfeldern. Definieren lassen sich soziale Netzwerke als „die Gesamtheit der Personen […], zu denen eine soziale Bindung besteht" (Baumann & Pfingstmann, 1986, S. 686). Gegenstand des Interesses sind stets Muster sozialer Beziehungen bis hin zum Einbezug organisationaler Strukturen.

Seit Baumann und Pfingstmann (1986) hat sich der Bereich der Netzwerkforschung und -praxis jedoch stark ausdifferenziert. In der Etablierung sozialer Netzwerktheorien spielen theoretische Aspekte (z. B. strukturalistische und systemtheoretische), soziologische Überlegungen sowie psychologische Einflüsse (z. B. gestalt- und feldtheoretische Überlegungen) eine Rolle (Übersicht Gahleitner, 2020). Das Netzwerkkonzept zeigt aus dieser Perspektive Verknüpfungen zu einer „Vielzahl anderer (Bezugs-)Konzepte […]. Dazu zählen u. a. Identität, soziale Anerkennung, Salutogenese, Gesundheitsförderung, Capability Approach, Coping und Lebensbewältigung, Empowerment, Selbsthilfe und Kommunitarismus" (Kupfer, 2020, S. 42; vgl. auch Keupp, 2013a). Aus Sicht der psychosozialen Arbeit, insbesondere mit multiproblembelasteter Klientel, interessiert dabei insbesondere die Bedeutung von Netzwerken bei der Suche nach geeigneten Interventionen (Nestmann, 2010).

Netzwerk- und Beziehungsformen in Netzwerken

Entlang dieser Überlegungen lassen sich in der psychosozialen Arbeit soziale Netzwerke in primäre, sekundäre und tertiäre Netzwerke untergliedern (Paulus, 1997). Primäre Netzwerke beziehen sich auf Familien, Lebens- oder Wohngemeinschaften. Zu sekundären Netzwerken zählen Freizeitkontakte, Kolleg*innen und Vereine. Tertiäre Netzwerke sind organisierte Netzwerke und Institutionen. Wie die primären und sekundären Netzwerke bieten auch tertiäre Netzwerke „Schutz-, Bewältigungs-, Entlastungs- und Unterstützungssysteme" (Trojan & Süß, 2011, S. 501) und besitzen in der psychosozialen Arbeit große Bedeutung. Es wird zudem zwischen totalen, partiellen und egozentrierten Netzwerken (Laireiter, 2009) unterschieden. Totale Netzwerke umfassen das Gesamtkonstrukt, im Falle der partiellen Netzwerke wird ein Ausschnitt gewählt. Bei den egozentrierten Netzwerken wird das Netzwerk einzelfallorientiert rund um die betreffende Einzelperson betrachtet. Diese Beziehungsnetzwerke können vielgestaltig entfaltet sein und maßgeblichen Einfluss auf Wohlbefinden und Gesundheit der entsprechenden Person haben. Im psychosozialen Bereich fokussiert man daher auf diese Form der Netzwerke.

Eine Reihe von Parametern, so Röhrle (2001) und Laireiter (2009), hilft, diese Netzwerkformationen eingehender zu beschreiben – bis hinein in bindungsrelevante Informationen: strukturelle Merkmale wie Größe und Dichte von Netzwerken, darin interaktionelle quantitative bzw. qualitative Aspekte von Beziehungen oder Interaktionen sowie funktionale Aspekte. Bei den strukturellen Eigenschaften handelt es sich um Eigenschaften der Netzwerke selbst. So setzt sich die Größe eines Netzwerks aus den Akteur*innen des Netzwerks zusammen, die für die zentrale Person bedeutsam sind und/oder zu denen Kontakt besteht. Große Netzwerke mit einer großen Anzahl ‚schwacher Beziehungen' (vgl. „weak ties" bei Granovetter, 1973) ermöglichen eine Reichweite in viele Gebiete und Szenen hinein, müssen jedoch auch aufwendig gepflegt werden. „Das heißt, Beziehungen müssen nicht immer direkt, sondern können auch indirekt über eine andere Person hinweg bestehen. […] [Sie können] Brücken zu anderen, sonst unverbundenen Cliquen ermöglichen" (Kupfer, 2015, S. 122). Kleinere Netzwerke wiederum sind auf das unmittelbare Umfeld fixiert, entfalten dort jedoch i. d. R. eine starke emotionale Qualität. Die Dichte eines Netzwerks gibt Auskunft über die Anzahl der faktisch existierenden Beziehungen in Relation zu den insgesamt möglichen Beziehungen und die Kohäsion über die Qualität des Zusammenhalts eines Netzwerks.

Soziale Netzwerke sind über diese und ähnliche Parameter hinaus zudem durch unterschiedliche Verbindungs- oder Beziehungsformen charakterisiert. Anknüpfend an die Bindungstheorie und soziale Unterstützungstheorien erfüllen reziproke soziale Beziehungen im Erwachsenenalter viele bedeutsame Funktionen wie Sicherheit und Trost, das Gefühl, von anderen gebraucht zu werden, Selbstwertbestätigung und -erhöhung, jedoch auch Begleitung im Lebensverlauf, die Herstellung gemeinsamer Auffassungen von Wirklichkeit sowie Anleitung, Rat und Beistand (Weiss, 1974; vgl. auch Weinhold & Nestmann, 2012). Diese qualitativen und quantitativen Funktionen lassen zwar auf die Qualität der jeweiligen sozialen Beziehungen in einem Netzwerk schließen, die Wichtigkeit und Bedeutung einer Person im Netzwerk kann aber auch abseits solcher Merkmale variieren. Es ist daher sinnvoll, der subjektiven Bedeutung bestimmter Netzwerkmitglieder mit spezifischen Fragen nachzugehen. Dies gelingt insbesondere mit dem von Moreno (1934/2014, S. 159–167) entwickelten „sozialen Atom" (vgl. Kap. 5). Von Bedeutung ist zudem die Unterscheidung in latente und aktualisierte Beziehungen (Paulus, 1997). Neben derzeit bestehenden realen Kontakten können latente Beziehungen lange ohne Kontaktaufnahme auskommen, sind aber bedeutsam für die soziale Einbettung (Röhrle, 1994). So können z. B. sogar bereits verstorbene Großeltern, Eltern, Freunde nicht selten wichtige Ressourcen für den weiteren Lebensverlauf darstellen (vgl. Kap. 5).

Soziale Unterstützung als zentrale Funktion sozialer Netzwerke

Soziale Netzwerke haben viele Funktionen. Nach Nestmann (2010) lassen sich soziale Integration, kulturelle und soziale Phänomene von Kontrolle sowie soziale Unterstützung und soziale Belastung unterscheiden. Für die psychosoziale Arbeit ist der wichtigste Aspekt „die Vermittlung sozialer Unterstützung" (Paulus, 1997, S. 179). Die zentralen Interventionen bestehen Krieger (2010) zufolge darin, die Klient*innen dabei zu unterstützen, sich ihren sozialen Netzwerken stärker zuzuwenden, Netzwerke zu aktivieren, zu stabilisieren und ggf. zu erweitern, neue, eventuell künstliche sozial unterstützende Netzwerke zu schaffen und den Klient*innen zu helfen, sich dort zu integrieren, außerdem formelle und informelle Netzwerke zu verbinden und damit maßgeblich zur sozialen Unterstützung der Klient*innen beizutragen (ebd.). Soziale Unterstützung stellt auf diese Weise eine „zentrale Bedingung der Sicherung von Gesundheit, der Verbesserung von Wohlbefinden und der Förderung von Lebensführung und Lebensbewältigung" (Nestmann, 2010, S. 3) dar, gehört zu den bereits oben erwähnten Grundbedürfnissen eines Menschen und kann als „*die* zentrale Ressource und Funktion sozialer Netzwerke" (Kupfer, 2020, S. 42, Hervorh. i. Orig.; vgl. auch Kupfer & Nestmann, 2015) bezeichnet werden.

Soziale Netzwerke und soziale Unterstützung werden häufig gleichgesetzt. Soziale Unterstützung stellt innerhalb der Forschung und Theorieentwicklung sozialer Netzwerke jedoch einen eigenen vielfältigen Konzeptstrang dar (Überblick bei Nestmann, 2010; für das Feld der Beratung Kupfer, 2015). Die Begriffe sind also insofern voneinander abzugrenzen, als „das soziale Netzwerk (als Oberbegriff) die Grundvoraussetzung für die Wahrnehmung, die Verfügbarkeit und den Erhalt sozialer Unterstützung darstellt" (Eller, Mielck & Landgraf, 2005, S. 400; vgl. auch bereits Vaux, 1988). „Im Gegensatz dazu ist der Unterstützungsbegriff auf die Verfügbarkeit, den Erhalt und die Wahrnehmung sozialer Güter und Ressourcen gerichtet, die der Befriedigung zentraler persönlicher und sozialer Bedürfnisse durch die soziale Umwelt dienen" (Laireiter, 2009, S. 95). Sozial eingebettete Personen haben demnach – insgesamt betrachtet – wesentlich geringere Belastungsreaktionen zu befürchten als Personen mit einem defizitären Beziehungssystem (Baumann & Pfingstmann, 1986). Soziale Unterstützung wirkt als eine Art „soziales Immunsystem" (Nestmann, 1988/2013, S. 79; vgl. auch bereits Caplan, 1974).

Die Zugänglichkeit von Beziehung und die Form der Beziehungsgestaltung sind jedoch meist in eine Reihe von kulturell geprägten Erwartungen und normativen Verhaltensregeln eingebettet, die das Geschehen maßgeblich positiv wie negativ beeinflussen. Die Bedeutung solcher normativen Kontexte lässt sich z. B. an verwandtschaftlichen versus selbst gewählten Beziehungen aufzeigen. Verwandtschaftsbeziehungen verfügen zwar häufig über eine große Kontinuität und Stabilität, wirken sich aber keinesfalls immer nur positiv auf das Wohlbefinden aus. Inwiefern es glückt, Halt zu schaffen und möglichst konstruktiv zu gestalten, ob unterschiedliche Unterstützungsformen in Konflikt miteinander geraten oder sich andere, sinnvolle Konstellationen entfalten, ist daher von vielen Aspekten abhängig (Hermer, 2009). Auf globaler Ebene lässt sich z. B. zeigen, dass „bestimmte, vor allem gesellschaftlich marginalisierte und sozioökonomisch unterprivilegierte soziale Gruppen auch defizitäre soziale Ressourcen" (Kupfer, 2020, S. 47) haben. Nicht selten kommt es dabei auch zu malignen Kreisläufen, wenn, wie Mallinckrodt (1991) beschreibt, „the ‚rich get richer and the poor get poorer'" (S. 407). Keupp (1998) findet dafür das anschauliche Bild vom „Matthäus-Effekt" (S. 287). Nicht ausgeblendet bleiben soll auch der bereits angemerkte Umstand, dass Beziehungen und Unterstützungsleistungen auch negative Aspekte anhaften können.

3.3 Milieu

Das pädagogisch-therapeutische Milieu als praktische Umsetzung gelungener Bindungs-, Beziehungs- und Einbettungsarbeit

Damit Netzwerke sich nicht destruktiv gestalten, sondern es psychosozialen Fachkräften und Institutionen gelingt, „die Beziehungsdimension im jeweiligen (lebensweltlichen) professionellen Interaktionsgeschehen […] aufzunehmen" (Dörr, 2018, S. 1229), sind Überlegungen zur Milieuarbeit hilfreich. Dafür ist es sinnvoll, interdisziplinär verschiedene theoretische Konzeptbestandteile zusammenzudenken. Gewachsen ist dieses Konzept in einem spezifischen historischen Kontext. Dabei zeigt sich, dass es trotz vieler Gräben in der Historie der Pädiatrie, Psychiatrie und Behindertenfürsorge immer auch zahlreiche Beispiele zur Integration und Konvergenz pädagogischen, psychologischen und medizinischen Denkens gab. So gewann Freuds Psychoanalyse im ersten Drittel des 20. Jahrhunderts deutlich mehr Einfluss in pädagogischen Kreisen als in der Psychiatrie. Als einer der ersten Vertreter entwickelte Aichhorn (1925) ein Konzept für die Arbeit mit sozial benachteiligten Jugendlichen. Insbesondere Bernfeld (vgl. u. a. 1929/1974) prägte die psychoanalytische Pädagogik und ihren reflexiven Modus sowie ihre Umfeldkontextualisierung. Eine Reihe heilpädagogischer Heime fungierte als Vorläufer kinderpsychiatrischer Stationen (Bois und Ide-Schwarz, 2018).

Den konkreten Begriff und die inhaltliche Ausgestaltung des „therapeutischen Milieus" („therapeutic milieu": Bettelheim & Sylvester, 1948; Redl, 1959) prägten insbesondere Bettelheim (1950/2007, 1964/1999, 1974/1990) und Redl (1959, 1971/1987, 1978/1982). Sie widmeten sich schwer verhaltensauffälligen Kindern aus Elendsvierteln, die im herkömmlichen Setting einer ambulanten oder stationären Psychotherapie nicht ausreichend behandelbar waren. Nach der zentralen Aussage des „therapeutischen Milieus" (Redl, 1971/1987, bes. S. 72–98) haben alle Faktoren in der Lebensumwelt des Kindes auch therapeutische Auswirkungen, das Geschehen wird daher bewusst in den natürlichen interpersonalen und alltäglichen Lebenskontext zurückverlegt. Das „Hauptinteresse gilt daher jenen 23 Stunden, die außer der eigentlichen Sitzung vom Tag noch verbleiben – denn es ist dann und dort, dass das Milieu am stärksten zur Wirkung kommt" (Trieschman, Whittaker & Brendtro, 1969/1975, S. 23). Als Herzstück der Arbeit gilt ein „gemeinsam durchlebter, tiefenpsychologisch reflektierter und gestalteter Alltag" (Krumenacker, 2001, S. 18), der dem Beziehungs- und Interaktionsgeschehen und der Nachnährung die entscheidende Wirkung zuschreibt. Redl (1971/1987) forderte zudem bereits früh, dass die Maßnahmen partizpativ erfolgen müssen (vgl. auch Abkehr von der Expertokratie bei Bettelheim, 1974/1990). Das „therapeutische Milieu" lässt sich somit verstehen als ein zusammenfassender Begriff für sämtliche Aspekte eines pädagogisch-therapeutischen Gesamtsystems (Becker, 2005), einer „demokratischen, repressionsarmen Lebensgemeinschaft [...], die ihre Stabilität wesentlich durch die therapeutisch reflektierten personalen Bindungen" (Müller, 1999, S. 406) erhält.

Trotz der Vielfalt, die das Konzept entwickelt hat, ist allen Ausführungen gemeinsam, dass das heilsame bzw. förderliche Geschehen im natürlichen Lebensalltag der Adressat*innen stattfindet und von dort aus seine Wirkung entfaltet. An diese Grundmaxime knüpfen auch Überlegungen zum „pädagogischen Milieu" an. Ähnlich wie im „therapeutischen Milieu" soll das förderliche soziale Klima des pädagogischen Milieus als „biografisch verfügbarer sozialräumlicher und sozialemotionaler Kontext" (Böhnisch, 1994, S. 222) Geborgenheit, Verlässlichkeit und gegenseitigen Respekt bereitstellen und damit Bewältigungs- und Gestaltungskompetenz fördern. Böhnisch (2004/2008) zufolge verweist dieser Begriff auf ein „Konstrukt, in dem die besondere Bedeutung persönlich überschaubarer, sozialräumlicher Gegenseitigkeits- und Bindungsstrukturen – als Rückhalte für soziale Orientierungen und soziales Handeln" (S. 436) in ein Konzept gegossen werden. „Im Mittelpunkt steht die lebensweltlich-emotionale Erfahrung des Selbst in der Gemeinschaft" (Böhnisch, 2002, S. 73). In der Milieuerfahrung soll „Gegenseitigkeit möglich werden, die die biografische Aufschichtung von Bewältigungserfahrungen" (ebd.) positiv gestaltbar macht. Resümieren lässt sich: „Therapeutisches Milieu" – oder unmissverständlicher ausgedrückt „pädagogisch-therapeutisches

Milieu" (Gahleitner, 2021, S. 10) – bedeutet „ausdrücklich *nicht* eine Therapeutisierung des Alltags, sondern eine explizite Betonung auf pädagogisch verwurzelte Betreuungskonzeptionen" (ebd., Hervorh. i. Orig.; vgl. auch Gahleitner et al., 2019).

Zum Beispiel: stationäre Jugendhilfe

Dass ein „pädagogisch-therapeutisches Milieu" (Gahleitner, 2020) gelingen kann, zeigt Forschung im stationären Jugendhilfebereich. Das Angebot therapeutischer Jugendwohngruppen, das bereits beim Fallbeispiel Nathalie aufgegriffen wurde, richtet sich an Jugendliche und junge Erwachsene zwischen 14 und 21 Jahren (sowie an deren Eltern), deren (psychiatrische) Problemlagen die bisherigen Wohnkontexte massiv überfordern. Jugendliche mit diesen Problematiken brauchen eine interdisziplinär angelegte psychosoziale Hilfeform – und haben nach § 27 in Verbindung mit den §§ 27(3), 30, 34, 35, 35a und 41 SGB VIII einen gesetzlichen Anspruch darauf. Herzstück der Arbeit mit den Jugendlichen – hier sind sich die Jugendlichen selbst und die Professionellen in den durchgeführten Interviewstudien einig – ist die Bereitstellung eines „pädagogisch-therapeutischen Milieus" (vgl. dazu detailliert Gahleitner, 2021, und die vier Herausgabebände des Arbeitskreises der Therapeutischen Jugendwohngruppen Berlin: AK TWG, 2005, 2008, 2012, 2017). Es ermöglicht den Jugendlichen veränderungsrelevante Erfahrungen, Unterstützung und Verbundenheit im vorsichtigen Wiederaufbau der Selbstorganisation und Dialogfähigkeit.

Eine WG-Betreuerin[2] erzählt aus ihrer Arbeit: „Ich würde sagen, der Kern eigentlich der Arbeit findet auf der Beziehungsebene statt. [...] Wenn das gelingt, dann ist es das, was am meisten trägt [...], woran sich am meisten zeigt, wo man am meisten bearbeiten kann [...] und wo man sich natürlich auch selber ein Stück weit drauf einlassen muss." Der Inhalt dieser Beziehungsarbeit, so die WG-Betreuerin, besteht darin, den Jugendlichen, anknüpfend an deren jeweiligen mitgebrachten Bindungsstatus, positive und stabile Beziehungserfahrungen zu ermöglichen. Dies ist bei den häufig zutiefst beziehungserschütterten Jugendlichen jedoch ein weiter Weg. Die Annäherung und Beziehungsarbeit kann daher nicht ‚frontal' erzwungen werden, sondern sie ‚geschieht'. In winzigen Alltagssequenzen, in kleinen Dialogsequenzen – so eine Mitarbeiterin treffend – „kann man ins Gespräch kommen": „Na ja, ich versuch' natürlich erst mal, den Jugend-

---

2 Die Zitate stammen aus mehreren Forschungsprojekten mit dem Arbeitskreis Therapeutischer Jugendwohngruppen Berlin (AK-TWG) (vgl. dazu insbesondere AK TWG, 2009; vgl. auch AK TWG, 2005, 2008, 2012, 2017; Wesenberg, Frank, Andrade, Weber & Gahleitner, 2019).

lichen kennenzulernen […], versuch' erst mal, diese Beziehung aufzubauen […], dem Jugendlichen zu erklären, wie der Rahmen so bei uns funktioniert […], eine Zeit des Ankommens erst mal zu ermöglichen […], weil diese Beziehungen ja erst mal wachsen müssen […]. Die sind natürlich nicht von Anfang an da." Für die Jugendlichen muss vielmehr nach langer Zeit erstmals (wieder) ‚eindrücklich' werden, dass (Sich-An-)Vertrauen und Kontakt nicht nur bedrohlich, sondern auch angenehm und hilfreich sein können. Kern dieser Annäherung ist, so die WG-Beraterin, eine akzeptierende Grundhaltung auf einer verstehenden Basis – und damit ein Anknüpfen an den vorliegenden Bindungsstatus.

Auf dieser Basis können alternative Beziehungserfahrungen, „schützende Inselerfahrungen" (Gahleitner, 2005a, S. 63), gemacht und über diese korrigierenden Beziehungserfahrungen Explorationsprozesse, Mentalisierungsprozesse, Weiterentwicklungsprozesse möglich werden. Die Begegnung mit den WG-Betreuer*innen muss den Jugendlichen jedoch ‚persönlich erfahrbar' werden. Die Jugendlichen nehmen sehr deutlich wahr, ob „hinter der Rolle eine ‚authentische Person' steht, die über das Rollenkostüm hinausragt" (Sander, 2012, S. 23; unter Bezug auf Goffman, 1974/2018a, S. 315). „Es ist natürlich eine professionelle Beziehung […], aber die muss trotzdem authentisch sein […], die muss trotzdem […] an einer bestimmten Stelle nah sein […], die muss vertrauensvoll sein […], die muss zuverlässig sein […], die muss transparent sein […], die muss berechenbar sein", erklärt eine Betreuerin. Auf der Basis vieler solcher kleiner Sequenzen mit den WG-Betreuer*innen und dem weiteren Umfeld erleben die Jugendlichen modellhaft, „wie ein Zusammenleben mit anderen Menschen sein kann", wie dies eine weitere Mitarbeiterin ausdrückt. „Dass man zusammen als Gruppe was unternommen hat […], das war auch immer recht gut, dann hat man […] die Chance gehabt, so mit den Mitbewohnern dann noch Kontakt zu haben, na, und halt Kräfte sammeln", erzählt eine Klientin. In diesem Vernetzungsgefüge jedoch müssen die einzelnen Unterstützungssysteme und zugehörigen Beziehungs- und Arbeitsräume in ihrer Unterschiedlichkeit gut abgestimmt werden, um fruchtbar zusammenwirken zu können. Dazu gehört in diesem spezifischen Arbeitsfeld natürlich auch die Beratung der Eltern.

Das bedeutet: Bindungs- und Beziehungsarbeit sowie soziale Unterstützung und Netzwerkintervention sind nicht nur als wichtige Aspekte in der Arbeit zu sehen, sondern das ganze Geschehen fließt durch die Qualität von Bindungs- und Beziehungsbezügen sowie durch die Erfahrung sozialer Unterstützungs- und Netzwerkprozesse *hindurch,* auf primärer, sekundärer wie tertiärer Ebene. Böhnisch (1996) spricht im Kontext des „pädagogischen Milieus" von „entwicklungssensibler Nähe" (S. 234), Drieschner (2011a) benennt diese Qualität in Anlehnung an die Bindungstheorie als „feinfühlige Resonanz auf […] Sicherheits-, Zuwendungs- und Explorationsbedürfnisse" (S. 140). Über eine gelungene professionelle Bindungsbeziehung kann die Möglichkeit zu Identitätsbildungs- und Transformationsprozessen angeregt werden (ausführlicher s. u., Kap. 6 und 15).

Literaturtipps zum Weiterlesen

Gahleitner, Silke Birgitta (2020). *Professionelle Beziehungsgestaltung in der psychosozialen Arbeit und Beratung* (Reihe: Beratung, Bd. 17; 2., überarb. u. erw. Aufl.). Tübingen: DGVT.

Kupfer, Annett (2015). *Wer hilft helfen? Einflüsse sozialer Netzwerke auf Beratung* (Reihe: Beratung, Bd. 16). Tübingen: DGVT.

4 Lebenswege, Lebenschancen, Lebenskrisen – die Bedeutung biografischen Verstehens für die Soziale Arbeit

Selbstevaluation, Selbstreflexions- und Bildungsvorgänge zu befördern und damit Persönlichkeits-, Identitätsbildungs- und Transformationsprozesse für eine aktive Identitätsarbeit anzuregen, ist heutzutage so wichtig geworden wie noch nie zuvor in der Geschichte der Menschheit. Die Entwicklung der Identität vollzieht sich lebenslang und interaktiv. Sozialisation ist als ein fortlaufender Lebensbewältigungsprozess zu verstehen. Auch Gesundheit und Krankheit sind aus dieser Perspektive als multikausaler Prozess zu verstehen und folgen daher einem biopsychosozialen Modell. Klient*innen in ihrer Biografizität, ihrem Gewordensein zu verstehen, hat daher hohe Priorität.

4.1 Aufwachsen psychosozial betrachtet

Während in der Vergangenheit stark vorgegebene Sozialisationsverläufe üblich waren, sind inzwischen lineare Lebensverläufe – im Zuge kultureller Freisetzungsprozesse aus traditionellen Lebensformen – selten geworden. Dafür stellt unsere heutige Gesellschaft eine Reihe von Möglichkeiten für individuelle Lebensformen bereit. Diese seit einigen Jahrzehnten zunehmenden Freiräume, die Pluralisierung von Selbst- und Weltbildern und die Beschleunigung sozialer und kultureller Wandlungsprozesse erfordern von Heranwachsenden und Erwachsenen eine hohe Flexibilität (Sennett, 1998/2000): „Während das Sozialisationsregime im Verlauf der Ersten Moderne durch die Spannung von Institution und personaler Autonomie bestimmt war, ist das Sozialisationsregime der Zweiten Moderne durch […] die Chance und den Zwang zur Selbstorganisation charakterisiert" (Böhnisch et al., 2009, S. 10; vgl. zur Zweiten Moderne bereits Beck, 1994/2019).

Die zunehmende Entgrenzung eröffnet Freiheiten zu aktiver Identitätsarbeit (Keupp, 2013b; vgl. Kap. 2.5). Wer mit einer guten Ressourcenausstattung schnell wechselnde Bedingungen flexibel zu nutzen weiß, sieht sich einem attraktiven Angebot an Lebenswegen und Gestaltungsmöglichkeiten gegenüber. Zugleich sind dabei aber auch vielfältige Übergänge und Brüche zu bewältigen (Gahleitner & Hahn, 2012). Resultat ist ein zunehmender Verlust sozialer Einbindung und kultureller Einbettung mit positiven wie negativen Konsequenzen für Entwicklungs-, Sozialisations- und Identitätsprozesse (Keupp, 2012). Benachteiligte und beeinträchtigte Menschen geraten auf diese Weise nicht selten ins Abseits. Dazu gibt es inzwischen tragfähige epidemiologische Untersuchungen (WHO, 2001).

Dies zeigt: Identität entsteht, wie bereits beschrieben, von klein auf in einer lebenslangen „aktiven Auseinandersetzung mit der Umwelt" (Hurrelmann, Bauer, Grundmann & Walper, 2015, S. 9). Wie die Bindungsformen zugleich als Resultat aus vorausgegangenen Bindungs- und Beziehungskonstellationen verstanden werden können, aber auch selbst strukturell auf die Umwelt einwirken, also sich stets neu interaktiv realisieren, konstituiert sich aus dem Zusammenleben im Alltag und den damit verknüpften sozialen Beziehungen interaktiv und fortlaufend allmählich die Identität eines Menschen. Tatsächlich sind „Menschen [...] ohne ein Netzwerk an anderen Menschen, die sich über Sprache, körperliche und soziale Zuwendung begegnen, kaum überlebensfähig" (Straus, 2008, o. S.) – und vor allem kaum entwicklungsfähig. Diese Orientierung am und zum anderen Menschen gehört elementar zum Menschsein: „Das spezifisch Menschliche des Menschen und sein gesellschaftliches Sein sind untrennbar verschränkt. Homo sapiens ist immer und im gleichen Maßstab auch Homo socius" (Berger & Luckmann, 1966/2018, S. 54). Soziale Netzwerke konstituieren auf diese Weise in einem steten Wechselspiel auch die jeweilige Identität der beteiligten Individuen.

4.2 Entwicklung und Identität heute

Auf die soeben geschilderte Weise wird in der heutigen Lebenswelt „die Arbeit an der eigenen Identität [...] zu einem unabschließbaren Projekt" (Keupp, 2014, S. 21; vgl. auch Keupp et al., 1999/2013; vgl. einführend Kap. 2.5): Die Identitätstheorie löst sich damit von der Vorstellung eines reifen Individuums, das zum Ende der Adoleszenz ein stabiles Selbstgefühl erreicht, das nur unter besonderen Krisen noch verändert wird" (Straus, 2008, o. S.). Eine Reihe soziologischer, psychologischer und pädagogischer Vordenker*innen hat zu diesem interaktionistischen Verständnis und Identitätskonzept beigetragen.[3] So stellte z. B. bereits

3 Es sei nur am Rande darauf hingewiesen, dass der Grundgedanke noch weiter zurückverfolgt werden kann. Als grundlegend für ein interaktionistisches Verständnis sind vor allem Meads Arbeiten (1909/2003; 1934/1998) zu betrachten: „Es muss die Ich-Identität der anderen geben, wenn die eigene Ich-Identität existieren soll", sagt Mead (1909/2003, S. 208) und macht damit „die untrennbare Verbindung von sozialen Netzwerken und Identität sichtbar" (Straus, 2008, o. S.). Auch Wygotski (1925/2003) spricht von einer „Soziologisie-

Erikson (1950/2005; s. o., Kap. 2.4) neben dem Konzept des „Urvertrauens" Überlegungen an, die den Prozess der Identitätsbildung über das ganze Leben hinweg in unterschiedlichen Formen und Herausforderungen an das Individuum in den Blick nehmen. Identitätsentwicklung vollzieht sich demnach stets in Interaktion mit dem Umfeld – in einem komplexen Geschehen zwischen Identitätsgewinnung und Diffusion, zwischen Anpassung und Kreativität und zwischen Gelingen und Scheitern.

Mit der sozialen Identität orientiert sich das Subjekt an den anderen und präsentiert ihnen zugleich stets die eigene Identität, die wiederum auf dieses Feld einwirkt (vgl. auch Straus, 2008, o. S.). Interaktionen und „Narrationen dienen [...] nicht nur der Verständigung, sondern sind konstitutiv für die Identitätskonstruktion des Subjekts" (ebd.). Straus (2008) nimmt dabei Bezug auf das „Modell alltäglicher Identitätsarbeit" (Keupp et al., 1999/2013, S. 266; vgl. Abb. 2), das zwischen einer basalen Ebene der „situativen Selbstthematisierungen in sozialen Netzwerken", einer Ebene der „Teilidentitäten", auf der die situativen Selbsterfahrungen verdichtet werden, und einer Ebene der „Metaidentität" unterscheidet,

Abbildung 2: Modell der Identitätsarbeit (eigene Darstellung nach Keupp et al., 1999/2013, S. 218)

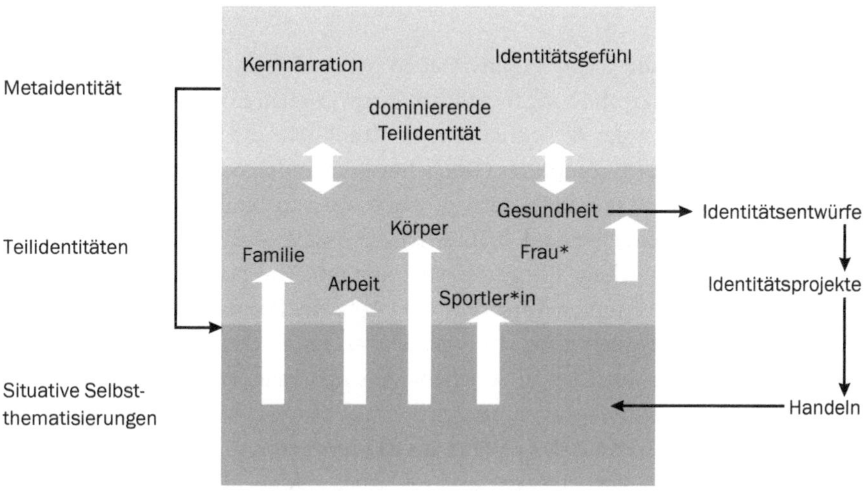

rung des gesamten Bewusstseins" (S. 305; s. u., zu den desorganisierten Bindungsstrukturen in Kap. 3.1), und Goffman (1967/2018b) basiert seine identitätsbezogenen Konzeptionen auf eine ineinander verwobene soziale, personale und Ich-Identität (ebd.), um nur einige der besonders bedeutenden Vertreter*innen zu nennen.

auf der durch die Verdichtung der gesamten biografischen Erfahrungen und damit verbundenen Bewertungen in einem steten Verlauf ein Identitätsgefühl gebildet wird – durch eine kontinuierliche Generalisierung der fortlaufenden Selbstthematisierung und Integration der Teilidentitäten.

Bei den in der Identitätsentwicklung ständig erforderlichen Syntheseleistungen und Entscheidungsprozessen ist es das umgebende soziale Netzwerk, das Orientierung durch konkrete Unterstützung sowie bei der Suche nach Normalitätsbildern und Abweichungstoleranzen bereitstellt (Nestmann, 2010). Diese – bewältigungsorientierte – Perspektive erfasst die biografische Aufschichtung von Bewältigungserfahrungen (Böhnisch et al., 2009). Hier setzt professionelles Beziehungsgeschehen an. In der Bedeutung, die in diesem Modell den „biografischen Kernnarrationen“ zugeschrieben werden, und mit seinem zutiefst interaktionistischen Charakter passt sich das Modell gut in moderne Sozialisationstheorien ein. Dort wird Sozialisation als ein steter biografischer Lebensbewältigungsprozess verstanden (vgl. z. B. Böhnisch et al., 2009; Böhnisch, 2019; Stecklina & Wienforth, 2020). In der daraus resultierenden Identitätsarbeit (Keupp & Höfer, 1997/2009) sind alle „Reifungsprozesse in einem sozialen Kontext eingebettet“ (Böhnisch et al., 2009, S. 13).

4.3 Das biopsychosoziale Modell

Solche und verwandte Überlegungen haben bereits im 20. Jahrhundert zu biopsychosozialen Konzeptbildungen geführt (ursprünglich Engel, 1977; Überblick Gahleitner, Hintenberger & Leitner, 2013). Krankheit und Gesundheit werden dabei als nicht-lineares, komplexes Geschehen verstanden und weder in einzelne, disziplinär fixierte Bestandteile zerlegt, noch als rein biologisches Geschehen konzeptualisiert. Konzepte und theoretische Ansätze aus Medizin, Soziologie, Pädagogik, Sozialer Arbeit, Pflege, Psychologie und Psychotherapie werden interdisziplinär zu verknüpfen versucht (vgl. Abb. 3). Positiv wirkt sich auf das aktuelle Handeln beispielsweise ein guter Kohärenzsinn aus – also die „globale Orientierung, die ausdrückt, in welchem Ausmaß man ein durchdringendes, andauerndes und dennoch dynamisches Gefühl des Vertrauens hat, daß 1. die Stimuli, die sich im Verlauf des Lebens aus der inneren und äußeren Umgebung ergeben, strukturiert, vorhersagbar und erklärbar sind; 2. einem die Ressourcen zur Verfügung stehen, um den Anforderungen, die diese Stimuli stellen, zu begegnen; 3. diese Anforderungen Herausforderungen sind, die Anstrengung und Engagement lohnen“ (Antonovsky, 1987/1997, S. 36). Diese salutogenetische Erkenntnis wird zwar stark auf Kindheitserfahrungen zurückgeführt, ist aber keineswegs unbeeinflussbar von aktuellen Lebensprozessen.

Abbildung 3: Das erweiterte biopsychosoziale Modell (eigene Darstellung nach Egger, 2017, S. 26)

Netzwerk von physischen (materiellen) Begriffen (zugleich Wissenschaftsbereiche)		Netzwerk von geistigen (mentalen) Begriffen
Universum (nicht mehr beobachtbar, nur mathematisch erschließbar) Supercluster galaktische Cluster Galaxien Milchstraße **Erde/Biosphäre** Menschheit großräumige sozio-ökologische Strukturen	**Makrokosmos**	
mittelbare Lebenswelt umgebende sozio-ökologische Strukturen Dorf/Stadtteil **unmittelbare Lebenswelt** direkte sozio-ökologische Umwelt	← eingeschränkter Geltungsbereich	obere Grenze des subjektiven Erlebnisraums **sozio-kulturelles Leben** subkulturelle Erfahrungen **Partnerschaft/Familie/Freundschaft** persönliche Kontakte
Position des/der Beobachter*in mit den eigenen technisch erweiterten Wahrnehmungsmöglichkeiten **Person** physiologische Gestalt/Körper molares Verhalten	**Mesokosmos** ↔ rein psychophysische Ereignisse	**Position des sich selbst erlebenden Subjekts** **Person** individuelle Erfahrung (Denken, Fühlen)
objektivierbare Ereignisse Organe Gewebe	← eingeschränkter Geltungsbereich	**das Ereignis als privates Erleben** Körperwahrnehmung untere Grenze des subjektiven Erlebnisraums
Zellen Moleküle/DNS Atome subatomare Teilchen Superstrings (nicht mehr beobachtbar, nur mathematisch erschließbar)	**Mikrokosmos**	

Aus dieser Perspektive muss Krankheitsentstehung als ein multikausaler, nonlinearer Prozess begriffen werden, der sich im Zusammenwirken von biologischen, psychologischen, sozialen, kulturellen, politischen und ökonomischen Verhältnissen vollzieht (Gahleitner & Pauls, 2017; Sommerfeld, Dällenbach & Rüegger, 2010). Daher „mutet es herausfordernd an, eine sinnvolle und begründbare Grenze zwischen ‚krank' und ‚gesund' zu ziehen, die sowohl dem Erleben der Betroffenen als auch dem ihres sozialen Umfelds gerecht wird und dabei die Vielfalt menschlicher Lebensentwürfe und -orientierungen zu berücksichtigen vermag" (Kröger, 2016, S. 3). Diese Gedanken existierten bereits lange vor der Etablierung des biopsychosozialen Modells, es ist jedoch dem Erfolg von Engels Publikationen (1977, 1980) zu verdanken, dass „dialogisches und beziehungsorientiertes Vorgehen und die Beachtung des sozialen Milieus" (Pauls, 2013a, S. 18) im medizinischen und allgemeinen Fachdiskurs unter dieser Begrifflichkeit Fuß fassen konnten.

Um psychosoziale Versorgung im Sozial- wie Gesundheitswesen am aktuellen Bedarf zu orientieren, muss neben einer Reihe anderer Aufgaben daher auch eine adäquate professionelle Antwort auf die Überforderungen durch psychosoziale Verarbeitungsprozesse aktueller Lebensverhältnisse bereitgestellt werden – und zwar für alle darin lebenden Menschen. Dafür bedarf es der Entwicklung geeigneter Konzepte (Gahleitner & Pauls, 2010), um auch Klient*innen, die demografisch, kulturell oder strukturell benachteiligt und multiproblembelastet sind, am Versorgungssystem zu beteiligen. Brackertz (2007) bezeichnet diese Zielgruppe als „hard to reach"-Klientel (vgl. auch Labonté-Roset, Hoefert & Cornel, 2010; aktuell Giertz, Große, Gahleitner & Steckelberg, 2021). Wichtige Aspekte für die Praxis sind dabei das Verstehen und die Arbeit mit der Biografie der Klient*innen.

4.4 Biografie(arbeit)

Das eigene Leben zu betrachten, darüber zu erzählen und es zu reflektieren, ist nicht erst in aktuellen psychosozialen Beratungs- und Behandlungskontexten üblich, sondern eine der menschlichsten Eigenschaften überhaupt. Seit frühesten Zeiten bilden (Auto-)Biografien einen festen kulturellen Bestandteil (vgl. hier und im Folgenden Gahleitner & Röh, 2018). Auch Reflexionen und Analysen von Lebensgeschichten bilden bedeutsame Quellen zeitgenössischer Dokumentationen. Nicht zuletzt wurde, spätestens mit Sigmund Freud, das Interesse an der Vergangenheit einer Person, am „So-Gewordensein", geweckt und währt bis heute in den verschiedensten Facetten (vgl. Miethe, 2017). Als eine der Pionierinnen der Sozialen Arbeit hat sich Richmond (1903) dem biografischen Aspekt gewidmet. Nicht immer können wir vollständig auf unser Leben und damit unsere Biografie ‚zugreifen' bzw. vollständig darüber verfügen. Von entscheidender Bedeutung ist jedoch, dass das biografische Erleben und die Fähigkeit, sich selbst als ein biografisches Wesen zu (re-)konstruieren, also dem eigenen Leben einen Sinn beizumessen, enorm wichtige Identitätsressourcen darstellen.

Daher ist das sinnstiftende Erzählen über das eigene Leben auch als Versuch zu sehen, die eigene Identität zu beschreiben, d. h., Antworten auf die folgenden Fragen zu haben (oder zu suchen): „Woher komme ich, was habe ich erlebt? Wie hat mich das geformt? Welche Entscheidungen habe ich getroffen? Warum bin ich so, wie ich jetzt bin, mit all meinen Eigenschaften und Fähigkeiten?" (Viele andere Fragen sind vorstellbar.) Das zur Identitätsentwicklung vorgestellte Modell nach Keupp und Kolleg*innen (1999/2013) passt sich gut in diese Überlegungen ein. Der moderne Mensch ist daher heute besonders darauf angewiesen, sich immer wieder seiner Biografie zu vergewissern (Miethe, 2017).

So spielen der Lebenslauf und die darin gemachten Erfahrungen eine besondere Rolle. Grob formuliert können Übergänge (Statuspassagen, Transitionsphasen) von kritischen Phasen im Leben einer Person getrennt werden, die allesamt bewältigt bzw. im Rahmen der Lebensführung bearbeitet werden müssen. Lebensübergänge sind quasi in jeder menschlichen Biografie enthalten, sie reichen von der Geburt bis zum eigenen Tod (Sterben) und umfassen die gesamte Entwicklungsspanne mit ihren Statusübergängen (Kindheit und Jugend, Adoleszenz, Eintritt ins Arbeitsleben, Partnerschaften, eigene Kinder, Renteneintritt) und besonderen Ereignissen (Schuleintritt, Volljährigkeit, Heirat, Tod der eigenen Eltern). Daneben treten z. B. mit Krankheit, Tod nahestehender Personen, traumatischen Ereignissen, plötzlicher Arbeitslosigkeit auch besonders herausfordernde Ereignisse ins Leben, die soziokulturell weniger eingebettet sind. Entgegen einer individualistischen Bewältigungstheorie ist zudem bekannt, dass diese Lebensphasen umso besser bewältigt werden (können), je mehr soziale Ressourcen vorhanden sind und genutzt werden können, und sich dann auch positiv auswirken können (Gitterman & Germain, 1996/1999, S. 61 ff.). Um biografisch zu arbeiten, muss eine Biografie zunächst verstanden werden. Davon handelt das nächste Kapitel.

Literaturtipps zum Weiterlesen

Böhnisch, Lothar, Lenz, Karl & Schröer, Wolfgang (2009). *Sozialisation und Bewältigung. Eine Einführung in die Sozialisationstheorie der zweiten Moderne* (Reihe: Juventa Paperback). Weinheim: Juventa.

Keupp, Heiner, Ahbe, Thomas, Gmür, Wolfgang, Höfer, Renate, Mitzscherlich, Beate, Kraus, Wolfgang & Straus, Florian (2013). *Identitätskonstruktionen. Das Patchwork der Identitäten in der Spätmoderne* (5., unveränderte Auflage). Hamburg: Rowohlt (Erstaufl. erschienen 1999).

Lehreinheit 5–6

Psychosoziale Diagnostik und Intervention im Überblick

5 Diagnostisches Fallverstehen am Fallbeispiel Nathalie

Soziale Arbeit hat sich dem Thema Diagnostik erst in den letzten beiden Jahrzehnten erneut zugewandt, obwohl Diagnostik zu den Kernkompetenzen Sozialer Arbeit gehört. Diagnostik ist in der Sozialen Arbeit immer prozessual und interprofessionell zu begreifen und sollte medizinische, psychologische und sozialpädagogische Wissensbestände zusammentragen. Im folgenden Kapitel wird daher ein interdisziplinär konzipiertes integratives, biopsychosoziales Diagnostikmodell vorgestellt, das mehrdimensionales Verstehen entlang der Biografie und Lebenswelt der Klient*innen ermöglicht. Die einzelnen Schritte werden jeweils am Fallbeispiel von Nathalie durchgespielt und erläutert. Anhand dieses Vorgehens kann im optimalen Fall eine systematische subjekt- und kontextberücksichtigende psychosoziale Diagnose und Interventionsplanung gewonnen werden.

Eine selbstbewusste diagnostische Kompetenz ist ein Kennzeichen einer „originären sozialarbeiterischen Berufsidentität" (Mühlum & Gahleitner, 2008, S. 49). Heiner (2013) charakterisiert Diagnostik und Kasuistik als grundlegenden fachlichen Standard, „der allerdings methodisch sehr unterschiedlich ausgestaltet werden kann" (S. 19). ‚Diagnose', ursprünglich aus dem Griechischen, bedeutet ‚Auseinanderkennen' der Merkmale eines Gegenstands, einer Person oder eines Systems. Und egal, ob wir das bewusst vorhaben oder nicht, im professionellen Alltag nehmen wir ständig Einschätzungen vor. Ob Klient*innen ‚so und so sind', bei uns ‚das und das auslösen' – ständig formulieren wir dabei diagnostische Einschätzungen. Diagnostik in der Sozialen Arbeit ist dabei in besonderer Weise verpflichtet, die Schnittstelle zwischen psychischen, sozialen, physischen und alltagssituativen Dimensionen auszuleuchten. Zu einem selbstverständlichen Umgang mit Multiproblemlagen gehört daher ein interdisziplinäres, biopsychosoziales und mehrdimensionales Vorgehen (zum biopsychosozialen Ansatz vgl. Gahleitner, Hintenberger & Leitner, 2013). Bedauerlicherweise klafft im Diagnostikbereich ein besonders tiefer, als historisch zu begreifender Graben zwischen den verschiedenen Berufsgruppen. Inzwischen wurden jedoch in zahlreichen Foren sozialdiagnostische Verfahren zur Diskussion gestellt und die Ergebnisse über Veröffentlichungen zugänglich gemacht (vgl. u. a. Ader & Schrapper, 2020;

Buttner et al., 2018; Gahleitner, Hahn & Glemser, 2013; Harnach, 2007; Heiner, 2004, 2010; Müller, 2004; Pantuček & Röh, 2009; Schrapper, 2004).

Diagnostik in der Sozialen Arbeit verläuft zudem immer prozessual. So fällt zu Beginn eines Diagnostikprozesses normalerweise die Aufgabe an, sich zu orientieren, eventuelle Risikokonstellationen z. B. mit Kinderschutzbögen zum Thema Kinderschutz zu erfassen und erste Zuweisungsvorschläge zu formulieren. Diese Einschätzungen müssen immer wieder korrigiert, ergänzt und neu konzipiert werden. In der Zuweisungsdiagnostik versucht die verantwortliche Fachkraft, spezifische Informationen gezielter zu erheben, um Entscheidungshilfen zu geben, ob eine Einleitung, Fortführung oder Beendigung von Hilfen sinnvoll sein könnte. Hier geht es um eine grundlegende Auswahl passender Angebote, die Vermittlung von Dienstleistungen sowie die Klärung der Voraussetzungen für die Nutzung der Hilfemaßnahme vonseiten der Klientel. Geht es bereits um die Anbahnung und Durchführung der geplanten Hilfe, so konzentrieren die dabei involvierten Fachkräfte sich in der sog. Gestaltungsdiagnostik stärker auf die spezifischen Defizite, aber auch Bedürfnisse und Fähigkeiten der Klientel, um darauf aufbauend die Intervention zu gestalten. Daran wird auch die Ausgestaltung des Kooperationsprozesses mit der Klientel sowie dem Hilfesystem ausgerichtet. Aufgaben dieser Form der Diagnostik sind u. a. die Konkretisierung der Hilfeplanung. Den gesamten Zeitraum über müssen eventuell Instrumente der Risikodiagnostik eingesetzt werden, um Entscheidungen abzusichern, z. B. im bereits erwähnten Kinderschutz oder bei Selbstgefährdung (Heiner, 2013).

Die verschiedenen Phasen der Diagnostik und auch einzelne Teile davon liegen nicht selten interprofessionell in verschiedenen Händen. Eine praxisnahe, interdisziplinäre Diagnostik sollte daher auf jeden Fall medizinische, psychologische und sozialpädagogische Wissensbestände nutzen. Im Folgenden wird ein – interdisziplinär geprägtes und integratives biopsychosoziales – Diagnostikmodell vorgestellt, das sich insbesondere für die Zuweisungs- und Gestaltungsdiagnostik eignet. Entlang Heiners (2013) Begrifflichkeit des „Diagnostischen Fallverstehens“ (ebd., bes. S. 18–24) versucht das Modell[4] mehrere methodische Herangehensweisen miteinander zu verbinden. Es erlaubt, die verschiedenen Aspekte aus der Biografie und Lebenswelt der Klient*innen interprofessionell zusammenzutragen (Abb. 4). Diagnostik und Intervention lassen sich am besten an realen Fallbeispielen aus der Praxis begreifen. Zu diesem Zweck haben wir

---

4 Die Herleitung des Modells beruht auf einer langjährigen Entwicklung und Zusammenarbeit mit zahlreichen Kolleg*innen und baut daher auf mehrere bereits erschienene Publikationen auf (vgl. u. a. Gahleitner, 2021; Gahleitner & Pauls, 2013; Gahleitner, Pauls & Glemser, 2018; Gahleitner & Dangel, 2018a, 2018b, 2018c; Gahleitner & Weiß, 2016; Gahleitner, Zimmermann & Zito, 2017; Glemser, 2013; Kindler & Stitz, 2013).

Abbildung 4: Gesamtmodell zum Diagnostischen Fallverstehen (Quelle: Gahleitner, Pauls & Glemser, 2018, S. 122)

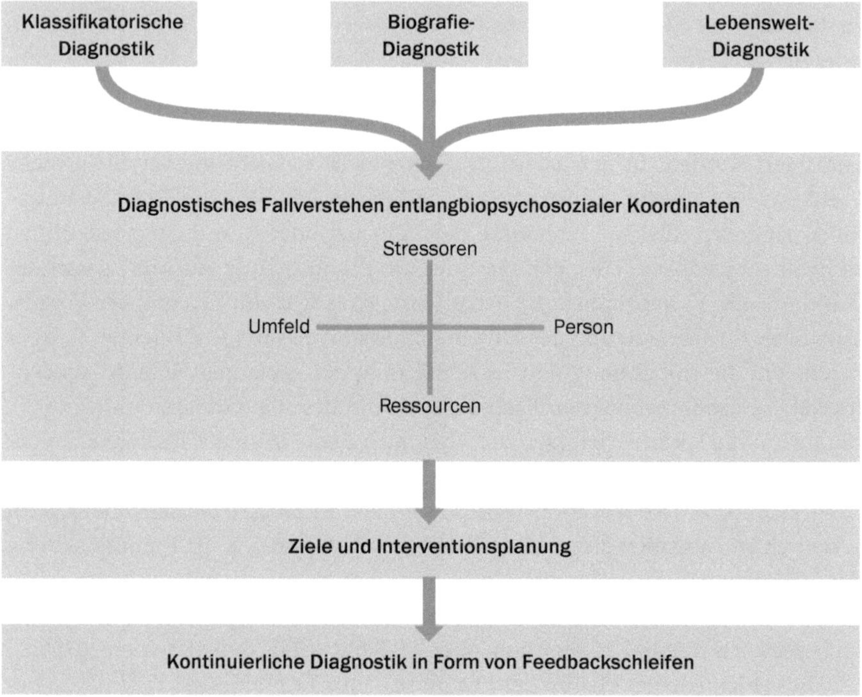

Klassifikatorische Diagnostik

Biografie-Diagnostik

Lebenswelt-Diagnostik

Diagnostisches Fallverstehen entlangbiopsychosozialer Koordinaten

Stressoren

Umfeld

Person

Ressourcen

Ziele und Interventionsplanung

Kontinuierliche Diagnostik in Form von Feedbackschleifen

eingangs im Buch Nathalie vorgestellt. Im Folgenden wird das Diagnostikmodell entlang dieses Fallbeispieles ausführlich erläutert.

5.1 Erster Schritt: Klassifikatorische Diagnostik

Voraussetzung für die Zuweisung zu vielen Hilfen in klinischen Handlungsfeldern der Sozialen Arbeit ist eine klassifikatorische psychopathologisch-psychiatrische Diagnostik (vgl. ausführlich Kap. 7). Klassifikatorische Diagnostik gibt Einteilungen vor, um Symptome jeweils einer oder mehreren Diagnosen zuordnen zu können und damit eine Suchrichtung für wichtige störungsspezifische Behandlungsentscheidungen und Vorgehensweisen zu erhalten. Auch wenn das Erstellen diagnostischer Einschätzungen oder Gutachten in der Regel an psychologische oder psychiatrische Kolleginnen und Kollegen delegiert wird, ist es auch für Fachkräfte der Sozialen Arbeit unabdingbar für jede interdisziplinäre Zusammenarbeit, sich in den Systemen zurechtzufinden sowie diese Diagnostik nachvollziehen, anwenden und auch kritisch hinterfragen zu können. Nur so kann kategoriale Diagnostik sinnvoll in den umfassenden Hilfeprozess eingebettet werden.

Das bekannteste medizinische und psychodiagnostische Klassifikationssystem ist die ICD (International Statistical Classification of Diseases and Related Health Problems; WHO, 2019). In Jugendhilfekontexten nach § 35a, wie im Fallbeispiel Nathalie, besitzt es entscheidende Relevanz für Prozesse der dortigen Zuweisungsdiagnostik. Die ICD wird in internationalen Konsensgemeinschaften erarbeitet und erhält dadurch überregionale Verbindlichkeit. In der Entstehung der Kategorien spielen Normalitätskonstruktionen eine große Rolle – ein Umstand, der berechtigterweise Kritik hervorruft (vgl. z. B. Schulze, 2008, S. 80–82; für weitere Kritikpunkte an klassifikatorischer Diagnostik und der ICD vgl. Kap. 7.3). Inzwischen wurden jedoch auch Klassifikationssysteme für die stärkere Einbeziehung sozialkritischer Dimensionen entwickelt (für die Teilhabeplanung z. B. die ICF, Schuntermann, 2018; für Lebenslagen z. B. PIE, Karls & Wandrei, 2008). Zudem können an dieser Stelle bei Bedarf durch geeignete Skalen und Fragebögen weitere medizinische, psychiatrische und auch sozial orientierte Abklärungen vorgenommen und mit in die Diagnostik einbezogen werden. Hierbei spielen insbesondere im Kindes- und Jugendalter auch die in Kapitel 2 angesprochenen entwicklungspsychologischen normierten Erhebungsverfahren zur ‚Messung' des (entwicklungs-)altersangemessenen Erwerbs bestimmter Fähigkeiten und Kompetenzen eine wichtige Rolle.

Nathalie litt zum Aufnahmezeitpunkt unter starker Unruhe, unter Erregungszuständen und Ängsten, die sich in der Umkehrung mitunter auch in aggressiven Durchbrüchen oder plötzlichen Erstarrungen äußerten. Sie hatte ein sehr schlechtes Selbstbewusstsein, isolierte sich häufig von den anderen Mädchen der Gruppe und hatte wenig Zugang zu ihren Gefühlen und zu sich selbst als Person und ihrem Umfeld. Ihre eigene Biografie erinnerte sie nur teilweise. Trotz großer Anstrengungen und Nachhilfestunden konnte Nathalie auch die Sonderschule nicht abschließen. Nachts litt sie unter Albträumen und fühlte sich auch tagsüber bedroht von pseudopsychotischen Erscheinungen wie Stimmen, Wesen oder Schatten. Hervorstechend waren jedoch die affektiven und Beziehungsproblematiken. Entlang der ICD-11 lässt sich dieses Bild einer komplexen posttraumatischen Belastungsstörung zuordnen (vgl. Kap. 8.2). Entsprechend der Alkoholembryopathie kann zudem eine starke Intelligenzminderung festgestellt werden, die bei der Beschulung zu berücksichtigen ist.

5.2 Zweiter Schritt: Biografiediagnostik

Auch wenn die klassifikatorische Diagnostik eine große Relevanz z. B. für bestimmte Zuweisungsprozesse durch Jugendämter besitzt, wird für eine sozialdiagnostische Abklärung sehr viel mehr Information gebraucht. In der klassifikatorischen Diagnostik bleibt die für die Soziale Arbeit bedeutsame Relevanz von Selbstdeutungen und biografischem Kontext z. B. unberücksichtigt. Gerade in einem stark von Multiproblemlagen gekennzeichneten Bereich, wie er Nathalies Familie umgibt, sind die Wahrnehmungs- und Bewältigungsmuster der Familienangehörigen stark durch die Geschichte der vorangegangenen Erfahrungen und Traumata geprägt. Ein Trauma, wie Nathalie es erlebt hat, entfaltet seine Wirkung im Spannungsfeld von subjektiven und objektiven Umfeldfaktoren, also individuellen Vorerfahrungen. Jede Entwicklungsstufe stellt das traumatisierte Kind vor neue Anforderungen, deren Wahrnehmung und Bewältigung durch die Geschichte der vorangegangenen Erfahrungen geprägt sind – wie durch ein Prisma „aktiv wirkender Biografie“ (Röper & Noam 1999, S. 241). Die Biografie und Entwicklung eines Menschen bietet daher einen wichtigen Referenzrahmen für die Diagnostik. Um diese Bedeutung entwicklungs- und biografieorientierter Prozesse einzufangen, benötigt man einen biografisch kontextualisierten und subjektorientierten Zugang. Hier bieten sich fallverstehende Modelle aus der Biografieforschung an. Von zentraler Bedeutung ist dabei „die Kompetenz, eine ‚diagnostische Situation‘ in Form einer gelingenden Verständigung so zu gestalten, dass lebensweltliche Selbstdeutungen der AdressatInnen systematisch berücksichtigt werden“ (Schulze, 2006, S. 10).

Die hierzu entwickelten Erhebungsverfahren sind vielfältig. Einen viel genutzten, unkomplizierten und einfachen Zugang bietet der Zeitstrahl oder Zeitbalken (Pantuček-Eisenbacher, 2019, S. 223–232). In der Integrativen Therapie und Beratung wird abbildungsorientiert mit dem „Lebenspanorama“ gearbeitet (vgl. z. B. Petzold, Wolf, Landgrebe, Josič & Steffan, 2000, S. 486). Dafür kann eine kurze Einstimmung die Klient*innen auf die Aufgabe vorbereiten, in der man sie vom heutigen Zeitpunkt bis in die frühe Kindheit vorstellungsorientiert zurückführt. Daraufhin soll prozessorientiert der Lebensverlauf kreativ dargestellt werden, über eine Skizze, eine Zeichnung, geschriebene Begrifflichkeiten oder eine Aufstellung. Im Anschluss daran wird das Dargestellte gemeinsam besprochen. Ähnlich gehen Methoden der narrativen Gesprächsführung und Intervention – angelehnt an qualitative Forschungsmethoden – im sprachlichen Bereich vor (vgl. u. a. Loch & Schulze, 2002; Rosenthal, 2002). Die Tradition der Sozialpädagogischen Diagnostik hat eine Fülle von Verfahren hervorgebracht, denen verschiedenste Formen des Fallverstehens zugrunde liegen (vgl. u. a. Fischer & Goblirsch, 2018). Ein schönes Beispiel für eine behutsame Erhebung biografischer Aspekte bieten traumapädagogische Ansätze mit Kindern in stationären Einrichtungen entlang von „Lebensbüchern“ (Krautkrämer-Oberhoff, 2013). Sie eröffnen eine Chance, sich „Teile der verlorenen Lebensgeschichte zurückzuerobern“ (S. 115). Biografiearbeit bietet Klient*innen die Chance, die eigenen Erinnerungen zu vervollständigen, die damit verbundenen Gefühle besser kennenzulernen und zu mentalisieren, um sie allmählich als Teil eigener Geschichte zu akzeptieren und im günstigsten Falle zu integrieren.

In Nathalies Lebenspanorama zeigt sich immer wieder ihre fortlaufende Absorbiertheit durch die häusliche Gewaltsituation. Erinnerungen an die Kindheit entfalten sich vor allem in zwei Extremen: in Gewaltsequenzen, in denen Nathalie stets den Auftrag hatte, die anderen Kinder im Kinderzimmer zusammenzuholen und zu schützen; im Gegenteil dazu in Zeiten ohne Alkohol in harmonischen, für sie sehr positiv besetzten Familienszenen wie Weihnachten oder gemeinsamen Unternehmungen. Diese Sequenzen wurden im weiteren Verlauf von Nathalie nochmals aus dem Lebenspanorama heraus vergrößert (vgl. Abb. 5).

Viele Abschnitte der Kindheit bleiben jedoch im Dunkeln. Nicht zuletzt die Alkoholembryopathie sowie die frühen und fortgesetzten schweren Traumatisierungen haben bei Nathalie zu schweren Entwicklungsdefiziten geführt, insbesondere auf

Abbildung 5: Ausschnitt aus dem Lebenspanorama (vgl. Gahleitner, 2021, S. 88)

der emotionalen und kognitiven Ebene. Nathalie scheiterte daher an altersangemessenen Kompetenzanforderungen in Kita, Schule und anderen Sozialisationsinstitutionen. Analysiert man Nathalies *Biografieverlauf*, den man sich mittels eines Zeitstrahls oder des Lebenspanoramas vergegenwärtigt hat, anhand der in Abbildung 6 dargestellten Dimensionen wie *Bindung, Schutz- und Risikofaktoren und der emotionalen, kognitiven wie sozialen Entwicklungslinien*, kommen jedoch auch Ressourcen in den Blick. Es zeigt sich, dass Nathalie trotz zahlreicher negativer Einflussfaktoren die Adoleszenzphase nutzen konnte, um sich Hilfe suchend an die Familientherapeutin zu wenden und in einer Einrichtung Zuflucht zu suchen. Dies ist umso beachtlicher, als die Familie während Nathalies Kindheit nach außen hin hermetisch abgeriegelt war. Dies führte zu einer sozialen Abschottung und einem Entwicklungsdefizit im sozialen Bereich, das sich bis heute in sozialen Rückzugstendenzen und verminderter Bezogenheit zeigt. Dies ist zugleich ein erster Hinweis auf eine vermeidende Bindungsorganisation, die aufgrund der traumatischen Erfahrungen auch desorganisierte Bindungsbestandteile in sich trägt.

Abbildung 6: Biografieanalyse (eigene Darstellung; vgl. Gahleitner, 2021, S. 90)

Frühe Kindheit	Unsicher vermeidende **Bindung** mit desorganisierten Anteilen Desorganisation auf der Ebene der Bindung, der Affekte und der Physiologie Regulationsversuche (mithilfe des Schutzfaktors Großvater)
Kindheit und Jugend	Verminderte **emotionale, kognitive und soziale Entwicklung** Regulationsversuche der Initialfolgen, weitere Übergriffe Scheitern an Entwicklungshürden (Schule, soziale Anforderungen, altersangemessene Kompetenzen)
Adoleszenz	Adoleszenzhürden: Selbst- und Identitätserleben bzw. Selbstregulation gemindert, Lernprozesse und Entwicklung von Partnerschaft/Sexualität/Peersuche gehindert Dysfunktionlität früher Bewältigungsmechanismen (Chronifizierung zu Langzeitfolgen) Entwicklungsrückstände, jedoch auch erstes Bewusstsein darüber und Zufluchtsuche
Erwachsenenalter	Vulnerabilität bis ins hohe Alter oder Chance zur Konsolidierung? –je nach Ausstattung mit **Schutz- und Risikofaktoren**

An Schutzfaktoren standen Nathalie Kreativität, ein positiver Bezug zu ihren kleineren Geschwistern, Tierliebe und soziale bzw. kommunikative Kompetenzen wie praktische Lebensweltkompetenzen und die neu hinzugewonnenen Einrichtungen und ihre Tagesstruktur zur Verfügung. Unterstützt wurde sie auch von der – wenn auch weit entfernten – Familientherapeutin und von vereinzelten positiven Erziehungsmomenten der Eltern wie der später auf den Plan getretenen Ausbildungseinrichtung. Zudem spielt Nathalies Großvater eine große Rolle bei den Schutzfaktoren, aber dies wird erst später im diagnostischen Verlauf deutlich (s. u.). Risikofaktoren gab es mannigfaltig, angefangen von der schweren häuslichen Gewalt, der Alkoholproblematik der Eltern, der Überforderung der Mutter, des sozioökonomisch schlechten Status, der Intelligenzminderung und der traumatischen Belastung, insbesondere der problematischen Affektdysregulation.

Die kognitive Entwicklung war durch die Alkoholembryopathie eingeschränkt, die emotionale durch das frühe Traumageschehen. Dennoch hatte Nathalie auf der sozialen Ebene durch die Fürsorge ihrer Geschwister und vereinzelt auch durch Haustiere hier auch Ressourcen auf ihrer Seite.

5.3 Dritter Schritt: Lebensweltdiagnostik

Lebensweltorientierte Diagnostik erfasst die – mehr oder weniger – gelingende Passung zwischen Subjekt und Umgebung. Dafür sind sozial- und lebensweltorientierte diagnostische Instrumente ein wichtiges Element. Auch diese Instrumente beruhen – ebenso wie die Biografiediagnostik – auf einem dialogischen Einsatz. Auf der Grundlage einer bewusst methodisch offen gestalteten professionellen Anamnese- und Diagnosehaltung können in der Lebensweltdiagnostik soziale, psychische und körperliche Phänomene unter Einbeziehung soziologischer Parameter zusammengedacht werden. Neben standardisierten Persönlichkeitstestverfahren lässt sich das Ausmaß der Beeinträchtigung auf der Ebene der Person-in-der-Situation (vgl. Cornell, 2006) sehr gut mit den „fünf Säulen der Identität" aus dem Konzept der Integrativen Therapie und Beratung erheben (vgl. z. B. Petzold et al., 2000, S. 486). Die fünf Säulen der Identität – Leiblichkeit bzw. Gesundheitszustand, soziales Umfeld, Arbeit/Freizeit/Leistung, „materielles" und „kulturelles Kapital" (Bourdieu, 1983) und Wertvorstellungen – werden entlang der subjektiven situativen Wahrnehmung der Klient*innen bildlich oder sprachlich dargestellt (vgl. Abb. 7). Jede Säule lässt sich auf Bedarf vertiefen, entweder im weiteren Austausch darüber oder aber durch zusätzliche diagnostische Verfahren. Die Säule der Leiblichkeit kann durch Körperbilder (sog. „Body Charts"; vgl. Petzold et al., 2000, S. 491 f.) ergänzt werden. Das soziale Umfeld und seine Bedeutung für die Betroffenen können mithilfe des sozialen (Moreno,

Abbildung 7: Säulen der Identität (eigene Darstellung; vgl. Gahleitner, 2020, S. 83)

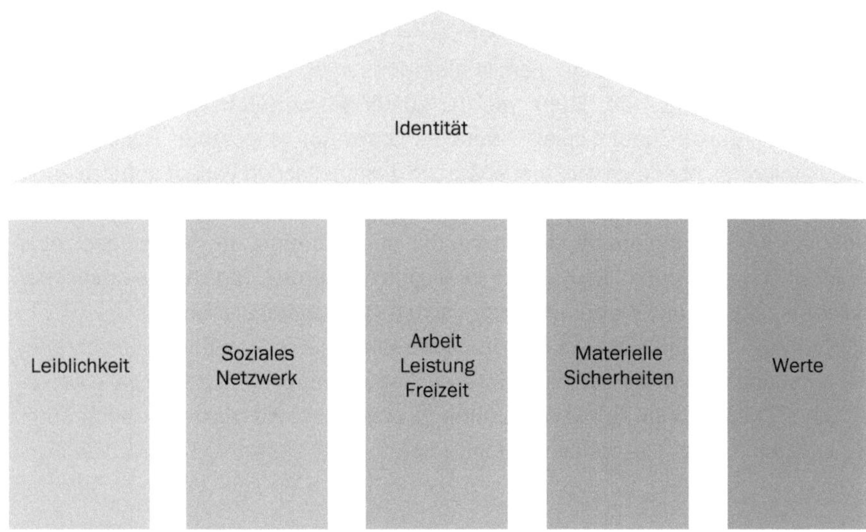

1934/2014, S. 59–66) oder sozio-kontextuellen Atoms (Märtens, 1997, S. 96–102) diagnostisch erfasst werden. Damit verbildlicht man den Personenkreis, mit dem ein Individuum in einer bestimmten Lebensphase in engem emotionalem Austausch steht oder stand.

Das soziale Atom lässt sich zu einer Ecomap (Cournoyer, 2008/2011, S. 36–50, 309–326; vgl. ausführliche Beschreibung des Vorgehens bei Pauls, 2011/2013b, S. 223–226; vgl. weitere Verfahren der Lebensweltdiagnostik in den Herausgabebänden Pantuček & Röh, 2009; Heiner, 2004) ausweiten, die in den sozialen Kontext einer Person zusätzlich die beteiligten Institutionen und das Hilfenetzwerk integriert und damit die umgebende soziale Welt repräsentiert. Das Soziale Atom lässt sich jedoch ebenso optimal zur Erfassung der Bindungsstrukturen mit einer Kurzform des Erwachsenenbindungsinterviews kombinieren (AAI; s. o.; vgl. Gloger-Tippelt, 2012/2016). Das Interview wird im Volldurchlauf durch 18 Fragen strukturiert, lässt sich jedoch leicht in narrative Erzählsequenzen rund um die Erhebung des sozio-kontextuellen Atoms integrieren, die wertvolle Informationen über die Ursprungsfamilie und weitere wichtige Umfeldpersonen abbilden. Alle bedeutsamen Personen werden dafür symbolisch auf einem Blatt platziert und in entsprechenden Abständen um den/die Klient*in gruppiert. Zudem kann jede Person, um die Art der Beziehung deutlich zu machen, mit einer Farbe versehen werden und zusätzlich mit einem Satz, den sie typischerweise im Verlauf des Lebens an die Person gerichtet hat. Anschließend wird der*die Klient*in mit Fragestellungen aus dem Bindungsinterview befragt. Bei der Auswertung der Erzählsequenzen zu wichtigen Bindungspersonen steht nicht so sehr der Inhalt im Vordergrund, sondern vielmehr die Art und Weise, wie über die Erfahrungen erzählt wird (vgl. Kap. 3.1[5]).

Nathalie skizziert die „fünf Säulen der Identität" zunächst etwas schematisch, mit Hilfe und fast ‚pflichtbewusst'. Dabei wird deutlich, wie schwierig es für sie ist, überhaupt ein prägnantes Bild von sich selbst und ihrer momentanen Situation zu entwerfen. Selbstwert, Selbstgefühl, Selbstbewusstsein, Selbstwahrnehmung, alle Bezüge zu sich selbst und zu anderen müssen bei ihr wie bei vielen traumatisierten Kindern erst entwickelt bzw. vage Empfindungen dazu erst mentalisiert werden: Aspekte wie Gesundheitszustand, soziales Umfeld, Freizeit, Schule oder gar ihr subjektives Wertegefüge müssen erst Stück für Stück entwicklungsgerecht erschlossen werden. Erst über weitere Methoden gelingt ihr eine Präzisierung ihrer eigenen Situation und ihres Bezugs zu sich selbst und zu anderen. Die drei Säulen der Leistung, materiellen Situation und Werthaltung ergaben sich bereits kurz nach der Aufnahme aus Gesprächen mit Nathalie. Angesichts der schulischen Anforderungen zeigte sehr wie sich verzweifelt und deutlich überfordert. Daraus entstand in der Einrichtung der Schwerpunkt, die schulische und berufliche Perspektive von Nathalie gut in den Blick zu nehmen und zügig voranzutreiben. Dies erschien insbesondere deshalb sinnvoll, weil Nathalie auf der Säule der Wertedimension sowohl die

5 Zur Wiederholung aus dem Bindungskapitel (Kapitel 3) seien hier abermals die verschiedenen Bindungsrepräsentationen beschrieben: Sichere Bindungsorganisationen zeichnen sich durch eine offene, kohärente und konsistente Erzählweise aus, die in ein insgesamt wertschätzendes Gesamtbild münden. Jedoch können emotional schwingungsfähig und selbstreflexiv auch negative Erfahrungen reflektiert werden. Soziale Netzwerke besitzen eine große Bedeutung. Bindungsdistanz zeigt sich in eher unvollständigen Angaben über die Kindheit bis hin zu Erinnerungslücken. Die Bedeutung von Bindung wird eher heruntergespielt, um schmerzliche Erinnerungen abzuwehren, die eigene Geschichte als ‚normal' und unauffällig beschrieben. Die Emotionen sind eher als flach zu bezeichnen. Die Darstellung von Bindungspersonen erfolgt oft ohne Erinnerungen an konkrete Beispiele. Das ambivalente und bindungsverstrickte Kind wird dagegen eher zu ausufernden Erzählungen über Konflikte mit Bezugspersonen neigen und so involviert und davon okkupiert wirken, als stammten die Erfahrungen von gestern. Polarisierende Aussagen sind häufig, die Möglichkeit zur Selbstdistanz und Selbstreflexion ist eingeschränkt. Oftmals wirkt die Erzählung verwirrend, unklar und vage, Emotionen zeigen sich eher überschießend. Desorganisierte Bindungsanteile zeigen sich in der Andeutung nicht verarbeiteter, traumatischer Lebenssequenzen. Bei bereits fortgeschrittenem Dissoziationsgrad treten mitunter auch kontrastierende Persönlichkeitsanteile im selben Interview auf, vor allem aber lässt sich bei einem großen desorganisierten Anteil keine konstante Bindungsstruktur mehr ausmachen. Wird der desorganisierte Anteil überbordend, entwickelt sich häufig eine Bindungsstörung mit einem erstarrten destruktiven Bindungsverhalten (z. B. aggressiv, bindungslos).

Abbildung 8: Soziales Atom zum Zeitpunkt der traumatischen Situation (eigene Darstellung; vgl. Gahleitner, 2021, S. 94)

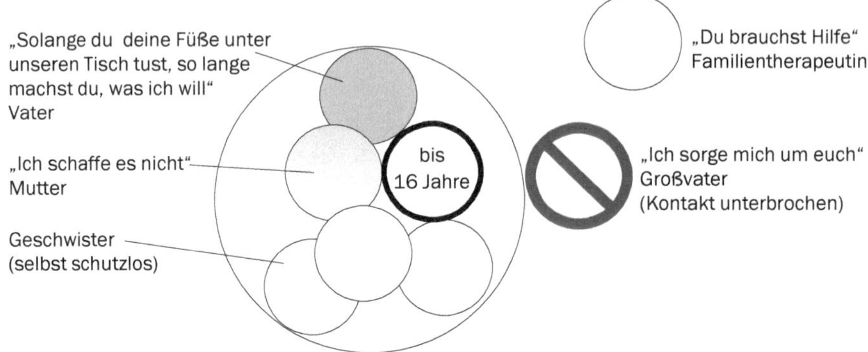

Notwendigkeit einer materiellen Grundversorgung als auch ein Engagement für Kinder, Schwächere der Gesellschaft und Tiere für sich deutlich machen konnte. Bei beiden Aspekten wird so die Quelle der materiellen Unterversorgung und der frühen Verantwortungsüberforderung in der Gewaltfamilie sichtbar, die aber auch konstruktiv für die weitere Entwicklung Nathalies als Ressource nutzbar war. Im sozialen Atom in Kombination mit Teilen des Bindungsinterviews (sowie der Gesamtanamnese und des Verhaltens im Lebensalltag) wurden eine schwere frühe Vernachlässigung durch die Eltern und ein mangelnder emotionaler Kontakt deutlich. Nathalie zeigt folglich eine stark distanzierte Bindungsrepräsentation mit einem beachtlichen Anteil desorganisierten Bindungsverhaltens aufgrund des Gewalteinflusses. Dennoch wird es möglich, an Bindungsressourcen anzuknüpfen, die vermutlich aus einem frühen Kontakt mit dem Großvater stammten: Er hatte die Kinder in deren ersten Lebensjahren betreut und spielte für Nathalie eine große Rolle. Dies wurde insbesondere in der Abbildung des sozialen Atoms deutlich (Abb. 8).

5.4 Zusammenfassender Schritt: Die Koordinaten psychosozialer Diagnostik und Intervention

Psychosoziale Diagnostik bietet auf die soeben beschriebene Weise die Möglichkeit, eine Fülle an komplexen Zusammenhängen über eine Person und ihr Umfeld zu erfahren. Als besonders hilfreich erweisen sich viele der beschriebenen Diagnostikmethoden, wenn man verschiedene Zeitpunkte miteinander vergleicht – im Falle von Nathalie z. B. vor und nach dem 16. Lebensjahr. Zumeist erschließt sich dadurch eine ressourcenorientierte Perspektive, die den Hilfeverlauf sehr positiv zu beeinflussen vermag. Insofern können all diese Instrumente prozessual im Verlauf wiederholt genutzt werden. In der Exploration des sozialen Umfelds z. B. wurde der Unterschied zwischen der Situation als Kind und einer späteren Situation in der Einrichtung für Nathalie sehr plastisch. Der positiv stützende Kontakt zu den Mitarbeiter*innen und Bewohnerinnen der Einrichtung sowie zu ihren Geschwistern wird ebenso sichtbar wie die größere und befreiende Distanz zu den Eltern, ohne die Beziehung völlig aufgeben zu müssen (vgl. Abb. 9).

Bei aller Komplexitätsanforderung und Kreativität jedoch muss Diagnostik am Ende auf eine gewisse Strukturierung der komplexen Informationen hinauslaufen, die die beiden Dimensionen Individuum und soziale Umwelt sowie die Dimensionen Defizite und Ressourcen möglichst umfassend, aber auch prägnant ausweist (Pauls, 2011/2013b). Die „Koordinaten psychosozialer Diagnostik und Intervention" (ebd., S. 205–211) ermöglichen im Rahmen einer Mehrebenen-Diagnostik eine systematische Problem- und Ressourcenanalyse auf der Basis unterschiedlicher, sich ergänzender – in den vorherigen Abschnitten dargestellter – diagnostischer Daten. Dadurch werden die „Koordinaten psychosozialer

Abbildung 9: Ecomap bei Auszug aus der Einrichtung (eigene Darstellung; vgl. Gahleitner, 2021, S. 95)

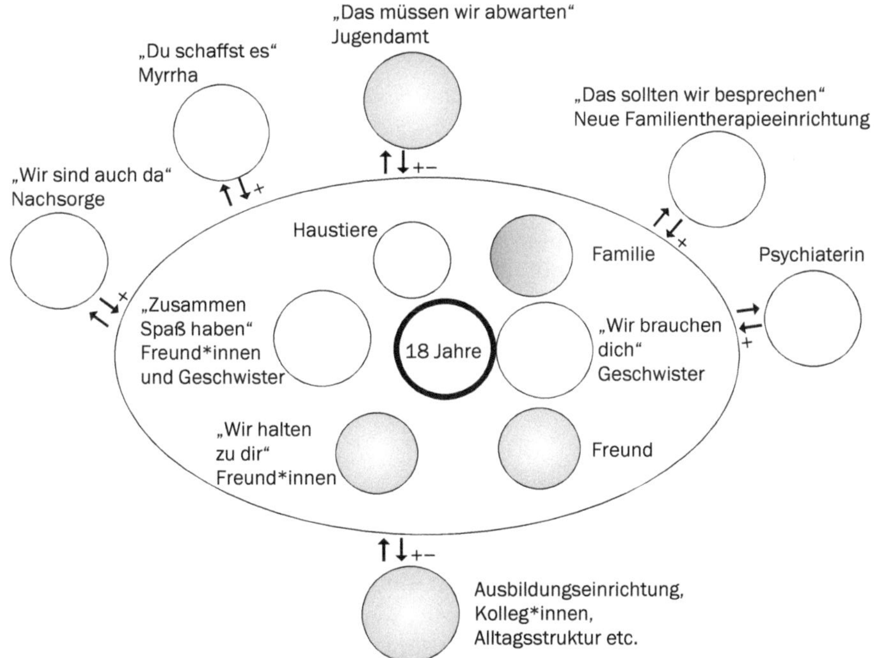

Abbildung 10: Koordinaten psychosozialer Diagnostik und Intervention bei Nathalie (eigene Darstellung; vgl. Gahleitner, 2021, S. 99)

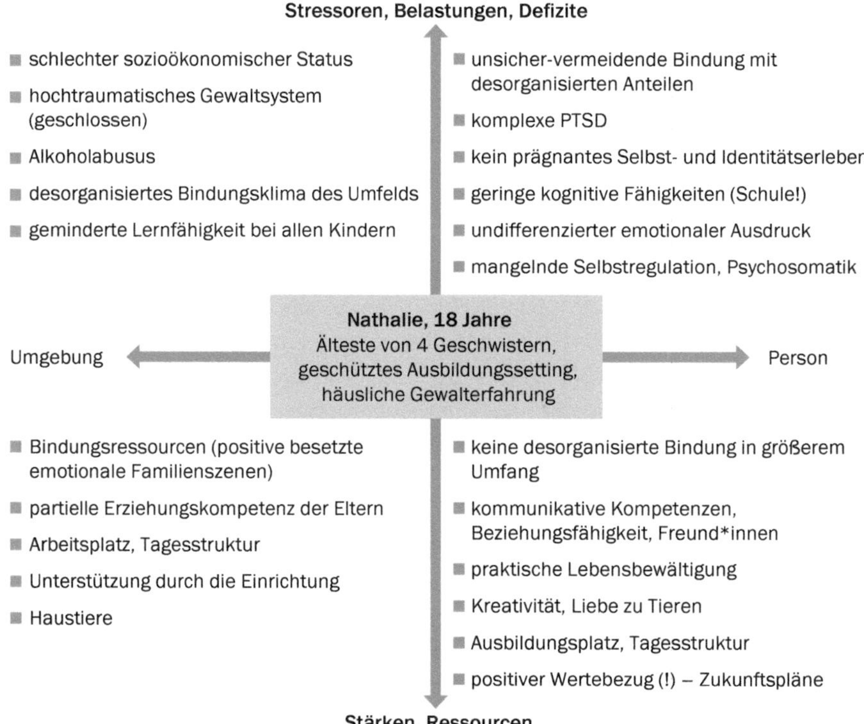

Diagnostik und Intervention" (Pauls, 2011/2013b, S. 205–211) zu mehr als einem weiteren Instrument, nämlich zu einem strukturierenden und ordnenden Orientierungsmodell für die gesamte Interventionsplanung, indem es sozusagen ein ‚diagnostisches Substrat' aus den bisher gewonnenen Informationen zusammenstellt. Fasst man die Ergebnisse der Diagnostik von Nathalie auf diese Weise in ein übersichtliches Gesamtsystem, so ergibt sich ein Gesamtbild wie in Abbildung 10.

5.5 Interventionsplanung

Aus dem soeben erstellten Diagramm lässt sich mühelos eine – dialogisch abgesicherte – Interventionsplanung ableiten. Aus den einzelnen Punkten kann eine Reihe von Interventionsimpulsen erarbeitet werden, die jeweils Ressourcen stärken und Defizite abbauen helfen (vgl. Abb. 11).

Abbildung 11: Interventionsplanung bei Nathalie mithilfe der Koordinaten psychosozialer Diagnostik und Intervention (eigene Darstellung)

Stressoren, Belastungen, Defizite

Umgebung (Stressoren):

- schlechter sozioökonomischer Status
  → **materielle Hilfen**
- hochtraumatisches Gewaltsystem (geschlossen)
  → **Traumapädagogik, Traumatherapie**
- Alkoholabusus
  → **Suchtberatung**
- desorganisiertes Bindungsklima des Umfelds
  → **professionelle Bindungs- und Beziehungsarbeit**
- geminderte Lernfähigkeit bei allen Kindern
  → **in der Perspektivplanung berücksichtigen**

Person (Stressoren):

- unsicher-vermeidende Bindung mit desorganisierten Anteilen
  → **professionelle Bindungs- und Beziehungsarbeit**
- komplexe PTSD
  → **Traumapädagogik, Traumatherapie**
- kein prägnantes Selbst- und Identitätserleben
  → **Arbeit am Selbst- und Identitätserleben**
- geringe kognitive Fähigkeiten (Schule!)
  → **in der Perspektivplanung berücksichtigen**
- undifferenzierter emotionaler Ausdruck
  → **Arbeit an den Emotionen**
- mangelnde Selbstregulation, Psychosomatik
  → **Traumapädagogik, Traumatherapie**

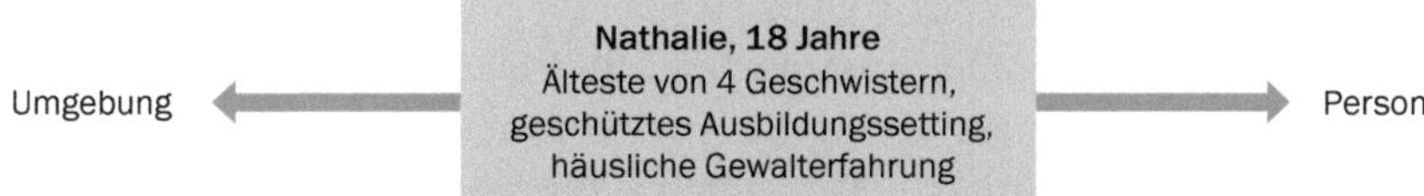

Umgebung (Ressourcen):

- Bindungsressourcen (positive besetzte emotionale Familienszenen)
  → **systemische Familienarbeit**
- partielle Erziehungskompetenz der Eltern
  → **systemische Familienarbeit**
- Arbeitsplatz, Tagesstruktur
  → **in der Perspektivplanung berücksichtigen**
- Unterstützung durch die Einrichtung
  → **zunächst fortsetzen**
- Haustiere
  → **zum Umgang mit Tieren weiter motivieren und anleiten**

Person (Ressourcen):

- keine des organisierte Bindung in größerem Umfang
  → **professionelle Bindungs- und Beziehungsarbeit**
- kommunikative Kompetenzen, Beziehungsfähigkeit, Freund*innen
  → **Netzwerkarbeit**
- praktische Lebensbewältigung
  → **in der Perspektivplanung berücksichtigen**
- Kreativität, Liebe zu Tieren
  → **zum Umgang mit Tieren weiter motivieren und anleiten**
- Ausbildungsplatz, Tagesstruktur
  → **in der Perspektivplanung berücksichtigen**
- positiver Wertebezug (!) – Zukunftspläne
  → **in der Perspektivplanung berücksichtigen**

Stärken, Ressourcen

Aus diesen Interventionsimpulsen können anschließend in einer Fallbesprechung unter Einbeziehung der Klient*innen die vielen Impulse nach Prioritäten sortiert und in einem Dreischritteprogramm zusammengefügt werden.

1. Im ersten Schritt erscheint es sinnvoll, Nathalies stark erschüttertes Vertrauen und ihren aufgrund der Vernachlässigung entstandenen vermeidenden Bindungsstatus durch eine professionelle Bindungs- und Beziehungsgestaltung in der Einrichtung, in der sie erstes Vertrauen gefasst hat, behutsam aufzugreifen und zu beantworten. Erste psychoedukative Elemente aus der Traumapädagogik können dabei mit eingeflochten werden. Die materielle Situation sollte ebenfalls zeitnah geklärt und bearbeitet werden.
2. Im zweiten Schritt gilt es, behutsam und tendenziell stabilisierend über Traumapädagogik und Traumatherapie an den traumatischen Aspekten zu arbeiten, die ihr für eine befriedigende Lebensqualität im Weg stehen. Dazu gehören die Arbeit am Selbst- und Identitätserleben und an den Emotionen, jedoch auch einzelne traumafokussierende Abschnitte im therapeutischen Bereich, falls dies von der Stabilität her möglich ist. Suchtaspekte können dabei mit angesprochen werden. Da der Umgang mit Tieren sich für Nathalie als sehr wirkungsvoll erweist, sollte diese Ebene an dieser Stelle immer wieder mit einbezogen werden. Im zweiten oder dritten Schritt können ihre zahlreichen Ressourcen, aber auch Defizite in eine sinnvolle Perspektivplanung einmünden, auch erste Netzwerkinterventionen für eine gute soziale Einbettung könnten bereits im zweiten Schritt sinnvoll sein.
3. Im dritten Schritt können – bereits im Zuge der Arbeit an der Verselbständigung – systemisch-familienorientierte Maßnahmen angedacht werden, um Nathalie einen ausgewogenen, aber sicheren Kontakt zu ihrer Ursprungsfamilie zu ermöglichen. Auch weitere Netzwerkinterventionen können helfen, Nathalie eine sinnvolle soziale Einbettung für die Verselbständigung zu ermöglichen. Die soziale Einbettung sollte bis dahin zu einer umfassenden Einbettung auf der primären, sekundären und tertiären Netzwerkebene fortgeschritten sein.

Das Vorgehen erweist sich als optimale Unterstützung für die Hilfeplanung und erlaubt einen flexiblen Umgang mit verschiedensten diagnostischen Instrumenten. Insgesamt ermöglicht das Vorgehen in der betreuenden Einrichtung die dialogisch angelegte Klärung der Frage, welche Hilfebereiche mit Nathalie bearbeitet werden sollten: Mit welchen Ressourcen der beiden Dimensionen Person und Umfeld gearbeitet werden konnte und welche Defizite auf die Notwendigkeit von spezifischer Unterstützung bei Nathalie und ihrer Umwelt verweisen.

Betrachtet man die Anforderungen im Überblick, erscheint das Verfahren zunächst recht aufwendig. Der Gesamtdurchlauf lässt sich jedoch sehr kreativ abwandeln und den jeweiligen Umständen entsprechend gestalten. Zahlreiche Einrichtungen arbeiten in ihrem Betreuungsalltag längst mit vielen dieser Methoden, seltener jedoch verwerten sie diese Investition in der Hilfeplanung gezielt und strukturiert. Statt einer häufig in der Praxis rein ‚intuitiven' oder routiniert formale Kategorien abfragenden Diagnosestellung kann im optimalen Fall auf diese Weise eine systematische subjekt- und kontextberücksichtigende psychosoziale Diagnose und Interventionsplanung gewonnen werden.

Literaturtipps zum Weiterlesen

Buttner, Peter, Gahleitner, Silke Birgitta, Hochuli Freund, Ursula & Röh, Dieter (Hrsg.) (2018). *Handbuch Soziale Diagnostik. Perspektiven und Konzepte für die Soziale Arbeit* (Reihe: Hand- und Arbeitsbücher, Bd. 24). Berlin: DV.

Buttner, Peter, Gahleitner, Silke Birgitta, Hochuli Freund, Ursula & Röh, Dieter (Hrsg.) (2020). *Handbuch Soziale Diagnostik. Bd. 2: Soziale Diagnostik in den Handlungsfeldern der Sozialen Arbeit* (Reihe: Hand- und Arbeitsbücher, Bd. 26). Berlin: DV.

6 Psychosoziale Intervention am Fallbeispiel Nathalie

Aus dem Verstehen muss in der Sozialen Arbeit Handeln resultieren. Die große Komplexität psychosozialer Fallarbeit macht es schwer, hier schematisch spezifische Vorgehensweisen vorzuschlagen. Dennoch gibt es einige Grundcharakteristika, die in vielen psychosozialen Hilfeprozessen auftauchen. In der Sozialen Arbeit arbeitet man i. d. R. mit Klient*innen, die von multiplen Problemlagen, Exklusion und Stigmatisierung betroffen sind. Es geht also um niedrigschwellige, häufig aufsuchende oder zugehende Hilfen, die zunächst zahlreich zerstörtes Vertrauen wiederaufbauen und über den Lebensverlauf verloren gegangene Motivation entwickeln helfen. Erst dann kann an spezifischen Problemlagen gearbeitet werden. Im nun folgenden Kapitel wird – abermals am Fallbeispiel Nathalie – ein mögliches Vorgehen psychosozialer Intervention erläutert und veranschaulicht, das sich nach einer behutsamen Beziehungsaufnahme der Bearbeitung zentraler Problemlagen zuwendet und schließlich eine Integration in den Lebensalltag unterstützt.

Wertet man die „Koordinaten psychosozialer Diagnostik und Intervention" entlang der im vorangegangenen Kapitel geschilderten Vorgehensweise aus, ergibt sich zwangsläufig der soeben dargestellte Dreischritt mit folgender Grundstruktur: Zunächst muss aufgrund der schweren frühen Verletzungen und Bindungsdefizite Bindungs- und Beziehungssicherheit aufgebaut werden. Dies gelingt nicht, ohne einen sicheren Rahmen zu etablieren. Ist dies einigermaßen gelungen, kann behutsam an Problemlagen gearbeitet werden. Für stabilere Klient*innen können dazu auch traumaaufarbeitende Prozesse gehören, bei schwer belasteter Klientel geht es eher um eine punktuelle und stabilisierende Arbeit an belastenden Symptomen und Problemen des Lebensalltags. Anschließend kann nach weiteren Perspektiven Ausschau gehalten werden. Die im therapeutischen Bereich entwickelten Stufenmodelle für eine erfolgreiche Verarbeitung traumatischer Erfahrungen ähneln diesem Dreischritt, sind jedoch stark an psychotherapeutischen Überlegungen orientiert und auf Trauma als psychopathologisch betrachtetes Störungsbild fokussiert. Auf eine Phase der Stabilisierung folgt dabei in der Regel eine Phase der Traumakonfrontation, in der das Trauma aufgearbeitet oder überwunden werden soll (Gahleitner & Rothdeutsch, 2016). In vielen wissenschaftlichen Untersuchungen im Bereich der Psychotherapie wird diesem Vorgehen die größte Erfolgsquote eingeräumt (vgl. insbesondere Schäfer et al., 2020).

In der Sozialen Arbeit hat man dagegen häufig mit Menschen zu tun, für die diese hochgesteckten Ziele im Verlauf der Hilfezeiträume gar nicht zu erreichen sind bzw. ‚Heilung' aufgrund der Komplexität der multiplen Problematiken bereits eine umstrittene Zielsetzung ist. Die Soziale Arbeit arbeitet also häufig mit einer Klientel, für die ambulante Psychotherapie zu hochschwellig ist oder als alleiniges Angebot nicht ausreicht und daher sehr viel breiter angelegte Unterstützungsleistungen angegangen werden müssen (vgl. die Diskussion zur „hard to reach"-Klientel bei Giertz et al., 2021). In sozialarbeiterisch angelegten Unterstützungsprozessen werden daher eher durch frühe Verletzungen hervorgerufene dysfunktionale Einstellungen, Überzeugungen und Handlungsweisen adressiert, mit denen die Klient*innen und Fachkräfte im Alltag konfrontiert sind. Dafür bietet ein Stufenmodell eine hilfreiche und nützliche Orientierung – allerdings in auf Soziale Arbeit bezogener Form (vgl. ausführlich Gahleitner, 2021, bes. S. 101–124). Das Modell dient vor allem einer fruchtbaren interdisziplinären Zusammenarbeit, um die multiplen Problematiken der „hard to reach"-Klientel umfassend versorgen zu können. Die in Kapitel 3.3 eingeführte Milieuarbeit stellt dabei den Kernprozess bereit (vgl. Abb. 12, nächste Seite).

6.1 Erster Schritt: Etablierung von (Beziehungs-)Sicherheit

Zentrale Ausgangsbedingung für die Bewältigung früher Verletzungen und Gewalterfahrungen ist die Herstellung umfassender Sicherheit. Deren Herstellung unterscheidet sich von Arbeitsfeld zu Arbeitsfeld. Bei Nathalie bietet sich in der stationären Kinder- und Jugendhilfe z. B. die Chance, über eine Verknüpfung verschiedener Bindungs- und Beziehungsangebote einen mehrdimensionalen Raum für Stabilisierung und Ressourcenerschließung zu schaffen:

- durch ein klar strukturiertes und strukturierendes pädagogisches Beziehungsgeflecht inmitten der Alltags- und Lebenswelt,
- durch eine nach innen orientierte, Raum gebende, vor dem Alltag geschützte therapeutische oder beraterische Beziehung (intern angeboten oder extern hinzugezogen) und
- durch ein unterstützendes Beziehungs- und Institutionsnetzwerk als konstanter, einbettender Umgebungsfaktor.

In enger Vernetzung eröffnen die unterschiedlichen Angebote auf die im Bindungskapitel (Kap. 3) beschriebene Weise verschiedene Beziehungsräume für die

Abbildung 12: Psychosoziale Intervention am Beispiel stationärer Hilfen (vgl. Gahleitner, 2021, S. 103)

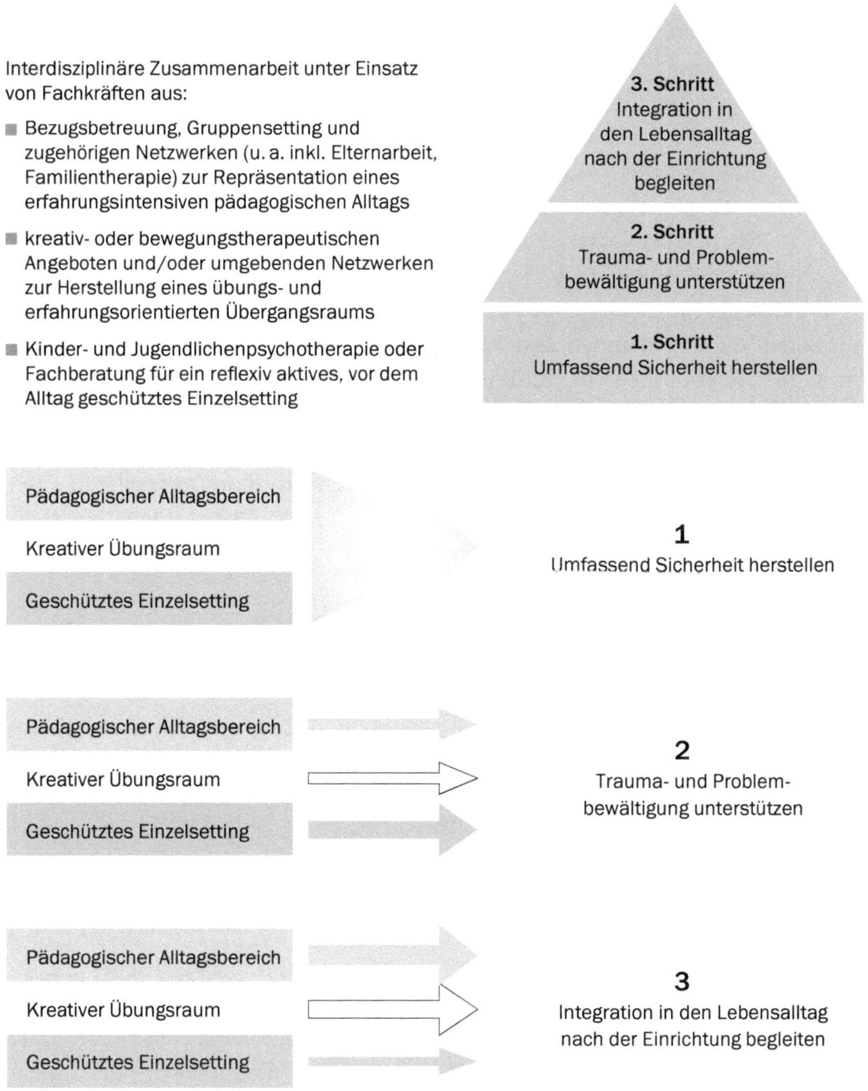

Interdisziplinäre Zusammenarbeit unter Einsatz von Fachkräften aus:

- Bezugsbetreuung, Gruppensetting und zugehörigen Netzwerken (u. a. inkl. Elternarbeit, Familientherapie) zur Repräsentation eines erfahrungsintensiven pädagogischen Alltags
- kreativ- oder bewegungstherapeutischen Angeboten und/oder umgebenden Netzwerken zur Herstellung eines übungs- und erfahrungsorientierten Übergangsraums
- Kinder- und Jugendlichenpsychotherapie oder Fachberatung für ein reflexiv aktives, vor dem Alltag geschütztes Einzelsetting

3. Schritt
Integration in den Lebensalltag nach der Einrichtung begleiten

2. Schritt
Trauma- und Problembewältigung unterstützen

1. Schritt
Umfassend Sicherheit herstellen

Pädagogischer Alltagsbereich
Kreativer Übungsraum
Geschütztes Einzelsetting

1
Umfassend Sicherheit herstellen

Pädagogischer Alltagsbereich
Kreativer Übungsraum
Geschütztes Einzelsetting

2
Trauma- und Problembewältigung unterstützen

Pädagogischer Alltagsbereich
Kreativer Übungsraum
Geschütztes Einzelsetting

3
Integration in den Lebensalltag nach der Einrichtung begleiten

Kinder und Jugendlichen: eine klar strukturierte und nach außen orientierte Alltagsbeziehung, eine nach innen orientierte, für reflexive Prozesse Raum gebende Beziehung sowie einen fruchtbaren Übergangsraum. Denn die innere Sicherheit eines Menschen etabliert sich immer durch aktiv von außen bereitgestellte Sicherheitsangebote. Sicherheit erwächst dabei aus der Erfahrung verlässlicher und tragfähiger Beziehungen. In sozialer Isolation, ohne eine tragfähige Beziehung, sind eine Überwindung des Misstrauens gegenüber sich und der Welt und eine Annäherung an die zerrüttete Identität aus eigener Kraft nahezu unmöglich. Expert*innen aus dem Bereich der Traumapädagogik betonen daher die Bedeutung eines „geschützten Handlungsraumes" (Kühn 2013a, S. 32), in dem eine „Pädagogik des Sicheren Ortes" (ebd.) stattfinden kann und Klient*innen mit einer Haltung „größerer Achtsamkeit" begegnet wird (Krautkrämer-Oberhoff, 2013). Bindungstheoretisch betrachtet geht es hier immer wieder, wie in den vorangegangenen Kapiteln bereits ausgeführt, um die Errichtung „schützender Inselerfahrungen" (Gahleitner, 2005a, S. 63), in denen alternative Bindungserfahrungen gemacht werden können, die dann für Mentalisierungsprozesse bereitstehen. Insbesondere humanistische Formen der Gesprächsführung und die bereits ausgeführte Milieuarbeit bieten sich an dieser Stelle an (s. o., Kap. 3.3; s. u., Kap. 15).

In der Einrichtung begegnete uns Nathalie zu Beginn der Hilfeleistung mit ihren Ängsten, ihren Gewalterfahrungen und ihren vielgestaltigen Beziehungsenttäuschungen. Diese wurden jedoch nicht auf den ersten Blick deutlich. Bei der Aufnahme zeigte sie nach einer kurzen Phase stark angepassten Verhaltens zunächst unsicher vermeidende Bindungsstrukturen, aber auch desorganisierte Strukturen – wie bereits erläutert, in einem gemessen an der Gewaltproblematik nicht sehr starken Ausmaß. Die Beziehungsangebote der Betreuungspersonen nahm sie, von außen betrachtet, zunächst erstaunlich schnell an. Dieses Verhalten ist keineswegs untypisch für Kinder aus Gewaltfamilien, da Anpassung über lange Zeit eine wichtige überlebenssichernde Strategie für sie darstellte. Nach der extremen Gewalterfahrung ist daher zunächst alle Konzentration auf die Vertrauens- und Bindungsanbahnung zu legen. In der „Myrrha" erfolgt die Bindungsanbahnung daher ‚mehrdimensional': auf der Bezugsbetreuungsebene durch eine vertrauensvolle Beziehung im Alltag der Gruppe, auf der kreativtherapeutischen Ebene als Bereitstellung eines therapeutischen oder anders gearteten Übergangsraums und auf der kinder- und jugendpsychotherapeutischen Ebene durch das Angebot einer tragfähigen therapeutischen Beziehung bzw. einer exklusiven Beratungsbeziehung. Letztere kann in einem geschützten, völlig vom Alltag getrennten Raum agieren (allerdings erst, sobald die Kinder und Jugendlichen diesen Raum für sich annehmen und mitgestalten). In enger Abstimmung zwischen dem pädagogischen und dem therapeutischen Raum konnte bei Nathalie auf diese Weise früh mit ressourcenorientierten Stressbewältigungstechniken begonnen werden, anfangs insbesondere Praktiken des Angstabbaus und der Selbstkontrolle, um den Umgang mit bedrohlich überflutenden Gefühlen zu erlernen und mehr innere Sicherheit zu gewinnen.

Diese Stabilisierungsarbeit konnte im fortgeschrittenen Stadium und nach einer erfolgreichen Beziehungsaufnahme von mehreren Umfeldpersonen unterstützt werden: durch die konkrete Übung der erlernten Stabilisierungstechniken im Alltag, durch die Nutzung zusätzlicher kreativtherapeutischer, künstlerischer, aber auch sportlicher Aktivitäten bis hin zur Einrichtung sog. ‚Notfallkoffer' mit einem Set ausgewählter Übungen. Noch bedeutsamer als Gespräche über Nathalies Ängste und Befürchtungen sowie gemeinsam durchgeführte Übungen zum Angstabbau wirkten jedoch konkrete ‚korrektive Alternativhandlungen', die Nathalie verdeutlichten, dass in der Einrichtung tatsächlich Sicherheit sowie Stabilität zu finden waren und sich ein geschützter Handlungsraum etablierte. Die erste Möglichkeit, alternative Erfahrungen zu machen, ergab sich durch die überfordernde Schulsituation. Obwohl Nathalie zentrale Informationen aus Angst verheimlichte, wurde bald deutlich, wie maßlos sie dort überlastet war. Die professionelle Klärung der Schulsituation – unter Einbeziehung der Lehrer*innen und partizipativ mit Nathalie selbst – eröffnete nach einigem Abwägen die Möglichkeit, sie zunächst von der Schule zu befreien und ihr ein Praktikum zu vermitteln, in dem sie viel Anerkennung für ihre Zuverlässigkeit erhielt. Später ging das Praktikum in eine Ausbildungsstelle im Gärtnereiwesen über. Nach einer kurzen Phase der Frustration über einen schwach ausgefallenen Intelligenztest beim Arbeitsamt stellte die geschützte Ausbildung im Gärtnereiwesen für sie einen geeigneten Platz für eine Weiterentwicklung im praktischen Bereich dar, mit dem sie heute sehr zufrieden ist.

Die nächste Situation zur Vertrauensbildung, die die Einrichtung auf eine weit größere ‚Probe' stellte, waren Nathalies heimliche Besuche zu Hause. In der „Myrrha" wird nach der Aufnahme für mehrere Wochen der Kontakt nach Hause einschränkt, um in der Einrichtung einen sicheren Ort etablieren zu können. Nathalie hatte diese Regel durchbrochen und musste, als es zu Gewaltausschreitungen des Vaters kam, mit der Polizei aus der Familie geholt werden. Bei Nathalie zeigte sich – wie bei vielen Kindern aus Gewaltfamilien – eine extreme Ambivalenz zwischen den angstbesetzten Gewalterfahrungen mit dem Vater und der Enttäuschung gegenüber der nicht schützenden Mutter auf der einen Seite und einer positiv besetzten Beziehung zu beiden Elternpersonen und den Geschwistern auf der anderen Seite. Neben den Gewalthandlungen und Schädigungen gab es also auch zu bewahrende Bindungsanteile in Bezug auf Eltern und Geschwister. Obwohl die Eltern nicht zu gemeinsamen Gesprächen mit der Einrichtung bereit waren, wurde Nathalies Bedürfnis, die Eltern trotz der Misshandlungsgefahr aufzusuchen, Rechnung getragen. Dabei wurde sie engmaschig begleitet – zunächst personell, später durch Vor- und Nachbesprechungen. Der sorgsame Umgang mit dieser Ambivalenz, der keine einfache und unumstrittene Teamentscheidung darstellte, erwies sich schließlich als Schlüsselvariable für das Gelingen der Begleitung. Erst nach diesen und weiteren wiederholten Erfahrungen, dass Konflikte auf andere Weise als mit Gewalt lösbar waren, legte sich Nathalies Misstrauen. Verständnis für ihr Verhalten zu erleben und Alternativen zu finden, stabilisierte sie zusehends, ein sicherer innerer Schutzort (vgl. Abb. 13) und ein Tresor für belastende Bilder und Erinnerungen konnten nun etabliert werden. Nathalie war nun tatsächlich in der Einrichtung angekommen und mit ihrer Bezugsbetreuerin, der Kreativtherapeutin und der Kinder- und Jugendlichenpsychotherapeutin sowie dem umgebenden Team samt der Betreuungsgruppe in einer tragfähigen Beziehung.

Abbildung 13: Nathalies sicherer Ort (vgl. Gahleitner, 2021, S. 109)

6.2 Zweiter Schritt: Trauma- und Problembewältigung unterstützen

In der Psychotherapie mit Traumapatient*innen geht es in einem zweiten Schritt darum, auf Basis der neu erworbenen Stabilität eine konkrete Auseinandersetzung mit der Gewalterfahrung zu ermöglichen, ohne von den begleitenden Gefühlen überwältigt zu werden. Selbst im therapeutischen Kontext ist jedoch bekannt, dass es durch den Einsatz traumakonfrontativer Verfahren zu Überforderungen kommen kann. In den vergangenen Jahrzehnten haben daher sog. „weiche Traumaexpositionsverfahren" an Bedeutung gewonnen, beispielsweise hypnotherapeutische und imaginative Verfahren (vgl. z.B. Garbe, 1993/2005; Reddemann, 2021; Weinberg, 2005/2020). Diese Verfahren bieten hilfreiche Anhaltspunkte für die stationäre Arbeit mit Kindern und Jugendlichen, die aufgrund der erfahrenen Traumakomplexität häufig gar nicht oder noch nicht für eine psychotherapeutische Arbeit mit ‚Aufarbeitungsanspruch' geeignet sind. Gerade Kinder und Jugendliche befinden sich häufig in einer ‚Schlummerphase', in der Erinnerungen an das Trauma unbewusst vermieden werden – zum Schutz der Entwicklungsschritte, die in diesem Lebensabschnitt erfolgen müssen. Diesen Sachverhalt ernst zu nehmen, bedeutet nicht nur, „bohrendes Nachfragen zu vermeiden, sondern auch das Schutzbedürfnis der Kinder zu berücksichtigen und gegebenenfalls Grenzen zu setzen. Es gibt auch falsche Orte und den falschen Zeitpunkt zur Offenlegung der eigenen Leidensgeschichte" (Weiß, 2016, S. 155).

Aus einer interdisziplinär traumasensiblen Perspektive kann dennoch behutsam ein Verständnis für die Wirkung traumatischer Erfahrungen auf die momentanen Gefühle erarbeitet werden und ein differenzierter Umgang mit Symptomen erfolgen (Traumazuordnungsarbeit). Auch ohne explizite Traumakonfrontation ist es möglich, eine stückweise Integration des Unannehmbaren und Furchterregenden in das Selbstkonzept zu erreichen. Gelingt die Rekonstruktion von Gefühlen und Gedanken, die mit dem Trauma im Zusammenhang stehen, kann bindungstheoretisch gesprochen eine Reihe von hilfreichen Mentalisierungsprozessen angestoßen werden. Kreativtherapeutische Angebote sowie Bewegungs- und Sportmöglichkeiten können dazu einen sehr konstruktiven Beitrag leisten, indem sie einen Übergangsraum von Erfahrungswelten ‚ohne Psychodruck' bereitstellen. Wird auf diese Weise ein Mehr an Handlungskompetenz, Selbstkontrolle und Selbstwirksamkeit sowie Kontrollmöglichkeit der eigenen Gefühle in einem „gemeinsam gestalteten Raum des Zwischenmenschlichen" (Kühn, 2013b, S. 147) erfahren, so bedeutet dies eine Adressierung zentraler Problemlagen, die durch das Trauma entstanden sind – ein wichtiger Schritt auf dem Weg zur Traumabewältigung.

Wenn die Kinder und Jugendlichen sich sicherer fühlen, beginnen sie zudem häufig, ihre traumatischen Erfahrungen mit ihren Bindungspersonen zu reinszenieren. Vom Umfeld wird dies zunächst als Zustandsverschlechterung wahrgenommen. Diese „Erstverschlimmerung" (z. B. Nathalies Rückkehr in das gefährliche häusliche Umfeld) bietet aber im besten Falle den Betroffenen die Chance zu erfahren, dass sie in ihrem Leid nun endlich angenommen und nicht erneut verletzt werden. Dazu bedarf es eines aufmerksamen Umgangs mit destruktiven Übertragungs- und Gegenübertragungsprozessen, in dem die betreuende Person in ihrer ganzen Authentizität und Beziehungsprofessionalität gefragt ist. So können traumatische Übertragungen von Kindern, wenn z. B. ein Kind in einem Betreuer plötzlich den ehemaligen Täter sieht, zum Teil beim Betreuungspersonal heftige Gegenübertragungen und Gegenreaktionen auslösen (vgl. Weiß, 2016, bes. S. 212–214; Kessler, 2016). „Die Reflexion dieser komplizierten Situation, das Verstehen der Botschaft des Kindes, das Verstehen unserer Reaktion, unserer eigenen Übertragungen, ist immer wieder notwendig, damit das Kind seine alten Beziehungserfahrungen bearbeiten und korrigierende Erfahrungen machen kann" (Weiß, 2016, S. 176).

Verstehen und Akzeptieren der physischen und psychischen Extremreaktionen traumatisierter Kinder auf scheinbar banale Alltagssituationen können so bewirken, dass diese Kinder und Jugendlichen wieder zu ‚Subjekten' werden. Für Traumatisierte war es über lange Zeit hinweg funktioneller, nicht zu denken und zu fühlen (Kolk, 2000). Werden ihre Gedanken und Gefühle jedoch angenommen, entstehen andere Muster der Selbstwahrnehmung und damit ganz konkrete Selbstheilungsmöglichkeiten. Dieser Selbstwahrnehmungs- und ‚Selbstbemächtigungsprozess' kann als aktive Traumabearbeitung verstanden werden (vgl. Weiß, 2016, S. 196). An dieser Stelle sei nochmals auf die bereits in den Kapiteln 4 und 5 genannten Methoden aus der Biografiearbeit hingewiesen. Sie erweisen sich in diesem Kontext als eine behutsame Herangehensweise, Selbstverstehensprozesse zu fördern. Dafür ist das Verständnis der Neurophysiologie traumatischer Erfahrungen sehr bedeutsam, kann auch den Kindern psychoedukativ zu einem „Selbstverstehen" verhelfen und damit kognitiv Bewältigung fördern. Wenn Kinder und Jugendliche körperlich und auch kognitiv erfahren, dass sie in der Lage sind, Einfluss auf ihre Emotionen und Empfindungen zu nehmen, wächst das Gefühl der Selbstwirksamkeit, es entsteht ein „innerer sicherer Ort" (Weiß, 2008, S. 329 ff.).

Ist eine psychotherapeutische, gezielte Bearbeitung des Traumas oder von Teilen des Traumas möglich, sollte sie auch angegangen werden, weil dies die Symptome nachweislich verringert (DeGPT, 2019). Hierbei geht es um eine enge Zusammenarbeit zwischen pädagogischen, alltagsorientierten und therapeutischen Aufgaben. Die emotionale Restrukturierung und die intensive, wenn auch sehr vorsichtige Arbeit an tiefen Verletzungen und Traumatisierungen benötigen ein zwar von der Alltagswelt deutlich getrenntes und gut geschütztes Setting, es muss jedoch vom Gesamtsystem durch interdisziplinäre Absprachen getragen werden. Während der Zeit der Aufarbeitung kommt es häufig zu einer Labilisierung, die bis in den Alltag hineinwirken kann. Die Betreuungs- bzw. Umfeldpersonen im Alltag müssen hier unterstützend eingreifen bzw. in die therapeutische Behandlung einbezogen werden, um die notwendige Entlastung für den Bewältigungsprozess bieten zu können. Umgekehrt muss das therapeutische Vorgehen Rücksicht auf zentrale Alltags- und Entwicklungsaufgaben der Betroffenen nehmen. Die Fortschritte ebenso wie die jeweilige Belastbarkeit der Jugendlichen sollten gut mit den zuständigen Betreuungspersonen rückgekoppelt werden, denn das Team und die Bezugsbetreuung können in der Phase der Traumabearbeitung nicht nur unterstützen, sondern auch die erworbenen Alternativerfahrungen im Alltag stabilisieren helfen. Die therapeutische Begleitung sollte also immer eingebettet in den Lebensalltag erfolgen. Die Verständigung darüber muss in gegenseitigem Respekt und in Kenntnis über den jeweils anderen Arbeitsbereich erfolgen.

In einem nächsten Schritt konnte mit Nathalie traumapädagogisch weitergearbeitet werden, indem die in der Diagnostik erstellten Instrumente zu Körperwahrnehmung, Selbstprägnanz, Selbstwert und Selbstwahrnehmung wieder aufgenommen wurden. Zunächst gelang es, über zeichnerischen Ausdruck in Körperbildern die psychosomatischen Erscheinungen wie Spannungskopfschmerz und Knieschmerz besser zu kontrollieren. Stück für Stück schaffte es Nathalie, über die Reflexion von Alltagssituationen, über kreative Ausdrucksmedien und über die neue Anbindung an die Ausbildungseinrichtung ihren Selbstwert und ihr Selbstbewusstsein zu stärken und mit mehr Entschlossenheit ihre Wege zu gehen. Die Hürden, die sich dabei auftaten, muten im ersten Moment schwer nachvollziehbar an: z. B. Rad fahren lernen, ohne die Umgebung und sich selbst zu gefährden; sich in einem Kaufhaus trauen, eine Verkäuferin anzusprechen; eine Hose mit einer Nähmaschine flicken, ohne die Maschine zu zerstören; einen gewaschenen Vorhang aufhängen, ohne ihn vor Wut auf den Boden zu werfen; eine junge Maus, die sie sich gewünscht hatte, nicht nach kurzer Zeit zu lynchen, als sie von ihr gebissen wurde. Die Arbeit an der Prägnanz von Gefühlen erfolgte zunächst über pädagogische Medien, teilweise im geschützten Setting der Psychotherapie, teilweise in der begleitenden Kreativtherapie und in Alltagssituationen im pädagogischen Setting. Die Übungsinhalte wurden jeweils abgesprochen und allmählich im Schwierigkeitsgrad angehoben. Standen zu Beginn zunächst einfach Bestandteile des Kennenlernens verschiedener Gefühlszustände im Zentrum, konnte in der nächsten Stufe ein Bezug zu Nathalies eigenen Gefühlen hergestellt und schließlich aktiv an Möglichkeiten gearbeitet werden, mit diesen jeweils zurechtzukommen. Konkret begann dieser Prozess mit Spielen wie beispielsweise einem Gefühlsmemory, das mit kreativen Vorschlägen zur Nachahmung der jeweiligen Mimik und mit einer Zuordnung zu eigenen Lebenssituationen verbunden wurde. Am Ende dieser Sequenz stand die Bewältigung einer Situation, die real auf ihrem Weg zur Ausbildung jeden Morgen auftauchte: eine obdachlose, offenbar psychotische Frau in einem U-Bahnhof, vor der Nathalie sich sehr fürchtete. Zunächst war Nathalie panisch weggelaufen, später griff sie die Frau sehr aggressiv an. Beide Strategien führten nicht zum Erfolg. Mit konkreten Übungen und Rollenspielen, was in der Situation alles möglich wäre, um anders damit umzugehen, gelang es ihr schließlich, die verwirrte Person ihrer Wege gehen zu lassen, ohne davon so stark belastet zu sein.

Auf dieser Basis von Bindungssicherheit und Alltagsstabilität konnten vorsichtig auch traumazentrierte Abschnitte in der Therapie ihren Platz finden, ohne dass ihre innere Sicherheit dadurch gefährdet wurde. Obgleich die Kinder- und Jugendlichenpsychotherapie in der Einrichtung angesichts der zahllosen Traumatisierungssituationen sehr stützend und nur geringfügig aufdeckend ausgerichtet war, brachte Nathalie insbesondere in aktuellen Konfliktsituationen mit ihren Eltern immer wieder sehr belastende Erinnerungen ein. Sie konnten zumeist in der Kinder- und Jugendlichenpsychotherapie, zuweilen auch in der Kreativtherapie und in Bezugsbetreuungsgesprächen über verbale oder kreative Wege zum Ausdruck gebracht werden und verloren so allmählich an Kraft und Einfluss auf den aktuellen Alltag. In der Arbeit an den Albträumen z.B. begegnete Nathalie häufig einem „schwarzen Mann", der eine große Ähnlichkeit mit jenen Zeichnungen aufwies, die sie vom Vater gemacht hatte. Im Gegenzug sah sie in der Gärtnereiausbildung immer wieder Bilder, die ihr vermittelten, ihre Mutter müsse tot irgendwo zwischen den Sträuchern liegen. In der Arbeit an diesem bedrohlichen Bild erschien vor ihrem inneren Auge sehr rasch eine Situation, in der sie nach einer schweren Gewaltausschreitung des Vaters ihre Mutter blutüberströmt auf einer Couch liegen sah und sie für tot hielt. Über eine Sequenz von drei therapeutischen Einheiten konnte dieses Bild mit schonenden Traumatherapietechniken und durch die pädagogische Begleitung im Alltag behutsam bearbeitet und restrukturiert werden (vgl. Abb. 14).

In der Folge gelang es Nathalie, bewusster zwischen den positiven und negativen Anteilen des Vaters zu unterscheiden und Strategien zu entwickeln, sich seinen Gewaltausbrüchen zu entziehen bzw. zu widersetzen. Die Albträume in Person des schwarzen Mannes nahmen allmählich ab. Durch ihr selbstbewussteres Auftreten und ihre erlangte Volljährigkeit wurde es Nathalie schließlich möglich, den Misshandlungen Einhalt zu gebieten. Trotz aller Gewaltvorkommnisse war dies ein wichtiger Schritt für Nathalie. Neben dem Bewusstsein über die Gewalthandlungen und Schädigungen gab es – wie häufig in Gewaltbeziehungen – ihm gegenüber auch eine Reihe zu bewahrender Bindungsanteile, die trotz ihres gesenkten Intelligenzniveaus mit ihr erstaunlich gut reflektiert werden konnten. Hier half Nathalie auch die Einbindung in alternative soziale Kontakte aus der Schul- und der Ausbildungszeit. Erste Partnerschaften konnten begleitet werden und führten bisher nicht zu einer Wiederholung der ehemaligen häuslichen Gewaltsituation. Der sorgsame Umgang mit dieser Ambivalenz zwischen Abstand und Nähe zur Ursprungsfamilie stellte sich als zentral für das Gelingen der Begleitung und neuer Beziehungsaufnahmen von Nathalie heraus.

Abbildung 14: Traumaaufarbeitung (vgl. Gahleitner, 2021, S. 117)

6.3 Dritter Schritt: Integration in den Lebensalltag

Mehr Einblick in und Kontrolle über ihre eigenen Gefühle und Erfahrungen ermutigt Jugendliche früher oder später auch auf der Interaktions- und Handlungsebene zur Übernahme von mehr Verantwortung – nicht für die Erfahrungen selbst, jedoch für den Umgang damit und für das eigene Leben und das auf die Zukunft ausgerichtete Verhalten. So wird ein Bewusstsein für die Gefahr von Grenzüberschreitung geschaffen, individuelle Stärken werden betont und einer Stigmatisierung sowie Reviktimisierung, also erneut Opfer zu werden, wird vorgebeugt. Das soziale Umfeld bzw. das Team können auf diese Weise eine parteiliche Haltung im Alltag „leben", pädagogisch und administrativ die weitere Entwicklung unterstützen und negative Attributionen korrigieren, wie beispielsweise unangemessene Schuldübernahme zurechtrücken, Ängste abbauen helfen und Ähnliches. Die neu erworbenen Bedingungen im ‚alternativen Milieu' erlauben so ein Ausloten der individuellen Möglichkeiten und Grenzen in Gegenwart und Zukunft.

Damit rückt auch der Übergang in ein einrichtungsunabhängiges Leben in den Blick. Die Jugendlichen zu ermächtigen, Verantwortung für das eigene Leben zu übernehmen und neue Perspektiven für sich und in Interaktion mit anderen zu erschließen, gehört zu den zentralen Aufgaben der stationären Arbeit. Eine Annahme des Traumas, eine Einsicht in die Grenzen und Chancen der Bearbeitung und der damit verbundenen Veränderungen können eine Zuwendung zu aktuellen Lebens- und Alltagsthemen erleichtern und die eigenen Fähigkeiten und Möglichkeiten, die realistisch erreichbar sind, entwickeln helfen. Zum Weg in die Selbstständigkeit gehört auch die angemessene Partizipation der Kinder und Jugendlichen selbst an diesem Prozess „als hilfreiches Instrument zur Bewältigung überflutender negativer Lebenserfahrungen. Dies gilt sowohl für eine hilfreiche individuelle Unterstützung eines traumatisierten Kindes als auch institutionell zur Verhinderung von retraumatisierenden Gewalterfahrungen, die unter Gleichaltrigen in Kinder- und Jugendhilfeeinrichtungen drohen können" (Kühn, 2013b, S. 138). Nur Kinder und Jugendliche, die in diesem Prozess aktiv eine Rolle spielen, werden später selbstbewusst und entschieden ihren weiteren Weg gehen können.

In dieser Phase hat der therapeutische Bereich die Aufgabe, die pädagogische Arbeit in Form klarer alltagsrelevanter Zielsetzungen zu unterstützen. Weitere Aufarbeitungssequenzen sind in der Abschiedsphase nicht angebracht und sollten – falls nötig – auf einen späteren Zeitpunkt verschoben werden. Die jeweiligen Ziele müssen daher in enger Vernetzung gesetzt und angegangen werden, um anstehende Themen aufeinander abstimmen und gemeinsam kraftvolle Unterstützungsimpulse setzen zu können. Über den ganzen Zeitraum hinweg ist zudem die Integration des sozialen Umfelds in die Betreuung unabdingbar – als Unterstützung für den Bewältigungsprozess und als prophylaktischer Schutz gegen Reviktimisierungen und Retraumatisierungen. Dazu gehört stets eine klare Struktur für Kriseninterventionen bei dissoziativem, selbst- und fremdschädigendem Verhalten und emotionalen Durchbrüchen bis hin zur Suizidalität. Die Vernetzung und Zusammenarbeit mit regionalen Kriseneinrichtungen und Kliniken sollte ebenfalls selbstverständlich sein, Möglichkeiten und Indikationsstellungen zur Weitervermittlung sollten klar abgesprochen werden. Die Umfeldarbeit sollte sich sowohl auf die Vernetzung und soziale Unterstützung innerhalb der Einrichtung beziehen als auch auf die Arbeit mit Familie, Schule, Ausbildungsplatz und weiteren Institutionen. Intensive Hilfestellungen beim Eintritt in die Adoleszenz benötigen allerdings auch Zeit, um die dort anstehenden Hürden und wichtige Schritte der Identitätsentwicklung (vgl. Kap. 2.4) angemessen meistern zu können. Fragen der Neuorientierung und Integration in den Lebensalltag und der Abschied von der Einrichtung sollten ebenso ausführlich thematisiert werden wie der Erwerb der damit zusammenhängenden Fertigkeiten. Auf einen ausreichenden und angemessenen Übergangsrraum für die sog. Careleaver sollte gut geachtet werden.

Während des Übergangs in diesen für sie neuen, selbstständigeren Lebensabschnitt wurde Nathalie von einer einrichtungsnahen Nachbetreuerin begleitet. Heute lebt Nathalie nicht weit entfernt von ihrem Ausbildungsplatz und ihren Eltern und Geschwistern. Sie bewohnt eine eigene Wohnung mit einer Reihe von Haustieren und lebt in einer Beziehung. Sie verfügt über eine lockere Begleitung durch das Arbeitsprojekt, in dem sie tätig ist, und eine Psychiaterin, die ihr im Bedarfsfall für Gespräche sowie für eventuelle Medikation zur Verfügung steht, wenn die Spannungszustände in Überforderungssituationen unerträglich werden. Nathalie hat ein Maß an Selbstständigkeit erreicht, das bei ihrem Ausmaß traumatischer Beeinträchtigung und der Intelligenzminderung viel Achtung verdient. Eine der letzten gemeinsamen Aktivitäten war, ganz pragmatisch einen ‚Katalog' zu erarbeiten, der Nathalie auch in Zukunft eine Hilfestellung bei der Einschätzung gibt, ob während eines Besuchs bei ihren Eltern dort gerade Alkohol konsumiert wird und Gewaltgefahr besteht oder nicht. Auf der Basis tragender Beziehungsarbeit und des „pädagogisch-therapeutischen Milieus" in der Einrichtung war Nathalie in der Lage, alle Bezugspersonen mit ihren Selbstheilungskräften immer wieder aufs Neue zu überraschen und den pädagogisch-therapeutischen Prozess aktiv mitzugestalten. Bisher ist es nicht zu einer Wiederholung der ehemaligen häuslichen Gewaltsituation gekommen, obwohl bei Nathalie mit einem dauerhaften Risiko von Reviktimisierung und chronischer Belastung im weiteren Lebensverlauf gerechnet werden muss.

Eine für Nathalie einschneidende Situation während der Abschiedsphase aus der Einrichtung war der Tod des Großvaters, der lange Zeit eine Schutzfunktion für sie hatte. Mit seinem Tod brachen die als Kind empfundene Hilflosigkeit, aber auch Schuldgefühle ihm gegenüber auf, weil Nathalie ihn auf Druck des Vaters über viele Jahre nicht besucht hatte. In Gesprächen gelang es, zum Teil imaginativ die nicht mehr ausgesprochenen Worte gegenüber dem Großvater zu formulieren und seine schützende Rolle als heutige Ressource zu spüren. Die Trauerphase war dennoch für Nathalie schwer zu ertragen und wühlte nochmals viele alte Verletzungen und Erinnerungen auf, denen sie sich zum Teil hilflos ausgeliefert fühlte. In dieser Zeit kam es vermehrt zu Konflikten mit Mitbewohnerinnen. Auch hier arbeiteten Therapie, Bezugsbetreuung und Alltagsbereich eng zusammen. Es gelang, eine Verlängerung der Maßnahme zu bewirken, die ihr mehr Zeit gab, die beiden Prozesse auseinanderzuhalten und den Abschied vom Großvater und schließlich den Abschied von der Einrichtung zu bewältigen. Dies macht deutlich, wie groß die Sorgfalt in dieser Abschiedsphase sein sollte, damit nicht kumulierende Ereignisse erneut Bindungsverunsicherungen und alte Verlustängste aktualisieren. Die Einrichtung „Myrrha" bemüht sich darüber hinaus um die Möglichkeit einer Nachbetreuung für einen Übergangszeitraum, in dem die jungen Frauen in das Leben in der eigenen Wohnung begleitet werden. Lockere Kontakte und Besuche der Frauen in der Einrichtung, die die aufgenommenen Beziehungen auf einer gegenseitigen und freiwilligen Basis aufrechterhalten, sind auch danach weiterhin möglich.

Nathalies Beispiel macht anschaulich, von welch zentraler Bedeutung die Zusammenarbeit der pädagogischen und therapeutischen Mitarbeiter*innen für die Herstellung und Aufrechterhaltung eines „pädagogisch-therapeutischen Milieus" ist, in dem erfolgreiche Traumaarbeit stattfinden und neue Beziehungen gewagt werden können. Diese engmaschige Vernetzung erfährt bei jedem Einzelfall eine individuelle Ausgestaltung. Trotz der Suche nach Systematik und Struktur können und dürfen konkrete Stufenmodelle, Anweisungen und Forderungen für die praktische Arbeit vor Ort immer nur Anregungen sein. Bindungs- und traumaorientierte Konzepte sind in der stationären Kinder- und Jugendarbeit unentbehrlich, letztlich macht aber der jeweils sinnvolle Einsatz die eigentliche Qualität der Hilfestellung aus. Auch sollte man sich bewusst sein, dass ‚Heilungsprozesse' nach so schweren Ausprägungen komplexer Traumata ihre Grenzen haben und auch verzögerte oder stagnierende, also nicht besser werdende, Prozesse bereits einen Erfolg bedeuten können. „Sich als hilfreich und als zuverlässig zu erweisen, ist bedeutend", bemerkt auch Simon (2020c, S. 8) einleitend in seinem aktuellen Band „Schwere Arbeit. Erzählungen vom gelingenden Beziehungsaufbau zu schwer zugänglicher Klientel" (Simon, 2020b). Dabei gehe es „häufig auch darum, das Beziehungsangebot gerade dann aufrechtzuerhalten, wenn vermeintlich oder real keine Fortschritte erzielt werden" (Simon, 2020c, S. 8).

Literaturtipps zum Weiterlesen

Gahleitner, Silke Birgitta (2021). *Das pädagogisch-therapeutische Milieu in der Arbeit mit Kindern und Jugendlichen. Trauma- und Beziehungsarbeit in stationären Einrichtungen* (3., aktual. Aufl.). Bonn: Psychiatrie-Verlag.

Pauls, Helmut (2013). *Klinische Sozialarbeit. Grundlagen und Methoden psycho-sozialer Behandlung* (Reihe: Grundlagentexte Soziale Berufe; 3., unveränd. Aufl.). Weinheim: Beltz Juventa (letzte überarb. Aufl. erschienen 2011).

Lehreinheit 7–12

Psychosoziale Problemlagen an Fallbeispielen verstehen

7 Kategoriale Diagnostik psychischer Erkrankungen – ICD und DSM

Kategoriale Diagnostik bezeichnet die Zuordnung einer Symptomatik zu einer bestimmten Kategorie, z.B. in Form von Diagnosen im Rahmen existierender Klassifikationssysteme (entsprechend auch als klassifikatorische Diagnostik bezeichnet). Aufgrund einer bestimmten Symptomatik wird also eine bestimmte Kategorie – Diagnose – zugeordnet, die sich von anderen Kategorien abgrenzen lässt. Die beiden verbreiteten Systeme zur Klassifikation psychischer Erkrankungen sind die International Statistical Classification of Diseases and Related Health Problems (ICD) und das Diagnostic and Statistical Manual of Mental Disorders (DSM). In diesem Kapitel erfolgt eine überblickshafte Einführung zur Entwicklung und Struktur beider Systeme. Die kategoriale Diagnostik psychischer Erkrankungen, die Zusammenstellung entsprechender Beschreibungen in den Diagnosekatalogen sowie die resultierenden Folgen können in verschiedener Hinsicht kritisch betrachtet werden. In diesem Kapitel werden daher abschließend Potenziale wie auch Herausforderungen und Risiken in den Blick genommen.

7.1 Die internationale statistische Klassifikation der Krankheiten

Bereits in der Antike gab es erste Gedanken zur Klassifikation von Krankheiten. Erste Vorläufer finden sich etwa in der Humoralpathologie oder Humorallehre – einer in der Antike ausgebildeten Krankheitslehre von den sog. Körpersäften (Schöner, 1964; vgl. auch Kollesch, 2019, S. 285–289). Die Versuche zur Klassifizierung von Krankheiten entwickelten sich seitdem kontinuierlich weiter, insbesondere ab dem 19. Jahrhundert mehrten sich die Bemühungen, ein internationales Klassifikationssystem zu schaffen. 1893 wurde die erste internationale Klassifikation der Todesursachen (erste Version der ICD; Bertillon & Farr, 1893) veröffentlicht. Es sollte weitere 40 Jahre (und 5 Revisionen) dauern, bis aus dieser internationalen Liste der Todesursachen ein erstes gemeinsames Verzeichnis von Todesursachen und Krankheiten wurde. 1946 wurde die erste internationale Klassifikation der Krankheiten, Verletzungen und Todesursachen eingeführt, die ICD-6 (WHO, 1950). Es folgten etwa im Zehn-Jahres-Rhythmus neue Auflagen und Erweiterungen: 1955 die ICD-7, 1965 die ICD-8, 1976 die ICD-9 (vgl. für einen Überblick Zogg, 2005) sowie 1992 die ICD-10 (WHO, 2016) als aktuell gültige Version. Die 10. Revision der Internationale statistische Klassifikation der Krankheiten und verwandter Gesundheitsprobleme (International Statistical Classification of Diseases and Related Health Problems; ICD) wurde 1992 eingeführt und stellt die aktuell in Deutschland zur Kategorisierung von Krankheitsbildern gültige Version dar. Das heißt, alle an der vertragsärztlichen Versorgung teilnehmenden Ärzt*innen und ärztlich geleiteten Einrichtungen – z. B. Kliniken, Reha-Einrichtungen – müssen verpflichtend die ICD-Klassifikation in der aktuell gültigen Fassung (WHO, 2016) nutzen (vgl. § 295 Abs. 1 Satz 2 SGB V).

Die zukünftige ICD-11 (WHO, 2019) wurde von der Weltgesundheitsversammlung im Mai 2019 verabschiedet und soll am 1. Januar 2022 in Kraft treten. Über den Zeitpunkt einer Einführung der ICD-11 in Deutschland sind aktuell noch keine Aussagen möglich (BfArM, o. J.). Die ICD-10 ist das internationale Klassifikationssystem für alle Krankheiten, sowohl organische als auch psychische Erkrankungen. Für die Ausführungen des vorliegenden Buches zu den psychologischen Grundlagen Sozialer Arbeit erscheint schwerpunktmäßig nur ein vergleichsweise kleiner Teil der ICD-10 relevant – das fünfte Kapitel, das die psychischen und Verhaltensstörungen beschreibt.

Das Kapitel V „Psychische und Verhaltensstörungen (F00–F99)“ ist in folgende Störungsgruppen untergliedert:

- organische, einschließlich symptomatischer psychischer Störungen (F00–F09),
- psychische und Verhaltensstörungen durch psychotrope Substanzen (F10–F19),
- Schizophrenie, schizotype und wahnhafte Störungen (F20–F29),
- affektive Störungen (F30–F39),
- neurotische, Belastungs- und somatoforme Störungen (F40–F48),
- Verhaltensauffälligkeiten mit körperlichen Störungen und Faktoren (F50–F59),
- Persönlichkeits- und Verhaltensstörungen (F60–F69),
- Intelligenzstörung (F70–F79),
- Entwicklungsstörungen (F80–F89),
- Verhaltens- und emotionale Störungen mit Beginn in der Kindheit und Jugend (F90–F98),
- nicht näher bezeichnete psychische Störungen (F99–F99).

Für die Feststellung, ob die in der ICD-10 definierten Kriterien für eine bestimmte Diagnosestellung vorliegen, greifen Psychiater*innen oder Therapeut*innen grundlegend auf eine ganze Bandbreite von Informationsquellen zurück – von Selbstbeschreibungen und freien Assoziationen der Klient*innen über strukturierte Gespräche und Beobachtungen, breite Screeingbögen sowie symptomspezifische Fragebögen und standardisierte Testverfahren bis hin zu Vorbefunden und Konsiliarberichten (vgl. für einem umfassenden Überblick Möller, 2015). Die Zuschreibung von Diagnosen psychischer Erkrankungen nach der ICD-10 ist in Deutschland in vielen Fällen für die Inanspruchnahme bestimmter Unterstützungsangebote zwingend erforderlich, z. B. psychotherapeutischer Behandlungen im Rahmen der kassenärztlichen Versorgung, bestimmter Rehabilitationsmaßnahmen, aber auch spezifischer Leistungen der Kinder- und Jugendhilfe für seelisch behinderte oder von seelischer Behinderung bedrohte Kinder und Jugendliche. Die Diagnosestellung darf dabei nur von Angehörigen bestimmter Berufsgruppen vorgenommen werden: Ärzt*innen, insbesondere Psychiater*innen, oder Psychotherapeut*innen.

7.2 ICD-10 und DSM-5

Neben der ICD ist ein weiteres Klassifikationssystem für die Kategorisierung psychischer Symptombilder relevant: das DSM. Das „Diagnostic and Statistical Manual of Mental Disorders" wird seit 1952 von der American Psychological Association (APA), dem führenden amerikanischen Dachverband, herausgegeben. Die aktuelle Ausgabe ist das DSM-5 (APA, 2013/2015), gültig seit Mai 2013. Das DSM ist das dominierende psychiatrische Klassifikationssystem in den USA und hat zudem eine hohe Bedeutung in der Forschung.

In ihrer Alltagspraxis haben Sozialarbeiter*innen in Deutschland also relativ selten Berührungspunkte mit dem DSM-5. In Fallberichten, Epikrisen oder Akten tauchen meist lediglich die ICD 10-Diagnosen auf. In der wissenschaftlichen Beschäftigung mit spezifischen Symptombildern (z. B. im Rahmen des Studiums, einer Abschlussthesis oder einer Weiterbildung zur/m Kinder- und Jugendlichenpsychotherapeut*in) sind die Kriterien des DSM-5 hingegen sehr relevant, u. a. in der Auseinandersetzung mit internationalen Forschungsarbeiten zur Thematik, in denen häufig auf die DSM-Klassifikation verwiesen wird. Außerdem gilt die jeweils aktuellste Auflage des DSM als eine Art ‚Wegweiser' für die nächste Revision der ICD. Einige der zentralen Neuerungen des DSM-5 finden sich entsprechend auch in der ICD-11 wieder.

Die ICD-10 und das DSM-5 sind als Klassifikationssysteme unterschiedlich gegliedert, wobei es nicht zu jeder Kategorie der ICD-10 eine unmittelbare Entsprechung im DSM-5 gibt. Tabelle 2 gibt eine grobschematische Gegenüberstellung der Störungsgruppen, die in der ICD-10 unterschieden werden, und der

Tabelle 2: Kategorien bzw. Gruppen psychischer Erkrankungen in ICD-10 und DSM-5

ICD-10	DSM-5
Organische Störung (F0)	Neurokognitive Störungen (NCD)
Psychische und Verhaltensstörungen durch psychotrope Substanzen (F1)	Störungen im Zusammenhang mit psychotropen Substanzen und abhängigen Verhaltensweisen
Schizophrenie, schizotype und wahnhafte Störungen (F2)	Schizophrenie-Spektrum und andere psychotische Störungen
Affektive Störungen (F3)	Bipolare und verwandte Störungen Depressive Störungen
Neurotische, Belastungs- und somatoforme Störungen (F4)	Angststörungen; Zwangsstörung und verwandte Störungen Trauma- und belastungsbezogene Störungen Dissoziative Störungen Somatische Belastungsstörung und verwandte Störungen
Verhaltensauffälligkeiten mit körperlichen Störungen und Faktoren (F5)	Fütter- und Essstörungen Schlaf-Wach-Störungen Sexuelle Funktionsstörungen
Persönlichkeits- und Verhaltensstörungen (F6)	Persönlichkeitsstörungen Disruptive, Impulskontroll- und Sozialverhaltensstörungen Paraphile Störungen Geschlechtsdysphorie
Intelligenzminderung (F7)	Störungen der neuronalen und mentalen Entwicklung
Entwicklungsstörungen (F8)	Störungen der neuronalen und mentalen Entwicklung
Verhaltens- und emotionale Störungen mit Beginn in Kindheit und Jugend (F9)	Disruptive, Impulskontroll- und Sozialverhaltensstörungen Ausscheidungsstörungen Fütter- und Essstörungen Trauma- und belastungsbezogene Störungen (Bindungsstörung) Angststörungen Störungen der neuronalen und kognitiven Entwicklung

Quelle: Eigene Darstellung

entsprechenden Kapitel des DSM-5, in denen sich die Erkrankungsbilder dieser Gruppen wiederfinden.

Ein wesentlicher Unterschied besteht beispielsweise hinsichtlich der „Verhaltens- und emotionalen Störungen mit Beginn in Kindheit und Jugend“, die in der ICD-10 zu einer Störungsgruppe summiert sind (F9). Es handelt sich hier also um eine eigens ausgewiesene Gruppe psychischer Erkrankungen, die als einziges überschneidendes Merkmal einen Beginn in Kindheit und Jugend aufweisen. Diese Kategorisierung findet sich im DSM-5 hingegen nicht und wird auch in der ICD-11 grundlegend verändert (vgl. für weiterführende Informationen zu Strukturierung und Kriterien der ICD-11 für die Diagnostik psychischer Störungen im Kindes- und Jugendalter u. a. Steinhausen, 2019).

7.3 Kritik an klassifikatorischer Diagnostik

Klassifikatorische bzw. kategoriale Diagnostik psychischer Störungen allgemein wie auch die konkreten Ausformulierungen in Form der ICD-10 und des DSM-5 werden in verschiedener Hinsicht immer wieder kritisiert. Tabelle 3 führt einige Argumente der öffentlichen wie Fachdebatten zusammen, die häufig pro oder kontra bezüglich der Klassifikation psychischer Erkrankungen und der Zusammenstellung entsprechender Beschreibungen in den Diagnosekatalogen sowie der resultierenden Folgen geführt werden.

Neben grundlegenden Vorbehalten gegenüber klassifikatorischer Diagnostik psychischer Störungen gibt es auch verschiedene kritische Einwände, die sich auf die jeweils aktuellen Auflagen von ICD oder DSM beziehen bzw. auf deren entsprechende Neuerungen. Insbesondere das DSM-5 war zum Zeitpunkt seiner Einführung umstritten. Eine/r der prominentesten Kritiker*innen ist Allen Frances (2013/2014), ein amerikanischer Psychiater und emeritierter Professor. Seine Widerrede gegenüber dem DSM-5 hat u. a. deshalb viel Aufmerksamkeit erfahren, weil er selbst Mitautor der DSM-Vorgängerversion war. Er kritisiert insbesondere die Ausweitung der Diagnosen (hinsichtlich ihrer Gesamtanzahl sowie der Kriterien einzelner Diagnosen) und befürchtet in deren Folge eine „Hyperinflation" (S. 245) psychischer Erkrankungen. Aufgenommen wurde in das DSM-5 z. B. die neue Diagnose der Disruptive Mood Dysregulation Disorder (DMDD), die im Kindesalter vergeben werden kann, wenn Kinder starke Wutanfälle und Impulsdurchbrüche zeigen.

Bei einem Symposium der Psychotherapeutenkammer zum neuen DSM-5 (vgl. BPtK, 2013) kritisierten Frances und andere Expert*innen die Neueinführung dieser Krankheit, die bislang kaum erforscht und belegt ist. Den Worten des BPtK-Präsidenten Rainer Richter (vgl. ebd., o. S.) zufolge ist dadurch das Risiko groß, dass künftig heftige emotionale Reaktionen von Kindern und Jugendlichen in Reifungskrisen schnell als ‚krankheitswertig' klassifiziert würden. Andere Gründe für wiederholte Temperamentsausbrüche wie Konflikte mit Eltern, Lehrer*innen oder Gleichaltrigen könnten dadurch schnell aus dem Blick zu geraten. Ebenso kritisch wird die Absenkung des Zeitraums gesehen, in dem bei Trauernden noch keine Depression diagnostiziert werden sollte (von zwei Monaten auf zwei Wochen nach dem Verlust), sowie die Veränderung des Alterskriteriums für die Diagnosestellung von ADHS (vgl. Kap. 11). Auch hinsicht-

Tabelle 3: Argumente pro und kontra klassifikatorische Diagnostik

pro	kontra
Diagnosedefinitionen erfolgen wissenschaftlich begründet (z. B. überzufällig häufiges gemeinsames Auftreten bestimmter Symptome als Kriterium, das die Abgrenzung zu anderen Störungen gewährleistet). Die Diagnoseraster werden fortlaufend empirisch überprüft und kontinuierlich weiterentwickelt.	Psychische Störungen sind Konstrukte, die gesellschaftliche und kulturelle Erwartungen und Normen widerspiegeln (z. B. Homosexualität bis 1991 als Krankheit in der ICD gelistet).
Diagnosen entlasten Betroffene und Angehörige (Krankheit als ursächlich für Symptome gesehen; Entlastung von Schuldfragen und Versagensgefühlen).	Diagnosen ändern sich häufig und bilden daher keine feststehenden Tatsachen ab (Revision der Klassifikationssysteme ca. alle 10 bis 20 Jahre).
Psychische Erkrankungen verlieren durch differenziertere Diagnostik zunehmend ihr Stigma (jede/r kann an psychischer Störung erkranken).	Diagnostische Etiketten (Labels) fördern bzw. bewirken Stigmatisierung. Betroffene, die z. B. von der Norm abweichende Verhaltensweisen zeigen, werden erst durch die Etikettierung zu „Problemfällen“ erklärt.
Diagnosen ermöglichen Zugang zu Hilfesystemen und individuell passende Unterstützung.	Die Diagnostik nach ICD-10 und DSM-5 erfolgt defizitorientiert.
Das wachsende Störungswissen hat zur Entwicklung störungsspezifischer Therapien geführt. Aus der Klassifikation sind somit direkte Konsequenzen für Interventionen ableitbar.	Diagnosestellung bedeutet einen Informationsverlust und erfolgt stark individuumzentriert (zu wenig Berücksichtigung von Umfeldvariablen, gesellschaftlichen Einflüssen).
Einheitliche Klassifikation und Diagnoseraster als Handlungsleitlinie sind in der Praxis (für Psychiater*innen, Therapeut*innen) wichtig. Differenzierte Diagnosekriterien erleichtern dabei die Einordnung und Unterscheidung psychischer Belastungssymptome.	Die Festlegung von Störungen folgt nicht nur objektiven Kriterien, sondern ist durch Interessen verschiedener Akteur*innen (u. a. Pharmaindustrie, Psychiater*innen-Verbände) geprägt.
Ein Klassifikationssystem erleichtert Kommunikation durch klar definierte Nomenklatur und ermöglicht eine ökonomische Informationsvermittlung zwischen Wissenschaftler*innen und Behandler*innen (für eine wissenschaftlich fundierte Praxis) sowie zu anderen Akteur*innen (z. B. Krankenkassen).	Es gibt kaum eindeutige oder „natürliche“ Grenzen und cut-offs, die mit absoluter Gewissheit „gesund“ und „krank“ trennen. Die Grenzziehung erfolgt z. T. willkürlich. Durch ihre Benennung und häufige Verwendung wird den künstlich geschaffenen Kategorien ein unangemessener Realitätsgehalt zugebilligt.
Ausdifferenzierung der Diagnosen und hohe Auftretensraten psychischer Störungen sind realistisch (womöglich früher zu selten diagnostiziert).	Es gibt eine „Epidemie“ psychischer Störungen; immer mehr normale Lebensprobleme werden zu Störungen erklärt. Die Auftretenshäufigkeiten psychischer Störungen entsprechen nicht der Realität.

Quelle: Eigene Darstellung

lich der Diagnostik von Traumafolgestörungen werden die Veränderungen des DSM-5 im Vergleich zum DSM-IV von vielen Expert*innen eher als Rückschritt wahrgenommen, denn weder die Kriterien der geltenden ICD nach des DSM ermöglichen die adäquate Einordnung von sog. „Komplexen Posttraumatischen Belastungsstörungen" (kPTBS), die in vielen Handlungsfeldern Sozialer Arbeit aber hoch relevant ist (entsprechend wird im Kap. 8 hinsichtlich der Diagnosekriterien bereits auf die ICD-11 verwiesen, in die die Diagnose „Komplexe Posttraumatische Belastungsstörung" aufgenommen wurde). Nicht zuletzt wurde mehrfach auch die einseitige Zusammensetzung der einzelnen Arbeitsgruppen bei der Neufassung des DSM-5 kritisiert (u. a. von Winfried Rief; vgl. BPtK, 2013, o. S.). Die Arbeitsgruppen und die koordinierende Leitungsgruppe („Taskforce") seien überwiegend mit US-Psychiater*innen (mit zumeist sehr krankheitsspezifischen Forschungsschwerpunkten) besetzt gewesen, wohingegen generalistische Expert*innen für diagnostische Klassifikation sowie für „normale" psychische Funktionen gefehlt hätten.

Die Revision der ICD ist in ihrem Entstehungsprozess hingegen deutlich partizipativer angelegt, es wurde versucht, möglichst viele Institutionen, Organisationen und Akteur*innen über verschiedene Länder hinweg zu beteiligen. 270 Institutionen aus fast 100 Ländern waren an diesem Prozess beteiligt. Die ICD-11 wurde zunächst in einer Beta-Version veröffentlicht, die frei zugänglich zur Kommentierung bereitstand. Über 10 000 Kommentare von Lai*innen, Expert*innen sowie von Verbänden und Selbsthilfegruppen gingen ein und wurden im Überarbeitungsprozess berücksichtigt (wobei nicht klar zu bestimmen ist, welche Stimmen verschiedener Akteur*innen wie gewichtet wurden). Trotz des Anspruchs, verschiedenste Interessengruppen zu beteiligen, besteht auch gegenüber der ICD-11 (ebenso wie dem DSM-5) die grundlegende Kritik, dass die aufgeführten Diagnosen Wissen und Deutungen westlicher Gegenwartsgesellschaften widerspiegeln und eine Hierarchisierung von Wissensbeständen unterstützen.

In den nachfolgenden Kapiteln werden einzelne der in ICD-10 und DSM-5 zusammengefassten Symptombilder aufgegriffen und näher beschrieben: Traumafolgestörungen (Kap. 8), affektive Störungen (am Beispiel Depression; Kap. 9), Persönlichkeitsstörungen (am Beispiel der emotional-instabilen Persönlichkeitsstörung vom Borderline-Typus; Kap. 10), hyperkinetische Störungen (am Beispiel ADHS; Kap. 11) sowie Demenzen (Kap. 12). Dabei wird jeweils auf die Entwicklung der Störungsbilder und die diagnostischen Kriterien entsprechend den psychiatrischen Klassifikationssystemen eingegangen, wobei insbesondere kritische Aspekte hinsichtlich der Diagnosen, der Diagnosepraxis wie auch der resultierenden Interventionsempfehlungen berücksichtigt werden und die Bedeutung für Soziale Arbeit thematisiert wird.

Literaturtipps zum Weiterlesen

Dilling, Horst & Freyberger, Harald J. (Hrsg.) (2019). *Taschenführer zur ICD-10-Klassifikation psychischer Störungen* (9., überarb. Aufl.). Göttingen: Hogrefe (englisches Original erschienen 1994).

Falkai, Peter & Wittchen, Hans-Ulrich (Hrsg.) (2020). *Diagnostische Kriterien DSM-5* (2., korr. Aufl.). Göttingen: Hogrefe.

8 Zum Beispiel Trauma

Traumata haben in den letzten Jahrzehnten zunehmend an (Fach-)Öffentlichkeit gewonnen. Die Erschütterung über die schwerwiegenden Auswirkungen führt dabei häufig zu einer Zentrierung auf Schäden und Verletzungen sowie aufwendige und spezifische Therapieverfahren, die diese ‚heilen' sollen. Dabei wird meist übersehen, dass traumatisierte Kinder, Jugendliche und Erwachsene mit ihrem Leben auch weiterhin zurechtkommen müssen und dies vielen unter großen Leistungen und Anstrengungen auch gelingt. Richtet sich der Fokus der Aufmerksamkeit daher allein auf die Symptomatik, so werden die Betroffenen auf die traumatische Erfahrung reduziert und ihre Überlebenskraft ignoriert. Vor allem aber erschwert diese pathogenetische Sichtweise, psychosoziale Strategien aufzufinden, die eine positive Verarbeitung unterstützen. Dies gilt insbesondere im Bereich komplexer Problemlagen, bei denen sich die Traumaproblematik mit anderen Störungen, Problematiken und sozialen Benachteiligungsaspekten vermengt. Sozialer Arbeit kommt daher im Versorgungssystem traumatisch belasteter Menschen eine wichtige Aufgabe zu. Dazu jedoch bedarf es in diesem Bereich ausnehmender Fachkompetenz.

8.1 Wozu überhaupt Traumawissen?

Fachkräfte aus dem Bereich der Sozialen Arbeit und (Heil-)Pädagogik gestalten – besonders, aber nicht nur im Bereich stationärer Einrichtungen der Kinder- und Jugendhilfe – den weitaus größten Anteil der Traumaversorgung. Bedauerlicherweise drückt sich diese Versorgungsrealität jedoch nicht immer im Selbstverständnis aus (Gahleitner & Schulze, 2009). Um es auf unser Fallbeispiel Nathalie zu beziehen: Für die Arbeit in stationären Einrichtungen ist es z. B. inzwischen Alltagsrealität, dass die Kinder und Jugendlichen dort in aller Regel an mehr als einer Krankheit oder Problematik leiden. Stationäre Kinder- und Jugendhilfe muss daher dem Umstand Rechnung tragen, dass jedes Kind fortwährend vor der Aufgabe steht, auf dem Hintergrund seiner bisher entwickelten psychischen Struktur und seiner aktuellen psychosozialen Situation die jeweiligen Veränderungen seiner Lebenslage psychisch zu verarbeiten. Diese Herausforderung lässt sich nicht ‚aus dem Bauch heraus' lösen, sondern erfordert gezielte Arbeit an der jeweils spezifischen Passung und interdisziplinären Kooperation.

Dafür bedarf es bei allen dort arbeitenden Berufsgruppen ausreichender

Fachkenntnisse, auch über die jeweils angrenzenden Arbeitsbereiche, damit für die konkrete Fallarbeit divergente Dimensionen miteinander in Beziehung gesetzt werden können. Sozialarbeiter*innen benötigen also auch psychiatrische Fachkenntnisse. Etwa 80 % der Kinder und Jugendlichen in stationären Einrichtungen z. B. haben traumatische Erfahrungen gemacht, ungefähr 60 % sogar mehrfach, wie Schmid in der sog. Heimkinderstudie (vgl. u. a. 2010) veröffentlichte. Die Erfahrung, in Einrichtungen nicht bleiben zu können, beim Übergang zwischen Einrichtungen ‚durch das Netz zu fallen' und viele Abbrüche zu erleben, ist nicht selten. Auf traurige Art und Weise sagt dies der neu kreierte Begriff „Systemsprenger" aus, stülpt aber fälschlicherweise die Verantwortung den Betroffenen über.

Für eine qualitativ hochwertige psychosoziale Arbeit in stationären Einrichtungen – und auch in vielen anderen Feldern der (Klinischen) Sozialarbeit – müssen vielmehr Konzepte geschaffen werden, die eben diesen Klient*innen Anknüpfungsmöglichkeiten eröffnen. Die dortigen Fachkräfte müssen Klient*innen traumasensibel verstehen und ihnen gegenüber traumasensibel handeln können. Häufig geschieht dies aufgrund langjähriger Erfahrung implizit. Für eine gezielte, selbstbewusste Fachlichkeit bedarf es jedoch einer klaren Verortung im und eine stetige Auseinandersetzung mit dem interdisziplinären Fachdiskurs. Im Folgenden sollen eine Begriffsklärung und Charakterisierung traumatischer Belastungen erfolgen. Anschließend werden Grundlagen zum Verständnis der Bewältigung traumatischer Erfahrungen vorgestellt, um entlang dieser Erkenntnisse psychosoziale Unterstützungsarbeit in diesem Bereich fachkompetent gestalten zu können.[6]

8.2 Die (komplexe) Posttraumatische Belastungsstörung nach ICD-11

Der Begriff „Trauma" ist nicht leicht zu fassen. Versteht man nach Fischer und Riedesser (2020) Trauma als ein „vitales Diskrepanzerlebnis zwischen bedrohlichen Situationsfaktoren und individuellen Bewältigungsmöglichkeiten" (S. 88), das die Grenzen der Belastungsfähigkeit weit übersteigt, umreißt man damit einen immer noch kaum überblickbaren Bereich von Ereignissen und Lebenssituationen. In der Regel jedoch geht ein Trauma mit der Erfahrung von ohn-

---

6 Während den folgenden Kapiteln 9 bis 11 jeweils ein Fallbeispiel vorangestellt wird, verzichten wir in diesem Kapitel darauf, da im Fall Nathalie bereits ausführlich Entstehungsbedingungen, Symptome und Entwicklungsverläufe von Traumafolgestörungen exemplifiziert werden.

mächtigem Kontrollverlust, Entsetzen und (Todes-)Angst einher. Die typische Folge traumatischer Ereignisse ist die nach dem internationalen Klassifikationsschlüssel für psychische Störungen (ICD-11; WHO, 2019) als „Posttraumatische Belastungsstörung (PTBS)“ oder „Post-Traumatic-Stress-Disorder (PTSD)“ bezeichnete Problematik, verschlüsselt unter 6B40 (vgl. Gysi, 2018). Definiert wird Trauma in diesem Kontext als „extrem bedrohliches oder entsetzliches Ereignis oder eine Reihe von Ereignissen“ (ebd., S. 1). Die Symptome sind „charakterisiert durch

1. Wiedererleben des traumatischen Ereignisses oder der traumatischen Ereignisse in der Gegenwart in Form von lebhaften intrusiven Erinnerungen, Flashbacks, oder Albträumen, typischerweise verbunden mit starken und überflutenden Emotionen wie Angst oder Horror und starken körperlichen Empfindungen, oder Gefühlen von Überflutung oder Versunkensein mit den gleichen intensiven Emotionen wie während des traumatischen Ereignisses.
2. Vermeidung von Gedanken und Erinnerungen an das Ereignis, oder Vermeidung von Aktivitäten, Situationen oder Menschen in Verbindung mit dem Ereignis oder den Ereignissen.
3. Persistierende Wahrnehmung erhöhter gegenwärtiger Gefahr, zum Beispiel mit Hypervigilanz [erhöhte Wachsamkeit] oder verstärkter Schreckhaftigkeit auf Reize wie unerwartete Geräusche.

Die Symptome müssen mindestens über mehrere Wochen auftreten und wesentliche Einbussen in verschiedenen Lebensbereichen beinhalten (persönlich, Familie, Soziales, Ausbildung, Arbeit, oder andere)“ (ebd., S. 2; Erg. v. Verf.).

Das Ausmaß der Folgen traumatischer Erfahrungen ist jedoch abhängig von der Art, den Umständen und der Dauer des Ereignisses, vom Entwicklungsstand des Opfers zum Zeitpunkt der Traumatisierungen und eventuell vorhandenen oder nicht vorhandenen schützenden Faktoren. Der zentrale Schutzfaktor ist die bereits ausführlich diskutierte soziale Einbettung. Manche Menschen überstehen auf diese Weise bedrohliche Ereignisse, ohne Auswirkungen zu zeigen. Viele Klient*innen der Sozialen Arbeit haben jedoch tendenziell eher frühe und anhaltende Traumatisierungen bzw. Verlusterfahrungen erlebt, meist im sozialen Nahraum oder sogar durch die Fürsorgepersonen selbst. Insbesondere diese Formen früher, anhaltender und wiederholter Traumatisierung im sozialen Nahraum verursachen Phänomene schwerer psychischer Fragmentierung und Desintegration. Das Gefühl von Sicherheit und Geborgenheit in der Welt und das Vertrauen in die Menschheit, das sich über die ersten Bindungsbeziehungen herstellt, werden dadurch grundlegend erschüttert. Terr, eine amerikanische Kinderpsychiaterin, schlug daher bereits 1991 die Aufteilung von Typ I- (einmalig) und Typ II-Traumata (komplex) vor (S. 10). Für die komplexe Form der Traumatisierung beschrieb sie eine ganze Bandbreite sozialer, psychosomatischer und psychiatrischer Störungsbilder, z. B. psychische Fragmentierungsphänomene („Dissoziationen"), Probleme mit der Selbstprägnanz, dem Selbstwert und der Selbstwirksamkeitserwartung, mit der Emotionsregulation sowie psychosomatische Erscheinungen und Schwierigkeiten in der Selbst- und Fremdwahrnehmung (ebd., S. 15–18).

Die „Komplexe Posttraumatische Belastungsstörung (kPTBS)" wurde aktuell in die neue ICD-11 aufgenommen und existiert in der vorherigen Fassung der ICD noch nicht. Das zugrunde liegende Trauma wird dort beschrieben als ein „extrem bedrohliches oder entsetzliches Ereignis oder eine Reihe von Ereignissen, meistens längerdauernde oder wiederholte Ereignisse, bei denen Flucht schwierig oder unmöglich war (z. B. Folter, Sklaverei, Genozidversuche, längerdauernde häusliche Gewalt, wiederholter sexueller oder körperlicher Kindsmissbrauch)" (Gysi, 2018, S. 1). Zusätzlich zu den oben beschriebenen Symptomen der PTBS ist die unter 6B41 verschlüsselte „kPTBS charakterisiert durch:

1. Schwere und tiefgreifende Probleme der Affektregulation;
2. Andauernde Ansichten über sich selber als vermindert, unterlegen oder wertlos, verbunden mit schweren und tiefgreifenden Gefühlen von Scham, Schuld oder Versagen in Verbindung mit dem traumatischen Ereignis; und
3. Andauernde Schwierigkeiten in tragenden Beziehungen oder im Gefühl der Nähe zu anderen. Die Symptome müssen mindestens über mehrere Wochen auftreten und wesentliche Einbussen [sic] in verschiedenen Lebensbereichen beinhalten (persönlich, Familie, Soziales, Ausbildung, Arbeit, oder andere)" (ebd., S. 2).

8.3 Das Spektrum der Traumafolgestörungen

Gerade aus Sicht der Sozialen Arbeit sollte keinesfalls vergessen werden, dass traumatisierte Menschen auch außergewöhnliche Fähigkeiten hervorbringen. Traumatisierte entwickeln z. T. sehr kreative und vitale Überlebensstrategien. Was jedoch einst hilfreich war, kann im weiteren Lebensverlauf destruktiv werden und gravierende chronische Symptome verursachen. Die traumatische Belastung umfasst also nicht nur das Trauma selbst, sondern auch die Geschehnisse, die zu einem späteren Zeitpunkt in Anknüpfung an das Trauma stattfinden. Ergebnis ist häufig ein ausgeklügeltes System vielfältiger somatischer und psychischer Symptome, die die Persönlichkeit entscheidend in der (Weiter-)Entwicklung beeinflussen. Die daraus resultierenden Störungsbilder werden heute unter der

Abbildung 15: Traumaentwicklung (eigene Darstellung nach Schmid, 2014 S. 15)

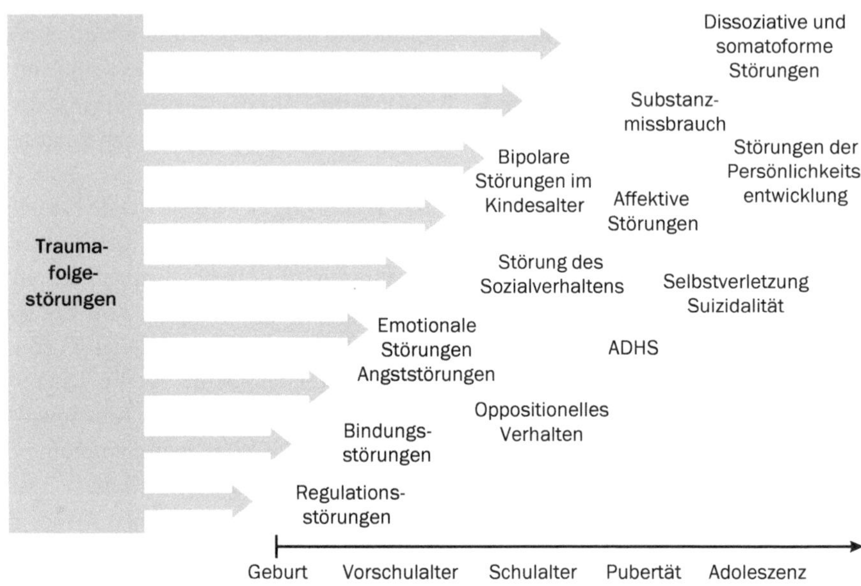

Begrifflichkeit „Traumafolgestörungen" (vgl. Gysi, 2018, S. 1) zusammengefasst. Damit wird zum Ausdruck gebracht, dass traumatische Erfahrungen im Laufe der Entwicklung eine Reihe weiterer psychopathologischer Problemlagen begünstigen oder gar hervorrufen können (vgl. Abb. 15). Die bekannteste Forschungsserie, die dies sehr eindrücklich belegt hat, ist die „Adverse Child Experiences"-Studie (ACE-Studie; Felitti, 2002). Es zeigte sich: Menschen, die frühes Trauma erlitten haben, leiden ungleich häufiger an psychischen, physischen und sozialen Problemlagern, aber auch Armut, Arbeitslosigkeit, Mittellosigkeit, unzureichender oder unsicherer Unterkunft bzw. Wohnungslosigkeit, sind somit stärker sozial gefährdet und sterben deutlich früher als Menschen ohne solche Belastungen. Hier schließt sich der Kreis zur Bindungs- und Beziehungsgestaltung (Kap. 3). Bei schwerem frühem, sozial verursachtem Trauma wird der unbelastete Zugang zu anderen Menschen, das „Gefüge psychischer Sicherheit" (Grossmann & Grossmann, 2012/2017), gerade durch jene Menschen zerstört, von denen die Person am stärksten abhängig ist.

Janoff-Bulman (1985) beschreibt dieses Phänomen als „shattered assumptions": eine fundamentale Erschütterung grundlegender Überzeugungen wie positiver Selbstwahrnehmung, Erwartungen in Bezug auf die Welt und das Gefühl der Sicherheit und Geborgenheit darin sowie Vertrauen in zwischenmenschliche Interaktionen. Die Wahrnehmung fokussiert hauptsächlich auf „traumarelevante" bzw. mit dem Trauma zusammenhängende Reize und Faktoren. Mit diesen bis in die Neurophysiologie hineinreichenden „Verzerrungen" („distorted [...] activities": Perry & Pollard, 1998, S. 45; „distortions": Fertuck, Lenzenweger, Clarkin, Hoermann & Stanley, 2005, S. 365) begegnen Klient*innen dem Hilfesystem und den darin arbeitenden Personen und benötigen daher eine ausdrückliche Alternativerfahrung, trotz oder gerade wegen der Herausforderungen, die die Arbeit mit ihnen häufig mit sich bringt. Traumatisierte Menschen nehmen in diesen Situationen Reize anders auf und ordnen sie anders zu als Menschen ohne Traumaerfahrungen. Traumatische Stimuli gelangen vermutlich ohne eine Verschaltung mit der Großhirnrinde direkt in die Amygdala, den affektgeleiteten Verstärker des Gehirns. Auch wird angenommen, dass die übermäßige Ausschüttung von Stresshormonen in der traumatischen Situation zur tiefen Einprägung dieser traumatischen Situation führt. Bei Traumatisierten wurde eine Reihe neuroendokrinologischer Dysregulationen (Regulationsstörungen in der Verknüpfung von Hormonsystem und Nervensystem) gefunden, wie veränderte Konzentrationen von Transmittern oder veränderte Dichten entsprechender Rezeptoren bis hinein in genexpressive Prozesse (genetische Ausformungen von Zellfunktionen) (vgl. z. B. LeDoux, 1996/2012; Yehuda, 2002).

Trauma muss also als Ergebnis eines komplexen Beziehungsgefüges zwischen psychologischen, physiologischen und sozialen Prozessen gesehen werden, die jedoch prinzipiell auch wieder reversibel sind. In der Sozialen Arbeit ist daher das Konzept der Sequenziellen Traumatisierung von Keilson (1979/2005) sehr bedeutsam. Als Sportlehrer, Arzt, Schriftsteller und Überlebender der Shoa führte er in den Niederlanden eine Langzeitstudie mit jüdischen Kriegswaisen durch. Darin arbeitete er heraus, dass Trauma nicht aus einer, sondern aus mehreren Sequenzen besteht: (1) in der Anbahnung der Traumatisierung, (2) in der Traumatisierung selbst und (3) im Zurückkehren in eine gesicherte Welt. Gerade auf dieser letzten Phase liegt sehr viel Gewicht. Viele Traumabetroffene erleben diese letzte Zeitspanne sogar „als die eingreifendste und schmerzlichste ihres Lebens" (ebd., S. 58). Das bedeutet: Selbst wenn z. B. Geflüchtete in einem scheinbar sicheren Land angekommen sind und die Zeit der Verarbeitung beginnen könnte, ereignet sich für sie noch eine dritte und bedeutsame Sequenz. Diese Erkenntnis hatte weitreichende Auswirkungen auf die psychosoziale Traumaarbeit. Die Möglichkeit und auch die Verantwortung für die Bearbeitung der traumatischen Erfahrungen werden vom Individuum auf gesellschaftliche und politische Aspekte erweitert. Das Konzept der Sequenziellen Traumatisierung deutet jedoch nicht nur in die Richtung der Retraumatisierung. Es besagt auch, dass wir noch viele Jahre nach der traumatischen Erfahrung die Möglichkeit haben, positive Akzente zu setzen, also durch Alternativerfahrungen im späteren Lebensverlauf das Trauma abzuschwächen und wieder mehr Bindungssicherheit zu erwerben (s. o., Kap. 3).

8.4 Wissen hilft! Traumabewältigung und Bewältgungsunterstützung

Bei früher, durch Menschenhand oder gar Fürsorgepersonen verursachter, Traumatisierung, trifft ein erwachsenes, durchorganisiertes System von Gewalt auf ein in Entwicklung befindliches, hochvulnerables (also besonders verletzliches) System eines Kindes. Der Situation kann das Kind weder angemessen begegnen noch entfliehen, noch kann es sie aus eigener Kraft beenden. Es kommt daher umgehend zu intrapsychischen, hilflosigkeitstypischen Formen des Umgangs mit der Traumatisierung. Abwehr und Bewältigung erhalten in dieser Situation überlebenssichernde Bedeutung. Symptomatik und Bewältigung sind daher letztlich kaum voneinander zu trennen (Gahleitner, 2005b). In der Sozialen Arbeit sind diese Formen der Traumatisierung die Regel. Als Beispiel sei der Mechanismus der Dissoziation angesprochen: Er hilft zunächst, das Trauma zu ertragen, ohne dass es ins Alltagsbewusstsein gelangt, und erweist sich damit anfangs als Schutzfaktor. „Wenn man nicht physisch fliehen kann, wird man versuchen, psychisch zu ‚fliehen', die Situation selbst ‚unwirklich' zu machen und den eigenen Körper als fremd, als nicht mehr zugehörig erleben, um den physischen und seelischen Schmerz zu verringern" (Wirtz 1989/2005, S. 142). Was also müssen Fachkräfte Sozialer Arbeit wissen und tun, um die Bewältigung möglichst konstruktiv zu unterstützen?

Horowitz (1976/2011, 2003) stellte bereits in den 1970er-Jahren ein Phasenmodell mit fünf aufeinander folgenden Phasen der Traumareaktion vor. Auf eine Initialreaktion in Form eines Aufschreis folgen überwältigende Erinnerungen einerseits und Vermeidungsversuche andererseits. Findet der Aufschrei Gehör und Offenheit, so erhöht sich die Wahrscheinlichkeit einer positiven Bewältigung. Eine anschließende bewusste Auseinandersetzung mit dem Trauma kann – wenn sie angemessen unterstützt wird – zu einem Wachstumsprozess und zur Lösung führen. In jeder Phase besteht nach Horowitz (2003) jedoch die Gefahr pathologischer Stagnation. Langfristige Folgeerscheinungen sind daher einerseits als Konsequenz traumatischer Ereignisse zu verstehen, andererseits als Versuche, das traumatische Ereignis möglichst gut zu verarbeiten. Insofern ‚verraten' sie zugleich viel über die Bewältigungsformen der Traumaopfer. Als Wiederholungen, Retraumatisierungen und Körpererinnerungen verselbstständigen sich solche Muster zu destruktiven Mechanismen, stellen jedoch letztlich die Kehrseite der Strategien dar, die den Betroffenen das Überleben und damit den zunächst wichtigsten Anteil der Bewältigung ermöglichen: Sie sind Selbstheilungsversuche, Anpassungsleistungen, Konfliktlösungsversuche, Kommunikationsversuche und Signale und damit bereits Bewältigung. Bei aller scheinbaren Absurdität und Dysfunktionalität stehen sie im Dienst des Überlebens der Opfer traumatischer Ereignisse (Birck, 2001).

Je mehr ich also als Fachkraft gemeinsam mit Klient*innen ihre Bewältigungsversuche zu verstehen versuche, umso besser wird es mir gelingen, ihnen bei der Bewältigung hilfreich zu sein. Dazu brauchen Fachkräfte solides Fachwissen zu Trauma und ihrer Bewältigung, zu den oben bereits angesprochenen salutogenetischen Aspekten (Antonovsky, 1987/1997), vor allem aber zu der ausführlich besprochenen Milieuarbeit (vgl. Kap. 3.3 und 6). Das dort erläuterte Drei-Phasen-Modell der Traumaverarbeitung eignet sich hervorragend für die Entwicklung interdisziplinärer Arbeitsmodelle für viele sozialarbeiterische Arbeitsfelder. Denn die Integration des Traumas ist bei vielen Klient*nnen in der Sozialen Arbeit nicht an explizite Traumaaufarbeitung gebunden, sondern – im Rahmen des Möglichen in diesem Entwicklungsabschnitt – an eine Akzeptanz des Traumas und an eine Zuordnung zur eigenen Biografie. Die Integration des Geschehenen in das Selbstkonzept ermöglicht häufig eine Restrukturierung von Gefühlen und Kognitionen und damit eine Annäherung an die eigenen Fähigkeiten und Möglichkeiten sowie eine Zuwendung zu aktuellen Lebens- und Alltagsthemen.

Literaturtipps zum Weiterlesen

Weiß, Wilma, Kessler, Tanja & Gahleitner, Silke Birgitta (Hrsg.) (2016). *Handbuch Traumapädagogik* (Reihe: Beltz Handbuch). Weinheim: Beltz.

Seidler, Günter H., Freyberger, Harald J., Glaesmer, Heide & Gahleitner, Silke Birgitta (Hrsg.) (2019). *Handbuch der Psychotraumatologie* (Reihe: Trauma & Gewalt – Fachbuch; 3., vollst. überarb. u. erw. Aufl.). Stuttgart: Klett-Cotta.

9 Zum Beispiel Depression

Depressionen zählen zu den häufigsten psychischen Erkrankungen. Nach den Ergebnissen der ersten Erhebungswelle der „Studie zur Gesundheit Erwachsener in Deutschland" (DEGS1: Busch, Maske, Ryl, Schlack & Hapke, 2013) litten nach Selbstauskunft etwa acht Prozent der Befragten im Alter von 18 bis 79 Jahren unter einer Symptomatik, die den Diagnosekriterien einer depressiven Störung entspricht (ebd., S. 735). Anderen Studienergebnissen zufolge stieg das Erkrankungsrisiko in den vergangenen Jahrzehnten stetig an. Dieses Kapitel gibt einen Einblick in die Symptomatik, die komplexen Entstehungsbedingungen sowie Interventionsstrategien und Aufgaben (Klinischer) Sozialer Arbeit. Abschließend wird die Zunahme der Diagnoseraten in Verbindung gesetzt zu Überlegungen bezüglich gesellschaftlicher Wandlungsprozesse.

9.1 Fallbeispiel Herr Wellner

Herr Wellner, 36 Jahre alt, befindet sich seit zwei Wochen in stationärer psychiatrischer Behandlung. Die Überweisung in die Klinik erfolgte durch seine Hausärztin aufgrund der Verdachtsdiagnose einer mittelgradigen depressiven Episode. Im Gespräch mit der Sozialarbeiterin der Klinik berichtet Herr Wellner, dass es ihm bereits mehrere Monate vor der Aufnahme in die Klinik sehr schlecht ging. Jeder Tag sei „wie ein Kampf" für ihn gewesen. Seine Ehefrau trennte sich vor knapp einem Jahr von ihm, der gemeinsame 14-jährige Sohn entschied sich für einen Lebensmittelpunkt bei seiner Mutter. Das Verhältnis zu seiner getrennt lebenden Frau und seinem Sohn beschreibt er insgesamt aber als zufriedenstellend; sie war es auch, die ihn drängte, seine Ärztin aufzusuchen. Seinen Sohn sieht er nur noch alle 14 Tage, was er einerseits bedauert, andererseits hat er aber sowieso nicht viel Zeit, da sein Job ihn immer sehr fordert. Tätig ist er als Leiter der IT-Abteilung eines großen Finanzunternehmens X. Er habe hart dafür gearbeitet, diesen Job zu bekommen. Er hat als erster aus seiner Familie studiert. Seine Mutter zog ihn und seine zwei Jahre ältere Schwester nach dem Unfalltod seines Vaters allein groß. Diesen Verkehrsunfall überlegte Herr Wellner selbst im Alter von anderthalb Jahren körperlich nur leicht verletzt. Seine Mutter arbeitete als Verkäuferin immer hart, das Geld reichte aber trotzdem immer nur knapp. Sie war so stolz, als er sein Informatik-Studium mit Auszeichnung abschloss. Anschließend arbeitete er mehrere Jahre in der IT-Abteilung des Unternehmens X, bevor ihm vor drei Jahren, also bereits im ‚jungen Alter' von 32 Jahren, die Leitungsfunktion übertragen wurde, wovon er selbst sehr überrascht war. Sonst ist er eher etwas zurückgezogen und nach Aussagen seiner Frau eher ein ‚ängstlicher Typ'. Insbesondere die Personalverantwortung, die mit der neuen Position verknüpft war, hatte er sich gar nicht unbedingt zugetraut. Durchschnittlich arbeitet er wöchentlich 50 bis 60 Stunden, was in seiner Position im Unternehmen seiner Ansicht nach ‚normal' ist, wenngleich seine Frau immer wieder hinterfragte, ob das wirklich sein Lebenstraum sei. In den letzten Monaten fiel es ihm allerdings zunehmend schwerer, sich auf seine Aufgaben zu konzentrieren. Wiederholt unterliefen ihm Fehler, er konnte die Anforderungen nicht in der gewohnten Geschwindigkeit bewältigen. Zudem schaffte er die täglichen Aufgaben im Haushalt nur mit größter Anstrengung. Auch andere Aktivitäten (gemeinsame Aktivitäten mit seinem Sohn, Amtsgänge), die ihm ‚früher' keinerlei Probleme bereiteten, kann er nur noch bewältigen, wenn er sie genau plant. Er schafft es auch schon lange nicht mehr, ins Fitnessstudio zu gehen. Zudem klagt er über allgemeine Antriebs- und Lustlosigkeit sowie über Ein- und Durchschlafstörungen.

Nachdem ihm in seiner Berufstätigkeit zweimal gravierende Fehler unterliefen, er bereits einmal ohne Meldung gar nicht zur Arbeit erschien (da er es trotz größter Anstrengung „einfach nicht aus dem Bett geschafft" hat) und auch ein folgendes Personalgespräch mit seinem Vorgesetzten keine Klärung brachte, droht ihm nun der Verlust seines Jobs. Nach dem Gespräch mit seinem Vorgesetzten wusste er einfach nicht mehr weiter und dachte darüber nach, dass es besser und einfacher „für alle" wäre, wenn er nicht mehr da wäre. Weinend rief er seine Frau an und berichtete ihr, was vorgefallen war. Sie begleitete ihn daraufhin zu seiner Hausärztin.

9.2 Definition und Symptome

Die Diagnose Depression findet sich in der ICD-10 in der Störungsgruppe der „affektiven Störungen". Diese Gruppe umfasst psychische Erkrankungen, deren Hauptsymptome in einer Veränderung der Stimmungslage oder der Affektivität bestehen – entweder in Richtung einer gedrückten Stimmung (Depression) oder einer gehobenen Stimmung (Manie). Die Stimmungsveränderungen werden dabei meist von einer Veränderung des allgemeinen Aktivitätsniveaus begleitet. Die meisten anderen Symptome beruhen hierauf oder sind im Zusammenhang mit dem Stimmungs- und Aktivitätswechsel leicht zu verstehen. Die meisten Erkrankungen dieser ICD-Gruppe neigen zu Rückfällen.

Folgende Symptome sind dabei charakteristisch für die Diagnosestellung einer depressiven Episode (F32.X): Die betroffene Person leidet „unter einer gedrückten Stimmung und einer Verminderung von Antrieb und Aktivität. Die

Fähigkeit zu Freude, das Interesse und die Konzentration sind vermindert. Ausgeprägte Müdigkeit kann nach jeder kleinsten Anstrengung auftreten. Der Schlaf ist meist gestört, der Appetit vermindert. Selbstwertgefühl und Selbstvertrauen sind fast immer beeinträchtigt. Sogar bei der leichten Form kommen Schuldgefühle oder Gedanken über eigene Wertlosigkeit vor. Die gedrückte Stimmung verändert sich von Tag zu Tag wenig, reagiert nicht auf Lebensumstände und kann von so genannten ‚somatischen' Symptomen begleitet werden, wie Interessenverlust oder Verlust der Freude, Früherwachen, Morgentief, deutliche psychomotorische Hemmung, Agitiertheit, Appetitverlust, Gewichtsverlust und Libidoverlust" (DIMDI, 2020a, o. S.). Treten im Lebensverlauf wiederholt depressive Episoden auf, wird dies unter der Diagnose „rezidivierende depressive Störung" (F33.X) verschlüsselt.

Im Kindes- und Jugendalter erfolgt die Verschlüsselung über dieselben ICD-10-Diagnosen wie im Erwachsenenalter. Die beschriebenen Symptome sind also auch bestimmend für die Diagnosestellung in Kindheit und Jugend. Zugleich zeigen depressive Erkrankungen bei Kindern und Jugendlichen aber auch spezifische Besonderheiten, die es zu berücksichtigen gilt. So gilt z. B. erhöhte Gereiztheit als typisches Symptom einer Depression bei Kindern und Jugendlichen (Legenbauer & Kölch, 2019, S. 2), Traurigkeit wird von ihnen hingegen meist verleugnet (ebd., S. 3).

9.3 Ätiologie

Für die Entstehung von depressiven Erkrankungen wird ein multifaktorielles Geschehen angenommen. Es ist von einem komplexen Zusammenspiel von Vulnerabilitäts- und Risikofaktoren auszugehen (Beesdo-Baum & Wittchen, 2020). Schüle, Baghai und Ruprecht (2007) fassen mögliche Faktoren nach dem Vulnerabilitäts-Stress-Coping-Modell zusammen (vgl. Abb. 16). „Gemäß eines Vulnerabilitäts-Stress-Modells wird angenommen, dass prädisponierende konstitutionelle Faktoren genetischer bzw. familiengenetischer Art und frühe adverse soziale und umweltbezogene Ereignisse und Bedingungen zur Ausbildung einer erhöhten Vulnerabilität beitragen, die sich wiederum über entwicklungsbiologische, psychologische und soziale Prozesse weiter akzentuieren oder abschwächen kann" (Beesdo-Baum & Wittchen 2020, S. 1040).

Auch im Fallbeispiel von Herrn Wellner kann dabei ein Zusammenspiel verschiedener Faktoren vermutet werden, die die Entstehung und den Ausbruch der Depression mitbedingt haben: mögliche frühe Traumatisierung im Alter von anderthalb Jahren durch den Unfall und Tod des Vaters, Persönlichkeitsfaktoren, Verlust der

Abbildung 16: Multifaktorielle Pathogenese der Depression nach dem Vulnerabilitäts-Stress-Coping-Modell (eigene Darstellung, nach Schüle, Baghai & Ruprecht, 2007, S. 533)

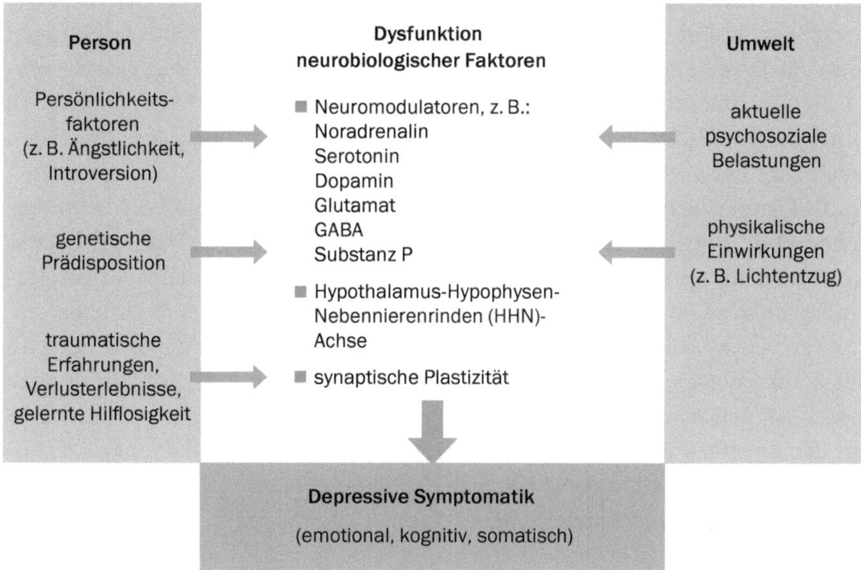

Partnerschaft sowie die hohen kontinuierlichen Anforderungen und die akuten psychosozialen Belastungen im Job.

Vor dem Hintergrund bestimmter Vulnerabilitätskonstellationen – als länger bestehender psychosozialer Belastungsfaktor ist z. B. bei vielen Klient*innen Sozialer Arbeit ein niedriger sozioökonomischer Status bedeutsam (Busch et al., 2013, S. 735) – wird der Beginn einer depressiven Episode zumeist über spezifische auslösende kritische Lebensereignisse bzw. deren Kombination mit bestehenden längerfristigen Belastungskonstellationen erklärt. Auch in der ICD-10 wird für die Störungsgruppe der affektiven Störungen explizit beschrieben, dass „der Beginn der einzelnen Episoden […] oft mit belastenden Ereignissen oder Situationen in Zusammenhang zu bringen“ (DIMDI, 2020a, o. S.) ist.

Hinsichtlich der Bedingungen des Beginns bzw. Ausbruchs einer depressiven Episode werden inzwischen disziplinübergreifend auch soziale Faktoren, u. a. Traumatisierungen und Bindungsverluste, als bedeutsam diskutiert. „Während in den 1980er Jahren das Konzept der ‚stressful life events‘ im Sinne von Brown und Harris (1989) als wichtigste Erklärung für das Auftreten von Depressionen angeführt wurde, hat sich diese Sichtweise inzwischen unter Betonung der Rolle von Vulnerabilitätsfaktoren deutlich relativiert. Zweifellos gehen dem Ausbruch einer Depression gehäuft stressreiche Lebensereignisse – oft in Kombination mit chronisch belastenden Lebensbedingungen – voraus […]. Jedoch haben epidemiologische Studien gezeigt, dass selbst schwerwiegendste Ereignisse (z.B. Trennung, Tod eines Elternteils) nur bei einer Minderzahl der Betroffenen auch zum Ausbruch einer psychischen Störung führen […]. Es ist von einem komplexen Zusammenspiel von Vulnerabilitäts- und Risikofaktoren auszugehen […]; umgekehrt finden sich bei nahezu einem Drittel aller Personen mit Depression überhaupt keine kritischen Lebensereignisse" (Beesdo-Baum & Wittchen, 2020, S. 1044; unter Bezug u.a. auf Goodyer, Cooper, Vize & Ashby, 1993; Zimmermann et al., 2008). Letztlich verweisen die Befunde auf komplexe und heterogene Entstehungsbedingungen und die Bedeutung von (diagnoseunspezifischen) Vulnerabilitätsfaktoren über die gesamte Lebensspanne. Aus einer psychosozialen Perspektive legt dies aber allem auch nahe, dass neben Vulnerabilitäten und Risikofaktoren auch Schutzfaktoren stärker in Forschung und Theoriebildung in den Blick genommen werden müssen (vgl. Kap. 5.2, 8.4). Eine erweiterte Lesart der Entstehungsbedingungen von Depressionen, die auch kritische Lebensumstände im Sinne gesellschaftlicher Wandlungsprozesse in den Blick nimmt, wird weiterführend in Kapitel 9.5 angerissen.

9.4 Psychiatrische und therapeutische Interventionen

Bei den psychiatrisch-therapeutischen Interventionsansätzen zur Behandlung depressiver Störungen ist zwischen pharmakologischen/somatischen und psychologischen Therapien zu unterscheiden (Beesdo-Baum & Wittchen 2020, S. 1051).

Pharmakologische Therapien basieren auf der Annahme, dass Depressionen mit einer Reihe von Störungen im Transmitterstoffwechsel assoziiert sind. Diese Störungen sollen über die Verabreichung entsprechender – auf den Stoffwechsel bestimmter Neurotransmitter (vor allem Serotonin und Noradrenalin) einwirkender – Medikamente beeinflusst werden. „Die Wahl des Medikaments, die Dosis und Dauer der Behandlung sind spezifisch an den jeweiligen Patienten und seine Symptomatik anzupassen" (ebd., S. 1055). Aus psychiatrischer Perspektive ist dabei eine „ausreichend lange Dauer der medikamentösen Therapie von herausragender Bedeutung, um einen Rückfall zu vermeiden. Als Richtlinie gilt bei einer erstmalig aufgetretenen depressiven Episode eine durchschnittliche Einnahmedauer von ca. einem halben Jahr nach der Remission der Symptomatik; bei zwei oder mehr depressiven Episoden erhöht sich diese empfohlene Einnahmedauer entsprechend; bei einigen Patienten wird auch eine Dauerbehandlung angeraten" (ebd.).

Psychologische Therapien gelten als „vielschichtig und komplex und beinhalen eine Vielzahl von Komponenten, die je nach individueller Problemlage ausgeprägt sind" (Beesdo-Baum & Wittchen, 2020, S. 1051). Für depressive Erkrankungen (in unterschiedlichen Altersgruppen und Settings) verweisen zahlreiche Studien und Metaanalysen auf die Wirksamkeit kognitiver Verhaltenstherapien (ebd., S. 1063; vgl. z. B. Cuijpers & Dekker, 2005; Weersing, Jeffreys, Do, Schwartz & Bolano, 2017; vgl. Kap. 14). Häufig erhalten Menschen mit depressiven Erkrankungen auch psychodynamische Therapien oder tiefenpsychologisch orientierte Kurzinterventionen (ebd., S. 1061; vgl. Kap. 13).

Für alle Interventionsstrategien bei einer depressiven Erkrankung gilt es dabei auch unbedingt zu berücksichtigen, dass im Rahmen der Erkrankung auch Suizidgedanken und -handlungen auftreten können. Entsprechende Warnhinweise zu beachten und ggf. kriseninterventiv tätig zu werden, ist eine Herausforderung für Psychiater*innen und Psychotherapeut*innen, aber auch für Sozialarbeiter*innen, die mit Menschen mit Depression arbeiten.

9.5 Depression und Soziale Arbeit

Wie das Fallbeispiel von Herrn Wellner verdeutlicht, spielen bei einer depressiven Erkrankung häufig (neben biologischen und psychologischen) soziale Faktoren eine entscheidende Rolle, und das biopsychosoziale Paradigma (klinischer) Sozialer Arbeit gewinnt eine besondere Bedeutung. „Die biopsychosoziale Perspektive weist sowohl auf die potenzielle Gleichrangigkeit körperlicher, psychischer und sozialer Anteile im biopsychosozialem *[sic]* Zusammenwirken als auch auf die untrennbare Verwobenheit der drei genannten Aspekte hin" (Ortmann, 2006, S. 23). Lässt man eine der Ebenen in der Betrachtung außer Acht, „stellt dies nach biopsychosozialem Verständnis eine Reduzierung dar. Solche Reduzierungen bringen es mit sich, dass komplexe Problemlagen nur ausschnitthaft wahrgenommen und bearbeitet werden können. Daraus können sich gravierende Folgen für den Erfolg und Misserfolg von Hilfeangeboten ergeben, insbesondere für die Hilfe suchenden Menschen" (ebd.). Im Fall von Herrn Wellner scheint offenkundig, dass eine Behandlung der Symptome unter Ausblendung der sozialen Dimension nicht erfolgversprechend ist.

In Anlehnung an Staub-Bernasconi (1993/1995, S. 105 f.) können Depressionen Diebold (2016) zufolge explizit als „soziale Probleme" definiert werden und betreffen damit eindeutig (auch) den Zuständigkeitsbereich Sozialer Arbeit. Als wesentliche soziale Folgen von Depressionen benennt die Autorin u. a. Stigmatisierung, Ausgrenzung, fehlende soziale Teilhabe, sozialen Abstieg und Armut (o. S.; unter Bezug u. a. auf Geißler-Piltz, Mühlum & Pauls, 2005/2010; Homfeldt

& Sting, 2006). Für die Unterstützung depressiv erkrankter Menschen in Kliniken sieht Diebold (2016, o. S.) folgende Aufgabenbereiche Sozialer Arbeit, insbesondere Klinischer Sozialarbeit:

- Soziale Arbeit als Brücke zwischen ‚Drinnen' und ‚Draußen',
- psychosoziale Beratung,
- Entlassungsvorbereitung, Unterstützung in der Alltagsbewältigung (Wohnung, Arbeitsplatz, Finanzen),
- Angehörigenarbeit, z. B. lebensweltorientierte Angehörigenberatung,
- Soziotherapie (in bestimmten Fällen),
- Case Management,
- Netzwerkarbeit, Einbindung des sozialen Umfelds und Förderung sozialer Teilhabe.

Schröder (2004) zufolge übernehmen Sozialarbeiter*innen im Gesundheitswesen zusammenfassend komplexe und vielfältige Aufgaben und „sind u. a. Schnittstellen-, Administrations-, Kommunikations- und Beziehungsexperten" (S. 21).

In der Begleitung und Beratung von Herrn Wellner aus dem Fallbeispiel wird ein Schwerpunkt auf der Klärung der beruflichen Perspektive liegen. Weiterhin scheint ein Einbezug des sozialen Umfelds vielversprechend: Die getrennt lebende Ehefrau von Herr Wellner besucht ihn regelmäßig und bat bereits selbstinitiiert um ein Gespräch mit der Sozialarbeiterin, da sie ihren ehemaligen Partner bei der Bewältigung der Erkrankung unterstützen möchte. Auch eine altersangemessene informatorische bzw. psychoedukative Beratung des gemeinsamen Sohns zur Erkrankung des Vaters könnte durch die Sozialarbeiterin erfolgen.

Für Soziale Arbeit scheint dabei zum einen das angesprochene biopsychosoziale Verständnis von Depressionen fruchtbar. Zum anderen sind auch kritische Zugänge zur Thematik vielversprechend, die diese etwa in einen gesamtgesellschaftlichen und geschichtlichen Zusammenhang einbetten, darüber ein tieferes Verständnis der Entstehungsbedingungen von Depressionen und der subjektiven Befindlichkeit von Betroffenen ermöglichen sowie Ansatzpunkte für die Prävention depressiver Erkrankungen auf gesellschaftlicher Ebene bieten. In seinem Buch „Das erschöpfte Selbst. Depression und Gesellschaft in der Gegenwart" greift der französische Soziologe Alain Ehrenberg (1998/2015) die Frage nach dem Zusammenhang zwischen Depression und den gesellschaftlichen Umbrüchen der letzten Jahrzehnte sowie dem neoliberalen Kapitalismussystem auf. „Der niedergedrückte, lust- und freudlose, antriebslose, hoffnungslose, minderwertige, sich schuldig, müde und leer fühlende Depressive verkörpert das Gegenteil zum neoliberalen Wunschsubjekt, das die Forderungen nach Selbstverwirklichung, Eigeninitiative, Mobilisierung positiver Affekte und Vermarktung der eigenen Arbeitskraft (zeitweise) nicht erfüllen kann" (Knebel, 2013, o. S.).

Ehrenberg (1998/2015) zufolge kann dabei die Unfähigkeit zu handeln als Reaktion auf gesellschaftlich zunehmenden inneren und äußeren Druck verstanden werden. Demnach erscheinen depressive Zustände einerseits unter den einschränkenden Bedingungen sozioökonomischer Belastungen (etwa prekäre Beschäftigung, Arbeitslosigkeit, Verschuldung) nachvollziehbar, können andererseits aber auch bei denjenigen (z. B. bei Herrn Wellner) befördert werden, die neoliberale Normen besonders stark verinnerlicht haben, gerade wenn sie diesen Normen nicht mehr allumfassend gerecht werden können. „Diese Lesart Ehrenbergs bietet im Vergleich zu anderen Depressionstheorien einen Erklärungsansatz, warum Depressionen in allen gesellschaftlichen Gruppen zunehmen, in einigen aber besonders häufig auftreten. Der herausgearbeitete Zusammenhang zwischen neoliberaler Anrufung der Subjekte und depressiven Symptomen geht über den individuellen Ursache-Wirkmechanismus der Stressforschung hinaus und kann so besser erklären, warum nicht nur die sog. Modernisierungsverlierer, sondern auch IT-Projekt-Manager an Depression leiden" (Knebel, 2013, o. S.). Jurk (2019) skizziert in ähnlicher Weise Zusammenhänge zwischen depressiven Symptomen sowie herrschenden gesellschaftlichen Bedingungen und betont hierbei die Selbstaktivität der Subjekte: „Deuten wir Depression nicht als ‚Handlungshemmung' (wie Alain Ehrenberg es in seinem Buch tut), sondern als Handlungsverweigerung, so wäre sie als ein verzweifelter Versuch zu verstehen, dem ständigen Zwang zur Aktivierung, der Mühle des ‚Machens' zu entfliehen" (S. 102).

Abschließend soll nun auf die in den Kapiteln 2.5 und 4.2 angeschnittenen Theorieentwürfe zur lebenslangen Identitätsarbeit nach Heiner Keupp verwiesen werden. Demnach ist wie beschrieben davon auszugehen, dass mit den Wandlungsprozessen der zweiten Moderne Identität „als permanente Passungsarbeit zwischen inneren und äußeren Welten" (Keupp et al., 1999/2013, S. 30) hergestellt werden muss und „von den einzelnen Personen eine hohe Eigenleistung bei diesem Prozess der konstruktiven Selbstverortung zu erbringen ist" (Keupp, 2005, S. 9) – mit dem Ziel der „Schaffung von Lebenskohärenz. […] Das Gelingen dieser Identitätsarbeit bemisst sich für das Subjekt von Innen an dem Kriterium der Authentizität und von Außen am Kriterium der Anerkennung" (ebd.). Anschließend an die Thesen von Ehrenberg (2014), Knebel (2013) und Jurk (2019) können psychische Belastungsphänomene (die sich etwa in Form von depressiven Symptomen äußern) also auch entstehen, wenn die notwendige individuelle Passungs- und Identitätsarbeit misslingt bzw. die Fähigkeit zum ‚Selbsttätigwerden' gemäß neoliberaler Aufforderungsimperative ausgeschöpft ist oder die Anerkennung von Außen versagt bleibt. In der Debatte um Depressionen und kontinuierlich steigende Prävalenzraten können solche Überlegungen anschließend an Knebel (2013) auch „als Aufruf zu einem Gegendiskurs verstanden werden“ (o. S.), in den sich Soziale Arbeit als sozialpolitische Profession und Disziplin einbringen sollte; ein Gegendiskurs, der – „gekoppelt an die Vorstellungen von Solidarität, gesellschaftlichen Alternativen, einer besseren Zukunft und Erweiterung der eigenen Handlungsfähigkeit im Zusammenschluss mit anderen – vor Vereinzelung, Resignation und dem Gefühl des Ausgeliefertseins schützen könnte“ (ebd.).

Literaturtipps zum Weiterlesen

Beesdo-Baum, Katja & Wittchen, Hans-Ulrich (2020). Depressive Störungen: Major Depression und Dysthymie. In Jürgen Hoyer & Susanne Knappe (Hrsg.), *Klinische Psychologie & Psychotherapie* (3., vollst. überarb. Aufl.; S. 1027–1072). Wiesbaden: Springer.

Knebel, Leonie (2013). Anstieg „depressiver Störungen“ im neoliberalen Kapitalismus? Kritisch-psychologische Anmerkungen zu Methode und Ergebnissen der Depressionsforschung. *Forum Gemeindepsychologie, 18*(1), Art. 5. Verfügbar unter: www.gemeindepsychologie.de/fg-1-2013_06.html [14.08.2021].

10 Zum Beispiel Borderline-Persönlichkeitsstörung

Unter Persönlichkeit versteht man die Summe der Eigenschaften, die einem Menschen seine charakteristische Individualität verleihen. Über den Begriff und die Art und Weise, wie man die Persönlichkeit eines Menschen erfasst, gibt es jedoch sehr kontroverse Diskussionen. Basierend auf verschiedenen Grundorientierungen, von denen ab dem 10. Kapitel die Rede ist, gibt es sehr unterschiedliche Vorstellungen, wie Persönlichkeitsstörungen entstehen. Persönlichkeitsproblematiken betreffen nicht nur die Persönlichkeit eines einzelnen Menschen, sondern auch und besonders die zugehörigen Formen zwischenmenschlichen Interaktior und Kommunikation. Persönlichkeitsstörungen sind grundsätzlich dadurch charakterisiert, dass sich eine deutliche Unausgeglichenheit in Einstellungen und Verhalten bezüglich mehrerer Bereiche zeigt, und zwar tiefgreifend und alltagsprägend. Aber Vorsicht: Wer entscheidet, welches Verhalten im Wahrnehmen, Denken, Fühlen und in Beziehungen ‚abweicht'? Soziale Arbeit hat hier eine wichtige Aufgabe, mit einer antidiskriminierenden und antistigmatisierenden Haltung genau hinzuschauen, sich in den Fachdiskurs einzubringen und sich im Sinne der Klient*innen einzusetzen.

10.1 Fallbeispiel Jana

Jana ist 17 Jahre alt, lebt auf der Straße in Berlin und taucht zum wiederholten Mal in der Notunterkunft für Frauen auf. Ihre Unterarme zeigen vernarbte wie auch einige frische Schnittverletzungen, ihr Affekt ist labil. Sie sagt, sie weiß nicht, warum, aber „ich kriege einfach keine dauerhaften Beziehungen mit Männern geregelt". Was sie wirklich für sich will, ist „ein Leben, was nicht so verrückt ist, einen guten Typen und meine eigene Wohnung." Manchmal, sagt sie, träumt sie davon, Literatur zu studieren. Ihre Mutter Diana war 17 Jahre alt, als sie Jana zur Welt brachte. Das erste Lebensjahr wohnten Diana und Jana bei den Großeltern in der Wohnung, doch es gab ständige Konflikte zwischen Diana und der Großmutter, die meinte, Diana solle sich mehr um das Baby kümmern und nicht so viel ausgehen. Nach einer besonders heftigen Auseinandersetzung nahm Diana das Baby und verließ die Wohnung. Ohne Schulabschluss oder Einkommen lebte Diana mit dem Kind bei wechselnden Partnern. Ihren leiblichen Vater kennt Jana nicht und erinnert sich an die verschiedenen Partner der Mutter als „eine endlose Reihe von Idioten", die alle mehr oder weniger tranken und von denen einige Diana und auch Jana misshandelten. Auch Diana begann mit der Zeit, immer häufiger zu trinken.

Jana empfand die Grundschule als einen sicheren Ort und hat ihre Grundschullehrerin in guter Erinnerung. Sie hatte nur durchschnittliche Leistungen in der Schule, aber sehr gute Noten in Deutsch. Überhaupt liebte sie es zu lesen und zu schreiben, und „verkroch sich oft in Bücher". Im Alter von 12 Jahren wechselte Jana auf die Realschule. Dort war sie isoliert und „hasste die blöden Zicken" in der Klasse. Ihre Noten verschlechterten sich zunehmend. Mit 14 empfahl die Schule einen Wechsel auf die Gesamtschule. Jana bekam ihre Mutter dazu, die nötigen Papiere zu unterschreiben, indem sie „einfach gewartet hat, bis sie betrunken genug war". Die neue Schule brachte keine Verbesserungen für Jana, die immer häufiger die Schule schwänzte und stattdessen mit Kumpels an einem großen innerstädtischen Platz herumhing. Mit 15 verließ sie die Wohnung der Mutter und suchte Unterschlupf bei wechselnden Männern, von denen einige auch deutlich älter waren als sie selbst. Mit 16 ging sie ohne Abschluss von der Schule ab.

Einige ihrer vergangenen Beziehungen mit Männern beschreibt sie als „total ernsthaft" und wollte einige sogar heiraten. Auf die Frage, warum die Beziehungen endeten, wird Jana plötzlich ärgerlich und laut, „Ich lass' mich doch nicht von denen verarschen! Ich weiß, was ich will! Kannste das nicht verstehen?" Dann starrt sie auf ihre Hände und scheint ihre Umgebung nicht ganz wahrzunehmen. Nach einigen Sekunden ist sie „wieder da" und führt die Unterhaltung in ruhigerem Ton fort. Sie gibt zu, dass sie drei frühere Partner in unkontrollierbaren Wutausbrüchen physisch attackierte und sogar drohte, sie umzubringen. Sie kann sich nicht mehr erinnern, warum. Wenn das Leben zu viel Stress bringt, ritzt Jana sich mit Glasscherben oder Rasierklingen. Sie fühle sich häufig innerlich leer und habe „auch schon so was wie Selbstmord irgendwie versucht", sagt sie – meist, indem sie Alkohol mit anderen Substanzen wie etwa Reinigungsmitteln gemischt trank. „Aber mir wurde bloß schlecht". Sonst „hasst" sie Alkohol, weil sie nicht so werden will wie ihre Mutter. Aus dem gleichen Grund hatte Jana in den letzten Jahren zwei Abtreibungen, weil sie wusste, „dass es keine gute Idee ist, noch ein Kind in diese Scheiße zu ziehen".

10.2 Was ist los mit Jana?

Es sticht ins Auge, dass Jana schon eine Reihe negativer Erfahrungen mit dem Hilfesystem gemacht hat. Sie erzählt z. B. in der Notunterkunft, sie sei „mal kurz in einer ganz beschissenen Situation in der Psychiatrie" gewesen und habe jetzt ziemlich große Angst, „durchgeknallt zu sein und niemals mehr ‚normal' zu werden". Über eine Nachfrage mithilfe einer Schweigepflichtsentbindung stellt sich heraus, dass Jana von der zuständigen Kinder- und Jugendpsychiatrie eine Posttraumatische Belastungsstörung zugeschrieben wurde, aufgrund der frühen Betreuungsdefizite im elterlichen Haushalt. Aus der Diagnose resultierten jedoch nur wenige und eher hochschwellige Hilfeangebote, die Jana gar nicht erst antrat oder aber nach kurzer Zeit wieder abbrach. Was also stimmt nicht an der Diagnose Trauma, bzw. was greift hier nicht passend genug? Gehen wir dazu nochmals zurück zum Trauma-Kapitel (vgl. Kap. 8). Das Ausmaß der Traumafolgen, so wurde dort herausgearbeitet, ist abhängig vom Entwicklungsstand und einer Reihe von Umfeldfaktoren, insbesondere sozialen Unterstützungsprozessen. Frühe, anhaltende und wiederholte traumatische Erfahrungen ohne unterstützende Personen im Umfeld verursachen daher bereits in der Entwicklung (der Persönlichkeit) Desintegrationsprozesse – und damit Probleme mit der Identitätsprägnanz, der Emotionsregulation sowie der Selbst- und Fremdwahrnehmung, also auch der Beziehungsgestaltung. Bei der kPTBS kommen zu den drei Grundsymptomen der PTBS (Instrusionen, Vermeidung und Überrerregung) die drei Themenkomplexe Probleme der Affektregulation, veränderte Ansichten über sich selbst und Schwierigkeiten im Beziehungsbereich hinzu (vgl. Kap. 8.2).

Jana scheint diese drei Aspekte im Extrembereich zu zeigen. Sie hat so sehr mit Affektdysregulationen zu kämpfen, dass sie sich selbst verletzt und bereits mehrfach Suizidversuche unternommen hat. Jana zeigt zwar durchaus kommunikative Kompetenzen, hat aber große Schwierigkeiten, Beziehungen einzugehen, und bewegt sich innerhalb der Beziehungen stark in Extremen zwischen Idealisierung und Abwertung. Auch ist bei Jana zu beobachten, dass sich in ihren Ansichten zu sich selbst ein Bild von Verwirrung und Identitätsdiffusion ergibt. Die kPTBS läuft hier offenbar zu einer „Hochform" auf, die traumatischen Verletzungen müssen also früh und schwer erfolgt sein – und dies ohne eine verlässliche schützende Person in Janas Umfeld (vgl. Abb. 17). Tatsächlich ist dies nicht die einzige, aber eine sehr typische Ätiologie (Entstehungsgeschichte) der Borderline-Persönlichkeitsstörung (vgl. u. a. Sack, Sachsse & Schellong, 2011). In Fällen wie dem vorliegenden ist es daher hilfreich, wenn Berater*innen in niedrigschwelligen Arbeitsbereichen rasch erkennen, dass neben einer traumatischen Belastung bereits deutliche Hinweise auf eine komplexere Traumatisierung, vermutlich bereits eine Borderline-Problematik zu beobachten sind. Um Jana vor dem Diskriminierungspotenzial dieser schwerwiegenden Diagnose zu bewahren, gibt es in Fällen von jugendlichen Heranwachsenden die Möglichkeit, von emotionaler Instabilität mit einer Tendenz zur Entwicklung einer Borderline-Problematik zu sprechen, ohne damit die Diagnose einer Persönlichkeitsstörung festzuschreiben.

Es gibt jedoch auch Fälle, in denen frühes Trauma scheinbar keine Rolle für die Entwicklung einer Persönlichkeitsstörung spielt. Man geht von ca. 20 % sol-

Abbildung 17: Das Spektrum zwischen einer PTBS, einer kPTBS und Traumafolgestörungen mit weiteren Komorbiditäten (z. B. Suchtproblematiken) bis hin zu Persönlichkeitsstörungen (eigene Darstellung)

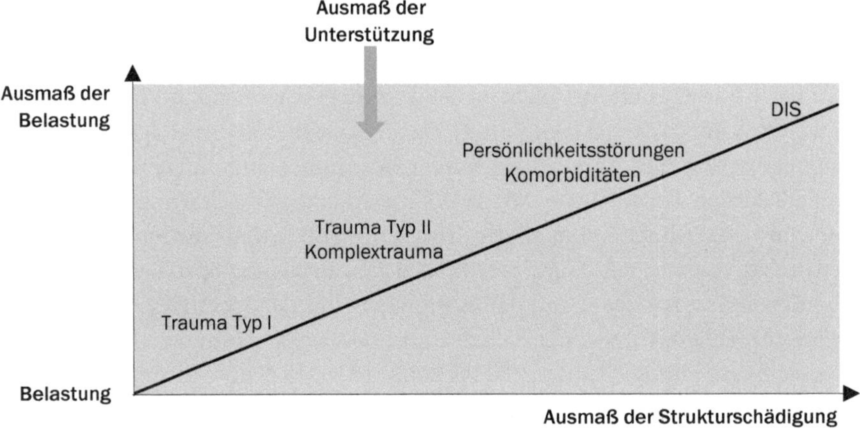

cher Fälle aus. Vermutlich sind hierbei aber dispositionell, also von Geburt an oder sehr früh erworben, eine so hohe Erregbarkeit und ein so hoher Neurotizismus vorhanden, dass nahezu jede kleine Reizung dramatischen Charakter für die betroffenen Kinder hat. Flapsig ausgedrückt ließe sich sagen, dass auf diese Kinder nahezu alles traumatisch wirkt. Allerdings fehlt hier noch aufschlussreiche Forschung, die die Entstehung völlig erklären könnte. Deister (2015) kommentiert: „Persönlichkeitsstörungen haben eine komplexe Genese. Die menschliche Person ist mehr als das Produkt von Anlage und Umwelt. Sie ist immer auch das, was sie selbst aus den Anlagen und Umwelteinflüssen macht“ (S. 385). Jana jedoch gehört zu den 80 % und erhält über einen Einblick in die eigene Biografie die Möglichkeit einzuordnen was sie quält. Dies kann ihr helfen, sich mit den Problemen, die sie selbst als „Aliensyndrom“ bezeichnet, nicht alleine zu fühlen, sondern zu erfahren, dass sie diese Problematik mit vielen anderen Menschen teilt. Und ihr wird deutlich, dass es bereits Konzepte gibt, wie man in solchen Fällen Hilfe erhalten kann. Am Horizont werden Möglichkeiten sichtbar, „jetzt einfach mal was dagegen zu machen“, wie sie sagt. Dennoch fällt es Klient*innen wie Jana in der Folge oft schwer, regelmäßig mit dem/der Berater*in weiterzuarbeiten. Oft löst eine Krise die andere ab. Die beratende Person sollte dann deutlich machen, dass sie gerne noch mehr von Janas Lebensrealität verstehen möchte, da eine psychiatrische Diagnose sich im Leben von Klient*innen völlig unterschiedlich entfalten und entwickeln kann und ein Eingreifen dann am hilfreichsten ist, wenn man den Sachverhalt viel besser und viel ausführlicher im Hinblick auf die Biografie und Lebenswelt eines Menschen versteht.

10.3 Persönlichkeits„störungen"

Aber was sind denn nun eigentlich Persönlichkeitsstörungen, und was charakterisiert sie? Unter Persönlichkeit versteht man ein „Muster von charakteristischen Gedanken, Gefühlen und Verhaltensweisen, die eine Person von anderen unterscheidet und die über Zeit und Situation fortdauern" (Deister, 2015, S. 383). Der bekannteste Persönlichkeitstest, den heutzutage jede*r im Internet ansteuern kann, ist der Big-Five-Test (McCrae & Costa, 1999), der die Dimensionen Extraversion (kontaktfreudig versus zurückhaltend), Verträglichkeit (friedfertig versus streitsüchtig), Gewissenhaftigkeit (gründlich versus nachlässig), Neurotizismus (entspannt versus überempfindlich) und Offenheit (kreativ versus fantasielos) für Erfahrungen zu erfassen versucht. Wer den Test bereits bei sich selbst durchgeführt hat, wird die zwei Effekte kennen, die sich daraufhin einstellen: Man fühlt sich an manchen Stellen *er*kannt, jedoch auch an einigen *ver*kannt. Das ebenfalls bekannte Freiburger Persönlichkeitsinventar (Fahrenberg, Hampel & Selg, 2020) macht ein breiteres Spektrum von Dimensionen auf und untersucht Lebenszufriedenheit, soziale Orientierung, Leistungsorientierung, Gehemmtheit, Erregbarkeit, Aggressivität, Beanspruchung sowie körperliche Beschwerden, Gesundheitssorgen und Offenheit.

Zu den zentralen Persönlichkeitstheorien gehören die in den Kapiteln 13 bis 16 behandelten Grundorientierungen der Therapie und Beratung: Sie konzeptualisieren jeweils eine eigene Vorstellung von Entwicklung und Persönlichkeit, die auch die Herangehensweise an Veränderungsprozesse und psychosoziale Interventionen prägt, vor allem aber die Vorstellungen von Krankheit und Gesundheit. Basierend auf diesen verschiedenen Grundorientierungen gibt es sehr unterschiedliche Vorstellungen, wie Persönlichkeitsstörungen entstehen. Dazu tritt die Tatsache, dass Persönlichkeitsstörungen nicht nur das einzelne Individuum charakterisieren, sondern in der Regel auch Störungen der zwischenmenschlichen Interaktion und Kommunikation darstellen (vgl. das Modell der Identitätsarbeit: Abb. 2). Einigkeit jedoch herrscht darüber, dass Persönlichkeitsstörungen sehr früh im Leben beginnen, sich über die Kindheit und Jugend ausdifferenzieren und im Erwachsenenleben ausprägen und chronifizieren. Dies erläutert erneut die Nähe zu frühen traumatischen Erfahrungen. Bei der Borderline-Persönlichkeitsstörung geht man wie beschrieben von einem Zusammenhang von 80 % zwischen frühem Trauma und dem späteren Krankheitsbild aus.

Die gesamte Gruppe der Persönlichkeitsstörungen ist grundsätzlich dadurch charakterisiert, dass sich eine deutliche Unausgeglichenheit in Einstellungen und Verhalten bezüglich mehrerer Bereiche zeigt (Deister, 2015). Dazu gehören Affektivität, Antrieb, Impulskontrolle, Wahrnehmen, Denken und Beziehungen zu anderen. Die stark auffällige Unausgeglichenheit ist nicht auf einzelne Episoden begrenzt, sondern zeigt sich dauerhaft als tiefgreifend und alltagsprägend. Es kommt in der Regel nicht nur zu einem subjektiven Leiden, sondern auch zu Einschränkungen der beruflichen und sozialen Leistungsfähigkeit. Die genannten Problemlagen sind jedoch nicht auf Schädigungen des Gehirns oder andere psychiatrische Krankheiten zurückzuführen. Zusammengefasst werden unter „Persönlichkeitsstörungen […] tief verwurzelte, anhaltende und weitgehend stabile Verhaltensmuster verstanden, die sich in starren Reaktionen auf unterschiedliche persönliche und soziale Lebenslagen zeigen. In vielen Fällen gehen diese Störungen mit persönlichem Leiden und gestörter sozialer Funktionsfähigkeit einher. Gegenüber der Mehrheit der Bevölkerung zeigen sich deutliche Abweichungen im Wahrnehmen, Denken, Fühlen und in Beziehungen zu anderen“ (ebd., S. 355).

10.4 Persönlichkeitsstörungen und Soziale Arbeit

Es gibt eine Reihe verschiedener Formen von Persönlichkeitsstörungen. Nach den vorherrschenden Verhaltensmustern klassifiziert man paranoide, schizoide, schizotype, dissoziale (antisoziale), emotional instabile, histrionische, anankastische (zwanghafte), ängstliche (vermeidende) und abhängige (asthenische) Persönlichkeitsstörung (Deister, 2015, S. 355). Allerdings wird darüber nachgedacht, diese Einteilungen in der ICD-11 aufzuweichen. In der Sozialen Arbeit dominieren Formen dissozialer Persönlichkeitsstörungen und die Borderline-Persönlichkeitsstörung. Die Borderline-Persönlichkeitsstörung wurde mit dem Fall von Jana treffend beschrieben. Die dissoziale Persönlichkeitsstörung taucht vor allem im Bereich der Straffälligen- und Bewährungshilfe auf. Auch in der Kinder- und Jugendhilfe sind Klient*innen mit einer Tendenz zu dieser Störung unter dem Namen der bereits erwähnten „Systemsprenger“ bekannt geworden. In der Sozialen Arbeit bezeichnet man Kinder und Jugendliche mit diesen Problematiken häufig als „hard to reach“-Klientel (Giertz, Große & Gahleitner, 2020). Sie stammen aus multiproblembelasteten Familien, die von psychosozialen Hilfen nur schwer erreicht werden. Sie stoßen also auf Barrieren im Hilfezugang und sind in diesem Sinne weniger „hard to reach“ als vielmehr „selten gehört“ (Schaefer, Kümpers & Cook, 2020; Hernandez, Robson & Sampson, 2010; Kelleher, Seymour & Halpenny, 2014). Denn auf Basis komplexer psychosozialer Diagnostik (s. o.) und unter Einbezug interdisziplinärer Theoriebestände lassen sich psychische Störungen im „hard to reach“-Bereich letztlich immer als Ausdruck von

Bewältigungsversuchen verstehen und (an-)erkennen: u. a. im Sinne eines Überlebens in Armut, Diskriminierung, nicht vorhandener Bindung und Versorgung, Benachteiligung (Gahleitner et al., 2018).

„Hard to reach" bedeutet für betroffene Kinder und Jugendliche jedoch häufig, eben nicht verstanden worden zu sein und bereits eine von zahlreichen Abbrüchen gekennzeichnete Kinder- und Jugendhilfe-„Karriere" durchlaufen zu haben. Das schwer erschütterte Vertrauen in Menschen wie Institutionen bedarf daher besonderer Aufmerksamkeit. Professionelle wie Unterstützende stehen daher vor dem Problem, zunächst vor allem das berechtigte Misstrauen der Klient*innen abbauen zu müssen und eine vertrauensvolle, professionelle Beziehungsgestaltung zu etablieren – als Alternativerfahrung (s. o.). Bedauerlicherweise herrscht gerade hier großer Notstand. Wie Bräutigam, Giertz und Lerch (2020) konstatieren, weisen Borderlineklient*innen „im Langzeitverlauf [...] starke Beeinträchtigungen in den Bereichen ihres psychosozialen Funktionsniveaus, ihrer somatischen Gesundheit sowie ihrer beruflichen und sozialen Integration auf, die sich zumeist als sekundäre Krankheitsfolgen darstellen und sich negativ auf die Lebenszufriedenheit und gesellschaftliche Teilhabe auswirken. Ein wesentlicher Faktor bei dieser Entwicklung ist die prekäre psychotherapeutische, psychosoziale und psychiatrische Versorgungssituation der Betroffenen" (S. 84). Die Versorgungssituation ist also prekär – besonders bei den schweren Fällen (Grabe & Giertz, 2020). Persönlichkeitsproblematiken gelten zudem als sehr hartnäckig und nicht vollständig ausheilbar. Deister (2015) stellt fest: „Bei Persönlichkeitsstörungen ist das Ziel der Therapie meist keine ‚Heilung', sondern eine längerfristige und möglichst tragfähige Kompensation der bestehenden Auffälligkeiten und Einschränkungen" (S. 402).

Hier ist jedoch Vorsicht geboten: Woran wird „Heilung" gemessen? Wer bestimmt, was Heilung ist? Fest steht: Über eine konstruktive Unterstützung können Symptome gut abgemildert werden, und die Lebensqualität kann deutlich gesteigert werden. Hier kann und muss Soziale Arbeit aktiv werden. Dazu gehört in erster Linie die bereits ausführlich beschriebene intensive Bindungs- und Beziehungsarbeit innerhalb der Sozialen Arbeit, die große Ähnlichkeit mit den sog. mentalisierungsbasierten Therapieformen (Taubner, Fonagy & Bateman, 2019) hat. Vor allem aber ist eine antidiskriminierende und antistigmatisierende Haltung gegenüber Klient*innen wichtig. Anzumerken ist hierzu jedoch, dass im alltäglichen Sprachgebrauch häufig noch von Psychopathien oder Soziopathien gesprochen wird. Diese Begriffe sind veraltet und sollten nicht mehr verwendet werden. „Der Begriff ‚Psychopathie' wird heute vermieden, da er neben einer Beschreibung auch eine (gesellschaftliche) Wertung ausdrückt. Ähnlich belastet ist der Begriff ‚Soziopathie', der heute nicht mehr als eigenständiger Ausdruck verwandt wird. Darunter wurde ein abnormes, meist schädigendes Verhalten gegenüber der sozialen Umwelt verstanden" (Deister, 2015, S. 385). In den modernen Diagnosesystemen wird der Begriff „Persönlichkeitsstörung" verwendet. Auch dieser Begriff hat noch mehr stigmatisierendes und diskriminierendes Potenzial, als für die betroffenen Klient*innen hilfreich ist, weshalb häufig zu dem oben beschriebenen diagnostischen Vorgehen gegriffen wird, von emotionaler Instabilität mit einer Tendenz zur Entwicklung einer Borderline-Problematik zu sprechen.

Literaturtipps zum Weiterlesen

Knuf, Andreas (2016). *Leben auf der Grenze. Erfahrungen mit Borderline* (Reihe: Balance Erfahrungen; korr. Nachdr. d. 3. Aufl.). Köln: Balance.

Doering, Stephan (Hrsg.) (2020). Versorgung von Menschen mit Borderline-Persönlichkeitsstörung [Themenheft]. *Psychotherapie Forum, 24*(3/4).

11 Zum Beispiel ADHS

Kaum eine andere psychische Erkrankung hat in den letzten Jahren so viel Aufmerksamkeit erfahren wie die Aufmerksamkeitsdefizit-Hyperaktivitäts-Störung (ADHS). Hitzige Diskussionen um die Beschreibung und Abgrenzung des Störungsbilds, die Veränderungen in den diagnostischen Kriterien in den Neuauflagen der Klassifikationssysteme ICD und DSM (vgl. Kap. 7), die Zunahme der Diagnoseraten sowie die (Un-)Angemessenheit bestimmter (vor allem medikamentöser) Behandlungsmöglichkeiten kennzeichnen die öffentliche Debatte wie auch den wissenschaftlichen Fachdiskurs. Entsprechend vielfältig und schwer überschaubar gestaltet sich die Praxis- und Forschungsliteratur zur Thematik – über evidenzbasierte, psychiatrische Leitlinien und kritische Abhandlungen zur „Modekrankheit ADHS" (z.B. Schmidt, 2018) bis zu praxisnahen Sachbüchern und Handreichungen für Betroffene und Bezugspersonen. Dieses Kapitel gibt einen Überblick zu Definition, Entstehungszusammenhängen und Interventionsstrategien und deren Relevanz für die Soziale Arbeit.

11.1 Fallbeispiel Tom

Tom ist acht Jahre alt und besucht die zweite Klasse der Grundschule. Auf Anraten der Klassenlehrerin kommt die Mutter in die Erziehungs- und Familienberatungsstelle. Die Lehrerin sieht die Versetzung des eigentlich intelligenten Jungen gefährdet. Tom zeigt sich in der Schule oft unkonzentriert, erledigt gestellte Aufgaben nachlässig und wirkt leicht ablenkbar. Er fällt durch Unordentlichkeit auf, hat häufig die Hausaufgaben nicht gemacht und kommt morgens oftmals gehetzt und zu spät zur Schule, obwohl er bemüht erscheint, alles richtig zu machen. Er kann im Unterricht nicht still sitzen und hat einen „unbändigen Bewegungsdrang". Zudem fällt er durch impulsives Verhalten auf. Er platzt oft vorschnell mit Antworten heraus, unterbricht andere Kinder lautstark.

Die Mutter, Frau König, 28 Jahre alt, gibt an, dass die Lehrerin sie auf den Gedanken brachte, Tom leide möglicherweise unter ADHS. Darüber hatte sie zwar bereits mehrfach gelesen oder im Fernsehen etwas gesehen, weiß aber trotzdem nicht so genau, was das eigentlich ist. Bisher glaubte sie immer, Toms ‚Probleme' liegen an ihr und ihrer mangelnden Kraft, ihn ‚streng genug' zu erziehen. In der Beratungsstelle bricht sie in Tränen aus und räumt im Gespräch ein, häufig mit Toms Verhalten überfordert zu sein. Zugleich sieht sie aber auch viele Stärken bei Tom: Er ist z. B. sehr kreativ und sportlich. Er hat tausend Ideen, die er umzusetzen versucht, wobei er aber schnell das Interesse verliert, sodass Hausaufgaben und Schreibübungen zur stundenlangen Qual werden, das Zusammensein mit anderen Kindern öfters mit Streit einhergeht und die dauernde Unruhe und das Chaos sie als Mutter maßlos überfordern. Aktuell hat er nur einen Freund in der Nachbarschaft.

Zudem wurde ihr Mann, der an einer schweren fortschreitenden Muskelerkrankung leidet, vor zwei Jahren arbeitslos. Er wirkt zunehmend hoffnungslos, deprimiert und hat das Interesse an vielen Tätigkeiten verloren, die ihm früher Freude bereiteten. Aktuell ist er nur sehr eingeschränkt in der Lage, sie im täglichen Familienleben mit Tom und seiner zwei Jahre jüngeren Schwester zu unterstützen. Finanziell ist ihre Lage nach dem Jobverlust ihres Mannes auch sehr angespannt.

11.2 ADHS = „Zappelphilipp“?

Zur Beschreibung der Symptomatik von ADHS wird oft eine historische Vorlage herangezogen: der „Zappelphilipp“ aus dem Buch „Der Struwwelpeter“ (Hoffmann, 1845/2018). Einzelne Auffälligkeiten bzw. Verhaltensweisen von Philipp, die in der Geschichte beschrieben werden, lassen sich aus heutiger Perspektive als Leitsymptome einer ADHS-Diagnose rahmen: zum einen Philipps Unaufmerksamkeit (er hört dem Vater augenscheinlich nicht zu, der ihn ermahnt, am Tisch still zu sitzen), zum anderen seine Hyperaktivität (er ist motorisch unruhig, schaukelt auf dem Stuhl wild herum, bis er dabei die Tischdecke herunterreißt und das Geschirr mit dem Essen auf dem Boden liegt).

Heute wird das Bild des Zappelphilipps gern verwendet, um zu illustrieren, dass die Symptomatik einer Aufmerksamkeitsdefizit-Hyperaktivitätsstörung bereits im 19. Jahrhundert beschrieben wurde. Vidal (2020) weist berechtigt darauf hin, dass diese Lesart in verschiedener Hinsicht zu problematisieren ist: „Die Verbindung zwischen dem Zappelphilipp von damals und dem hyperaktiven Kind von heute ist problematisch. Nicht nur wird eine Bildergeschichte in eine Art diagnostische Vorläuferbeschreibung dessen umgedeutet, was man heute Hyperkinetische Störung oder ADHS nennt. Sondern es wird darüber hinaus der Eindruck einer Kontinuitäts- und Fortschrittsgeschichte erzeugt. Eine, die ihren Ausgang Mitte des 19. Jahrhunderts in der Beobachtung zappeliger Kinder nimmt und heute in die Beschreibung eines validen psychiatrischen Störungsbildes mündet“ (S. 2). Vidal zeigt hingegen auf, dass die Geschichte der ADHS-Diagnose frühestens ein halbes Jahrhundert später begann und zudem keineswegs als geradlinig zu bezeichnen ist. „Bewegungsunruhe und Unaufmerksamkeit, heute zwei Kernsymptome der Störung, galten lange Zeit als typische Begleiterscheinungen ganz unterschiedlicher Erkrankungen. Ein eigener Krankheitswert wurde ihnen, auch in der Kombination, nicht beigemessen. Das änderte sich in den 1960er Jahren als US-amerikanische Kinderpsychiater ein neues Störungsbild beschrieben, das sie zunächst Hyperkinetische Impulsstörung nannten. Im Laufe der folgenden Jahrzehnte führten dann zahlreiche konzeptionelle Anpassungen dazu" (ebd.), die letztlich zur Beschreibung der ADHS-Diagnose in den aktuell gültigen Klassifikationssystemen führten.

Der Begriff Aufmerksamkeitsdefizit-Hyperaktivitäts-Störung (ADHS) taucht in der ICD-10 gar nicht auf, sondern die Diagnosebezeichnung „Einfache Aktivitäts- und Aufmerksamkeitsstörung", aufgeführt in der Störungsgruppe „Hyperkinetische Störungen" (F90). Leitsymptome hyperkinetischer Störungen sind

- beeinträchtigte Aufmerksamkeit,
- Überaktivität,
- Impulsivität.

Für die Diagnosestellung müssen dabei die ersten beiden – Unaufmerksamkeit und Überaktivität – gegeben sein, und die Schwierigkeiten müssen in mehr als einer Situation auftreten (z. B. zu Hause und im schulischen Kontext). Zudem muss der Beginn der Störung nach der ICD-10 vor dem siebten Lebensjahr liegen. Das Alterskriterium für das erste Auftreten der Symptome wurde im DSM-5 hingegen im Vergleich zu den Vorgängerversionen deutlich verschoben: vom 6. auf das 12. Lebensjahr. Dadurch befürchten verschiedene Autor*innen (Vidal, 2020; Frances, 2013/2014; vgl. Kap. 7) einen Anstieg der Diagnosen, der mit Einführung der ICD-11, in dem die Diagnosekriterien und die Diagnosebezeichung (Attention deficit hyperactivity disorder) des DSM-5 aufgegriffen werden, auch für Deutschland erwartet wird.

Die ICD-10 unterscheidet zwei wesentliche Formen hyperkinetischer Störungen:

- F90.0: einfache Aktivitäts- und Aufmerksamkeitsstörung,
- F90.1: hyperkinetische Störung des Sozialverhaltens.

Bei der Diagnose „Hyperkinetische Störung des Sozialverhaltens" müssen sowohl die Kriterien der hyperkinetischen Störung allgemein (F90) als auch die für eine Störung des Sozialverhaltens (F91) erfüllt sein. „Störungen des Sozialverhaltens sind durch ein sich wiederholendes und andauerndes Muster dissozialen, aggressiven oder aufsässigen Verhaltens charakterisiert" (DIMDI, 2020c, o. S.). „Einzelne dissoziale oder kriminelle Handlungen sind allein kein Grund für die Diagnose, für die ein andauerndes Verhaltensmuster gefordert ist" (Remschmidt,

Schmidt & Poustka, 2017, S. 86). Beispiele für Verhaltensweisen, die in ihrer Kombination die Diagnose begründen können, sind körperliche Grausamkeit gegenüber anderen Menschen oder Tieren, Schulschwänzen, häufiges Stehlen, Feuerlegen oder Weglaufen von zu Hause (ebd.). In der Beschreibung der Diagnose wird darauf hingewiesen, dass die Störung häufig zusammen mit schwierigen psychosozialen Umständen, z. B. unzureichenden familiären Beziehungen, auftritt (ebd.).

Eine Aufmerksamkeitsstörung ohne Hyperaktivität (ADS) kann hingegen in der Kategorie Hyperkinetische Störungen (F90) nicht verschlüsselt werden. Dafür muss in der ICD-10 die Kategorie „Sonstige näher bezeichnete Verhaltens- und emotionale Störungen mit Beginn in der Kindheit und Jugend – Inkl.: Aufmerksamkeitsstörung ohne Hyperaktivität (F98.8)“ herangezogen werden.

11.3 Ätiologie – *die* ADHS-Ursache gibt es nicht

Die Forschungslage zu den vermuteten Ursachen und Entstehungsbedingungen von ADHS zeigt vor allem eines: Es ist nicht so einfach. Wie bei den meisten anderen psychischen Erkrankungen bleibt auch bezüglich ADHS festzuhalten: Die eine Ursache für die Entstehung von ADHS gibt es nicht. In der Fachliteratur wird aktuell von komplexen Ursachen ausgegangen, die häufig in einer Wechselwirkung zueinander stehen.

Zunächst können bestimmte genetische Faktoren als verursachend und/oder verstärkend für die Ausbildung einer ADHS-Symptomatik angenommen werden, z. B. verschiedene Risikogene, die insbesondere Veränderungen im Dopamin- und Noradrenalin-Stoffwechsel bedingen können. Dabei lässt sich aber kein spezifisches „ADHS-Gen“ identifizieren, sondern es wird eine polygenetische Vererbung vermutet, d. h. eine Beteiligung verschiedener Gene in Interaktion miteinander (Kemmerich, 2017; Häßler & Fegert, 2012). Zudem handelt es sich um Risiko-Gene: Eine Veränderung auf dem jeweiligen Gen bedeutet also nicht zwingend, dass jemand an einer bestimmten psychischen Erkrankung erkranken muss. Ob sich eine Vulnerabilität, die über eine genetische Disposition besteht, tatsächlich zu einer psychischen Störung entwickelt, ist meist abhängig von bestimmten Lebensumständen, von spezifischen Einflüssen aus dem sozialen Umfeld oder auch davon, wie bestimmte Entwicklungsaufgaben absolviert werden (vgl. Kap. 2).

Neben den biologischen Faktoren werden hinsichtlich der Entstehung einer ADHS-Symptomatik familiäre und Umwelteinflüsse diskutiert, z. B. pränatale – vorgeburtliche – Einflussfaktoren wie pränataler Stress, das Alter der Eltern in der Schwangerschaft, Rauchen oder Drogenkonsum in der Schwangerschaft;

postnatale Faktoren wie Frühgeburten, Wechsel der primär Versorgenden in den ersten drei Lebensjahren, traumatische Erlebnisse und Erziehungsstile. Diese Risikofaktoren sind aber überwiegend eher unspezifische Faktoren, die die Vulnerabilität für psychische Erkrankungen allgemein erhöhen und nicht ausschließlich oder primär mit der Ausbildung einer ADHS-Symptomatik verknüpft sind. In aktuellen psychiatrischen Fachbüchern (vgl. beispielhaft Petermann, Schwörer & Ruhl, 2020) findet sich dabei in der Darstellung eine deutliche Fokussierung auf genetische Faktoren und neurochemische, -psychologische und -physiologische Aspekte, wohingegen familiäre und Umweltbedingungen nur sekundär thematisiert werden. Aus einer erziehungswissenschaftlichen Perspektive sieht Vidal (2020) den Fokus hinsichtlich der Entstehungsbedingungen von ADHS kritisch, da er zu stark auf die biologische Seite gelegt werde (S. 6, 10; vgl. auch Becker, 2007). Auch Mattner (2013/2014, S. 8) kritisiert eine zu vereinfachte monokausale Erklärungsperspektive auf ADHS als hirnorganisch verursachte Informationsverarbeitungsstörung, wodurch u. a. das soziale Umfeld und die Institution Schule vorschnell der Verantwortung für die gezeigten Verhaltensweisen enthoben seien: „Hier zeichnet sich ein Trend in Richtung des ‚Verschwindens des Pädagogischen' ab" (ebd.).

11.4 Interventionen

Wesentliche Interventionsstrategien sind in der S3-Leitlinie „ADHS bei Kindern, Jugendlichen und Erwachsenen" (DGKJP, DGPPN & DGSPJ, 2018) aufgeführt. Hier wird u. a. darauf verwiesen, dass „die Behandlung der ADHS […] im Rahmen eines multimodalen therapeutischen Gesamtkonzeptes (Behandlungsplan) erfolgen [soll], in dem entsprechend der individuellen Symptomatik, dem Funktionsniveau, der Teilhabe sowie den Präferenzen des Patienten und seines Umfeldes psychosoziale (einschließlich psychotherapeutische) und pharmakologische sowie ergänzende Interventionen kombiniert werden können" (ebd., S. 44; Erg. v. Verf.).

Zu dem in Öffentlichkeit wie Fachdiskurs kontrovers diskutierten Thema pharmakotherapeutischer Strategien heißt es in der Leitlinie: „Bei Patienten im Kleinkind- bzw. Vorschulalter ab drei Jahren sollten pharmakotherapeutische Interventionen aufgrund der unzureichend vorhandenen Evidenz nur mit besonderer Vorsicht und nach Ausschöpfung nichtmedikamentöser Therapieoptionen wie z. B. Elterntraining erwogen werden […]. Im Schulalter ist die Empfehlung zur Pharmakotherapie im Rahmen der therapeutischen Gesamtstrategie vor allem vom Schweregrad der Symptomatik sowie der Präferenz des jeweiligen

Patienten und seiner Familie abhängig" (ebd., S. 68). Bei ADHS ohne koexistierende Störungen wird der Wirkstoff Methylphenidat (Medikamentenname: Ritalin, Medikinet, Concerta, Equasym) als Mittel erster Wahl beschrieben; in begründeten Fällen können andere Stimulanzien (Amfetamin und Lisdexamfetamin), Atomoxetin oder Guanfacin zur Behandlung in Frage kommen (ebd., S. 69).

Zentrale Kritik an der Leitlinie wurde insbesondere bezüglich der beschriebenen Empfehlungen zur Pharmakotherapie formuliert, u. a. von einzelnen der beteiligten Fachverbände selbst. In den Sondervoten des Bundesverbands der Vertragspsychotherapeuten (BVVP) und des Berufsverbands der Kinder- und Jugendlichenpsychotherapeutinnen und Kinder- und Jugendlichenpsychotherapeuten (BKJ) wurde u. a. kritisiert, dass Pharmakotherapie in der Neufassung der Leitlinie bereits bei mittelgradiger Symptomausprägung empfohlen wird (vorher bei hoher Ausprägung) und in bestimmten Fällen auch im Vorschulalter in Betracht kommt, obgleich eine gesicherte Diagnosestellung in diesem Alter schwierig und der langfristige Nutzen von Pharmakotherapie noch nicht hinreichend erforscht ist.

Als psychosoziale Interventionen werden in der Leitlinie „die nach einer Ausbildung erlernten, bewussten und geplanten psychologischen, psychotherapeutischen und sozialen Interventionen zur Verminderung von ADHS oder komorbiden psychischen Störungen" (DGKJP, DGPPN & DGSPJ, 2018, S. 48) definiert. Psychosoziale Interventionen können direkt an die Klient*innen gerichtet sein, konkrete Bezugspersonen (z. B. Eltern, Lehrer*innen) adressieren oder auch das nähere oder weitere soziale Umfeld (Familie, Kindertagesstätte, Schule, Ausbildungs- oder Arbeitsstelle, Gemeinde) einbeziehen. Als Professionelle, die bei entsprechender Qualifikation psychosoziale Interventionen durchführen können, werden in der Leitlinie neben Psycholog*innen, Psychotherapeut*innen, Ärzt*innen und Ergotherapeut*innen auch Pädagog*innen und Sozialarbeiter*innen genannt.

Als zentrale psychosoziale Interventionen werden u. a. folgende aufgeführt:

- Psychoedukation,
- Elternberatung/-trainings,
- Erzieher*innen- bzw. Pädagog*innen-Beratung/-trainings,
- kindzentrierte Interventionen, z. B. Trainingsprogramme, kognitiv-behaviorale Psychotherapie (ab Schulalter),
- Neurofeedback (Evidenzlage unklar),
- Ernährung/Bewegung (grundlegend ausgewogene Ernährung und sportliche Betätigung; in Einzelfällen Verzicht auf bestimmte Nahrungszusätze; keine Empfehlung für Gabe von Omega-3- oder Omega-6-Fettsäuren).

Bezogen auf das Fallbeispiel von Tom könnten hier z. B. Psychoedukation (von ihm sowie seiner Familie) sowie spezifische Angebote der Elternberatung infrage kommen, die von Sozialarbeiter*innen durchgeführt werden.

11.5 Bedeutung für die Soziale Arbeit

Ein grundlegendes Wissen um ADHS (wie auch andere psychische Erkrankungsbilder) ist für Sozialarbeiter*innen nicht nur dann bedeutsam, wenn sie beispielsweise innerhalb der o. a. psychosozialen Interventionen direkt in die ‚multimodale Behandlung' von Kindern und Jugendlichen mit einer ADHS-Diagnose eingebunden sind, sondern vor allem, weil sie im Sinne von Netzwerk- und Schnittstellenarbeit zu bestimmten Unterstützungsformaten vermitteln, die Verbindung von Klient*innen zu anderen professionellen Helfer*innen herstellen und die Zusammenarbeit verschiedener Professionen und Disziplinen koordinieren.

Herwig-Lempp (2006) sieht bezüglich des Umgangs mit ADHS „eine der Stärken von SozialarbeiterInnen […] [darin], die Konzepte aus diesen anderen Disziplinen und Professionen zu kennen und unter ihnen bei Bedarf auszuwählen" (S. 281). Der Autor beschreibt die ADHS-Diagnose als „ein" Erklärungsprinzip für bestimmte Verhaltensweisen, die sich aber in anderen Perspektiven und Kontexten auch auf andere Weise beschreiben, analysieren und erklären lassen könnten. In diesem Sinne stellt sich für Sozialarbeiter*innen einerseits die Anforderung, sich kritisch-reflexiv mit dem psychiatrisch dominierten Diskurs um ADHS auseinanderzusetzen und vermeintliche Eindeutigkeiten infrage zu stellen. Andererseits sind sie aber auch gefordert, in ihrer täglichen Handlungspraxis einen konstruktiven Umgang zu finden mit dem Phänomen ‚ADHS' bzw. mit Kindern und Jugendlichen mit einer ADHS-Diagnose und deren Familien. Basierend auf einer kleinen qualitativen Studie (Interviews mit Sozialarbeiter*innen in verschiedenen Handlungsfeldern) kommt Herwig-Lempp (2006) zu dem Schluss, Sozialarbeiter*innen gingen in ihrer Alltagspraxis „offenbar recht flexibel und pragmatisch mit der Erklärung ‚ADHS' um: dann, wenn es für eine bestimmte Absicht (Kooperation, Auftrag, Legitimation) hilfreich ist, verwenden sie diese Diagnose. Dann, wenn sie diese Diagnose für wenig nützlich oder im Sinne einer Stigmatisierung und Ausgrenzung sogar für gefährlich halten, greifen sie auf andere Erklärungen zurück" (S. 281).

Im Falle von Tom würde für die Mitarbeiter*innen der Erziehungs- und Familienberatungsstelle der angesprochene flexible Umgang mit einer (möglichen) ADHS-Diagnose bedeuten, dass einerseits die Empfehlung zur diagnostischen Abklärung und ggf. weiteren Anbindung bei einem/r Kinder- und Jugendlichenpsychotherapeut*in oder in einem sozialpädiatrischen Zentrum erfolgt. Für Tom und seine Mutter könnte die Erklärung ADHS eine zentrale entlastende Funktion haben und Frau Königs eigenes Erleben als „nicht ausreichend erziehungskompetent" in eine andere Perspektive rücken. In Zusammenarbeit mit dem Jugendamt könnten zudem weiterführende Unterstützungsleistungen für Tom und seine Familie etabliert werden. Denkbar wäre hier etwa eine Einbindung von Tom in eine sozialpädagogische Tagesgruppe oder eine Unterstützung der Familie durch eine sozialpädagogische Familienhilfe. Netzwerk- und Schnittstellenarbeit kann weiterhin die Kooperation mit der Schule betreffen oder auch die Vermittlung an weitere Anlaufstellen zur Perspektivklärung hinsichtlich des Umgangs mit der fortschreitenden Erkrankung des Vaters. Die Erziehungs- und Familienberatungsstelle kann in diesem Sinne als erste Anlaufstelle eine Schlüsselfunktion in der Etablierung eines unterstützenden interdisziplinären Netzwerks hinzukommen – um diese Netzwerkfunktion auszufüllen, ist es für die Sozialarbeiter*innen zentral, „die unterschiedlichen Sprachen" (Herwig-Lempp, 2006, S. 281) der anderen involvierten Professionen zu kennen.

Zudem scheint Ressourcenorientierung – die in Sozialer Arbeit allgemein wie auch in spezifischen beraterisch-therapeutischen Grundorientierungen, z. B. systemischen Ansätzen (vgl. Kap. 16), eine zentrale Rolle spielt – als handlungsleitendes Grundprinzip für Sozialarbeiter*innen u. a. in der Arbeit mit Kindern oder Jugendlichen mit ADHS und ihren Bezugspersonen von besonderer Bedeutung.

Im Sinne einer ressourcenorientierten Haltung gilt es, Toms Stärken wie auch die Ressourcen der Familie und des weiteren sozialen Umfelds in den Blick zu nehmen und von einer individualistischen, nur auf Toms ‚Symptome' reduzierten Sichtweise Abstand zu nehmen.

Ein entsprechender Perspektivwechsel wird von Kemmerich (2017) angeregt und an dieser Stelle abschließend kurz skizziert. Der Autor beschreibt verschiedene Eigenschaften und Verhaltensweisen ADHS-betroffener Menschen, die neben der bestehenden negativ konnotierten Problematik der beeinträchtigten Aufmerksamkeit und Überaktivität sehr häufig beobachtet werden:

- schier unerschöpfliche Energie,
- Neugier, Wissbegier,
- Unterhaltsamkeit,
- Begeisterungsfähigkeit,
- Fantasie,

- Experimentierfreude,
- Spontanität,
- schöpferische Begabung.

Kemmerich (2017) spricht daher auch von „ADHS-Persönlichkeiten“ (u.a. S. 18): „ADHS ist eine besondere Begabung. Der Mensch mit ADHS muss allerdings lernen, seine besondere Begabung sinnvoll einzusetzen. Entscheidend hierfür sind Strukturen, die vorgegeben werden, und Selbstorganisation, die erlernt werden kann“ (ebd., S. 59).

Für Sozialarbeiter*innen kann es hilfreich und fruchtbar sein, sich von Kemmerichs (2017) ressourcenorientiertem Blick inspirieren zu lassen und ihr professionelles Handeln daran auszurichten – im Fall von Tom also z. B. Möglichkeiten zu finden, um dessen kreative und sportliche Begabung zu fördern oder sein stetiges Bemühen um gute Leistungen anzuerkennen.

Literaturtipps zum Weiterlesen

Kemmerich, Rudolf (2017). *ADHS von A bis Z. Kompaktes Praxiswissen für Betroffene und Therapeuten.* Stuttgart: Kohlhammer.

Deutsche Gesellschaft für Kinder- und Jugendpsychiatrie, Psychosomatik und Psychotherapie (DGKJP), Deutsche Gesellschaft für Psychiatrie und Psychotherapie, Psychosomatik und Nervenheilkunde (DGPPN) & Deutsche Gesellschaft für Sozialpädiatrie und Jugendmedizin (DGSPJ) (2018). *Langfassung der interdisziplinären evidenz- und konsensbasierten (S3) Leitlinie „Aufmerksamkeitsdifizit-/Hyperaktivitätsstörung (ADHS) im Kindes-, Jugend- und Erwachsenenalter“* (Reihe: AWMF-Registernr. 028-045). Berlin: AWMF. Verfügbar unter: www.awmf.org/uploads/tx_szleitlinien/028-045l_S3_ADHS_2018-06.pdf [14. 08. 2021].

Vidal, Nicole (2020). *ADHS – Karriere einer Diagnose.* SWR2 Wissen Aula, Sendung am 13. 04. 2020. Köln: SWR. Verfügbar unter: www.swr.de/swr2/wissen/adhs-karriere-einer-diagnose-swr2-wissen-aula-2020-04-13-neu-100.pdf [14. 08. 2021].

12 Zum Beispiel Demenz

Dieses Kapitel gibt einen Überblick zu einer der häufigsten und folgenreichsten psychiatrischen Diagnosen im höheren Lebensalter. Etwa 50 Millionen Menschen weltweit sind von einer Demenzerkrankung betroffen; in Deutschland gehen aktuelle Schätzungen von ca. 1,6 Millionen Erkrankten aus (DAlzG, 2020, S. 1). Alle Demenzen sind durch das Auftreten bestimmter kognitiver Funktionseinbußen, u.a. in Gedächtnis, Orientierung und Lernfähigkeit, gekennzeichnet. Häufig kommen nicht-kognitive Symptome hinzu, u.a. depressive Zustände, Halluzinationen oder Ängste. Demenzielle Erkrankungen bedeuten für Betroffene wie auch nahe Bezugspersonen eine radikale Veränderung der bisherigen Lebensführung, und bereits die Diagnosestellung wird sehr häufig als Lebenskrise erfahren. Sozialarbeiter*innen sehen sich in der Arbeit mit Menschen mit Demenzerkrankungen vielfältigen Herausforderungen gegenüber, die es in der Handlungspraxis zu berücksichtigen gilt.

12.1 Fallbeispiel Frau Krol

Herr Krol, 81 Jahre alt, kommt in das Seniorenbüro im Osten von L.-Stadt (eine Kontakt- und Beratungsstelle für ältere Menschen, gefördert durch das Sozialamt). Er berichtet, dass bei seiner Frau „Alzheimer“ diagnostiziert wurde und er nicht weiß, was sie nun machen sollen. Ihr gemeinsamer Hausarzt hat ihnen viele Informationsblätter mitgegeben, er findet sich damit aber nicht zurecht. Diese Materialien zeigt er der Beraterin: u.a. Informationen zu Leistungen der Pflegeversicherung, Kontaktdaten und Überweisung zu einer Spezialambulanz für neurodegenerative Erkrankungen der hiesigen Universitätsklinik, Informationen über Antidementiva. Seine Frau will überhaupt nicht über die Diagnose sprechen. Sie wirkt seinen Angaben nach insgesamt teilnahmslos, zieht sich zurück und bricht häufig in Tränen aus. Manchmal ist sie aber auch plötzlich sehr erregt, und er kann keinen Grund dafür erkennen. Im Alltag wirkt sie häufig orientierungslos, vergisst vieles und verlegt immer wieder Gegenstände in der Wohnung. Nach draußen geht sie nur noch in seiner Begleitung. Er kann auch kaum noch allein die Wohnung verlassen. Als er in der vergangenen Woche kurz zum Einkaufen ging, weinte seine Frau laut und rief nach ihm, wie ihm seine Nachbarin berichtete.

Er erkennt seine Frau manchmal gar nicht wieder und weiß nicht, wie er ihr helfen kann. Von der Nachbarin hat er gehört, dass man bei Alzheimer „ja gar nichts mehr machen“ kann und seine Frau vermutlich bald in eine Pflegeeinrichtung kommt. Herr Krol wirkt im Gespräch sehr belastet und verzweifelt. Zudem berichtet er, den Überblick über die Finanzen komplett verloren zu haben. Früher regelte seine Frau die finanziellen Angelegenheiten und jeglichen Schriftverkehr des Ehepaars. Vor einer Weile fand er einen ganzen Stapel ungeöffneter Briefe, worunter auch einige unbezahlte Rechnungen und Mahnungen waren.

In seinem Geburtsland G. hatte Herr Krol nur vier Jahre die Schule besucht und danach in der elterlichen Landwirtschaft gearbeitet. Im Alter von 16 Jahren zog er zu einem Onkel nach Deutschland und arbeitete in dessen Betrieb im Lager. Mit Anfang 20 lernte er seine Frau kennen, die im selben Betrieb eine Lehre als Bürokauffrau absolvierte. Seine Frau und er waren immer sehr eng verbunden. Kontakte zu Verwandten oder Bekannten bestehen seit dem Tod seines Onkels vor 15 Jahren aber kaum noch. Auch zu seiner Familie in G-Land hat er nur noch sporadisch telefonischen Kontakt.

12.2 Historische Einführung

Im Alltagssprachgebrauch werden „Demenz“ und „Alzheimer“ häufig synonym verwendet, wenngleich die Alzheimer-Demenz eigentlich nur eine von zahlreichen Demenzformen bezeichnet. Der Begriff „Alzheimer-Demenz“ geht auf den namensgebenden Forscher Alois Alzheimer zurück, der 1907 erstmals eine „eigenartige Erkrankung der Hirnrinde“ (Alzheimer, 1907) beschrieb, die sich in einer progredienten Entwicklung vielfältiger kognitiver Einschränkungen (u. a. Merkfähigkeit, Orientierungsstörungen, Sprachbeeinträchtigung) sowie nichtkognitiver Auffälligkeiten (u. a. Wahnvorstellungen) äußerte. Die von Alzheimer vor über 100 Jahren erstmals dargestellten Symptome entsprechen dabei im Wesentlichen den in den heutigen Klassifikationssystemen ICD-10 und DSM-5 (vgl. Kap. 7.2) beschriebenen Symptomprofilen demenzieller Erkrankungen.

Aufgenommen wurde die Diagnose der Alzheimer-Demenz in die führenden medizinischen Diagnoseschemata in den 1970er-Jahren. Bis dahin galten kognitive Einbußen im öffentlichen Diskurs eher als unvermeidbare Attribute des Alterungsprozesses; alltagssprachlich bspw. als ‚Alterssenilität‘ gefasst. Wie in Kapitel 2 anhand der verbreiteten Vorstellung von Lebenstreppen oder -bögen verdeutlicht, herrschte bis ins 19. Jahrhundert die Vorstellung vor, dass ab Beginn des Erwachsenenalters die Leistungsfähigkeit kontinuierlich verloren geht. Diesem Verlustgeschehen wurden auch die Symptome zugeordnet, die heute als demenzielle Erkrankungen im höheren Lebensalter verstanden werden. Mit der Zuordnung eines medizinischen Fachbegriffs und der entsprechenden Klassifikation sowie differenzialdiagnostischen Abgrenzung waren entsprechend große

Hoffnungen hinsichtlich der Behandlung und „Heilung" des Demenzsyndroms verknüpft. Demenz „war nicht länger das unvermeidbare Attribut eines normalen oder vorzeitigen Alterungsvorgangs, sondern ein eindeutig krankheitsbedingter Prozess. Mit diesem Krankheitsmodell wurde dem zunächst beängstigenden und befremdlichen Phänomen der Demenz ein medizinischer Begriff zugeordnet, der den Anspruch auf solidarische gesundheitliche und soziale Hilfeleistungen begründet" (Lauter, 2009, S. 4).

12.3 Definition, Demenzformen und Symptome

In der ICD-10 (vgl. Kap. 7) wird Demenz unter F00–F03 beschrieben als „ein Syndrom als Folge einer meist chronischen oder fortschreitenden Krankheit des Gehirns mit Störung vieler höherer kortikaler Funktionen, einschließlich Gedächtnis, Denken, Orientierung, Auffassung, Rechnen, Lernfähigkeit, Sprache und Urteilsvermögen. [...] Die kognitiven Beeinträchtigungen werden gewöhnlich von Veränderungen der emotionalen Kontrolle, des Sozialverhaltens oder der Motivation begleitet, gelegentlich treten diese auch eher auf" (DIMDI, 2020b, o. S.). Ein Syndrom bezeichnet dabei zunächst eine phänomenologische Konstellation; d. h., der Begriff „Demenz" sagt noch nichts über spezifische Ursachen aus.

Bei der Ätiopathogenese (Gesamtheit aller Faktoren, die zu Entstehung und Entwicklung einer Krankheit beitragen) der Demenz werden etwa 100 verschiedene Demenzursachen unterschieden (Hofmann, 2019, S. 22; für einen Überblick vgl. Rahman & Howard, 2018/2019, S. 33–50). Neurodegenerative Demenzen – sog. „primäre Demenzen", bei denen die Schädigung direkt im Gehirn erfolgt – machen dabei ca. 90 % aller Demenzen aus (Kraft, 2017, S. 117). Die mit Abstand häufigste Demenzform ist hierbei die Alzheimer-Demenz (mit einem geschätzten Anteil von 45–80 % an allen Demenzerkrankungen; Hofmann, Wille & Kaminsky, 2019, S. 187).

Als „sekundäre Demenzen" werden jene Formen bezeichnet, bei denen das Demenzsyndrom als Folge einer anderen Grunderkrankung oder Störung entsteht. Infrage kommen als Ursachen u. a. Mangelsituationen (z. B. Mangel an B-Vitaminen), Toxine (z. B. Alkohol), Infektionen (z. B. Lues, Borrelien), metabolische Ursachen (Leber- oder Niereninsuffizienz) oder endokrine Erkrankungen wie Schilddrüsenüber- oder -unterfunktion (Kraft, 2017, S. 117).

Den primären Demenzformen (und vermutlich auch einigen sekundären) geht oft ein mehrjähriges Vorstadium voraus, in dem bereits hirnphysiologische Veränderungen auftreten, aber ohne klinische Anzeichen bleiben. Bewusst wahrgenommene Einschränkungen bzw. Symptome werden erst dann offensichtlich, wenn ein Anpassungsprozess an Grenzen gelangt und funktionelle Reserven der Neuroplastizität ausgeschöpft sind (Schmidtke & Otto, 2012/2017; vgl. Kap. 2). Im Stadium der leichten kognitiven Beeinträchtigung („Mild Cognitive Impairment", MCI) werden von den Betroffenen oder deren Bezugspersonen erste kognitive Symptome berichtet, diese sind testdiagnostisch auch teilweise nachweisbar, allerdings sind die Betroffenen in der Verrichtung der Alltagsfunktionen nicht eingeschränkt.

Demenzen sind wie beschrieben durch verschiedene kognitive und nichtkognitive Symptome gekennzeichnet, die je nach Demenzform differieren, im Verlauf der Erkrankung unterschiedlich stark in den Vordergrund treten, aber auch interindividuell deutlich variieren können. Beeinträchtigt sind im Laufe einer Demenzerkrankung häufig das Gedächtnis (Kurz- und Langzeitgedächtnis), Denkvermögen (u.a. abstraktes und problemlösendes Denken), Sprache, Orientierung (u.a. zeitlich, örtlich, situativ), Aufmerksamkeit, visuokonstruktive Fähigkeiten (z.B. Nachzeichnen von Figuren) oder Rechenvermögen (vgl. u.a. Hofmann, 2019, S. 17).

Neben kognitiven Einschränkungen bestimmen nicht-kognitive Symptome das Symptombild. In der angloamerikanischen Literatur wird der Terminus „Behavioral and Psychological Symptoms in Dementia" (BPSD) als Oberbegriff für eine heterogene Gruppe psychischer Symptome und Verhaltensweisen verwendet, die bei Menschen mit Demenz (insbesondere in einem mittleren und späten Erkrankungsstadium) gehäuft auftreten: u.a. Wahnvorstellungen, Halluzinationen, Aggression, Depression, Angst, Euphorie, Apathie, Enthemmung, Reizbarkeit, abweichendes motorisches Verhalten, Schlafstörungen sowie Appetit- und Essstörungen (Cummings et al., 1994; Cummings, 1997).

Diese Symptome müssen nicht zwingend auf pathologische Veränderungen bestimmter Hirnareale, beispielsweise zur Affektregulierung, zurückzuführen sein. Vielmehr entstehen nicht-kognitive Symptome häufig auch reaktiv auf erlebte kognitive Einschränkungen und Wahrnehmungsveränderungen sowie das Verhalten der sozialen Umwelt. Gereiztheit, Ängstlichkeit oder schnelle Erregbarkeit können als Reaktionen auf die fehlende Übereinstimmung der Vorstellung der Betroffenen von der vorhandenen Welt – als einer Mischung aus alten Erinnerungen und mehr oder weniger bruchstückhafter Wahrnehmung aktueller Ereignisse – mit der tatsächlichen Situation und der sich daraus ergebenden Verhaltenserwartung entstehen (Krämer & Förstl, 2008).

Bei der Bezeichnung der besonderen Verhaltensweisen demenziell erkrankter Menschen entscheiden sich verschiedene Autor*innen bewusst gegen häufig genutzte Bezeichnungen wie „Verhaltensauffälligkeiten", „psychopathologische Auffälligkeiten" oder „Verhaltensstörungen", die vorrangig einen intrinsischen Ursprung des Verhaltens nahelegen, und empfehlen stattdessen den Begriff des

„herausfordernden Verhaltens“ (u. a. Bartholomeyczik et al., 2006, S. 13–15; Bartholomeyczik, Holle & Halek, 2013). Diese Bezeichnung „eröffnet eine andere Perspektive: Hier wird die Reaktion der Umwelt in den Mittelpunkt gerückt. Das Verhalten wird also erst dann zu einem herausfordernden, wenn Menschen aus der Umgebung darauf reagieren“ (Halek & Bartholomeyczik, 2006, S. 9).

12.4 Interventionen

Als allgemeine Prinzipien der Behandlung von Demenzerkrankungen gelten

- „die kausale Therapie, soweit und so früh wie möglich [insbesondere relevant für sekundäre Demenzen],
- der möglichst lange Erhalt alltagsrelevanter Fähigkeiten,
- die Verlangsamung der Progression [des Verlusts kognitiver Fähigkeiten und der Zunahme nicht-kognitiver Symptome],
- die Förderung von Lebensqualität und Teilhabemöglichkeiten trotz fortschreitender Erkrankung und
- die Verbesserung der Versorgungssituation von Erkrankten und Angehörigen“ (Kraft, 2017, S. 117).

Bei neurodegenerativen (primären) Demenzen, insbesondere der Alzheimer-Demenz, ist aktuell keine kausale Behandlung möglich, sondern lediglich eine symptomlindernde Therapie. Das Ziel von Pharmakotherapie mit Antidementiva lässt sich zusammenfassen als „Symptome lindern, Progression bremsen“ (Gartzen & Dodel, 2018, S. 24). Der Begriff Antidementiva bezeichnet dabei verschiedene zentralnervös wirksame Substanzen, die insbesondere höhere integrative Hirnfunktionen beeinflussen, wie Gedächtnisleistungen, Konzentrations- und Merkfähigkeit, Auffassungsgabe, Lernfähigkeit und Abstraktionsvermögen (Hampel, Graz, Zetzsche, Rujescu & Möller, 2012/2017).

Hinsichtlich des Umgangs mit nicht-kognitiven Symptomen ist es wichtig, vor einer medikamentösen Behandlung abzuklären, inwiefern Ängste, Aggressivität oder Stimmungsschwankungen in bestimmten Situationen reaktiv auftreten und durch Veränderungen im Umgang mit dem demenzerkrankten Menschen (z. B. Einsatz bestimmter Kommunikationsstrategien oder Anpassung des Umfelds an die Bedürfnisse der Betroffenen) oder durch spezifische psychosoziale Interventionen verbessert werden können (Kales, Lyketsos, Miller & Ballard, 2019).

In der S3-Leitlinie Demenzen (DGPPN, DGN & DAlzG, 2016) wird die hohe und gegenüber medikamentöser Behandlung gleichberechtigte Bedeutung von psychosozialen Interventionen betont. Für Demenzen aller Ätiologien empfiehlt die Leitlinie folgende psychosozialen Interventionen, die neben der Förderung kognitiver Fähigkeiten und des Erhalts alltagspraktischer Fähigkeiten v.a. auf die Verbesserung des psychosozialen Wohlbefindens und die Förderung von Lebensqualität abzielen:

- kognitive Stimulation,
- Ergotherapie, insbesondere im häuslichen Umfeld,
- multisensorische Verfahren (u.a. Snoezelen),
- Reminiszenzverfahren (autobiografische Arbeit, Arbeit mit emotional positiv besetzten Erinnerungen),
- körperliche Aktivierung,
- angehörigenbezogene Interventionen (Edukation, Verhaltensmanagement, Bewältigungsstrategien, Entlastungsmöglichkeiten),
- zur Behandlung nicht-kognitiver Symptome zusätzlich: Musiktherapie oder die Verwendung von Aromastoffen (ebd., S. 90f., 99).

12.5 Relevanz für die Soziale Arbeit

Die in der S3-Leitlinie aufgeführten Interventionen können teilweise auch von Sozialarbeiter*innen durchgeführt werden (z.B. Reminiszenzverfahren), allerdings sind hier primär andere Berufsgruppen beteiligt. Wichtige Aufgaben von Sozialarbeiter*innen bestehen in der Koordination von Unterstützungsleistungen, in Netzwerkarbeit und Edukation von Menschen mit Demenz bzw. ihren Angehörigen und einer wertschätzend-sensiblen Begleitung und Beratung. Im Umgang mit Menschen mit Demenz stehen dabei insbesondere die Haltung und das Verständnis demenzbedingter Besonderheiten im Vordergrund. In einer psychosozialen Perspektive scheint beispielsweise der oben angesprochene Befund wichtig, dass ‚nicht-kognitive Symptome' einer Demenzerkrankung, etwa Aggressivität oder Depressivität, als „Resultat der gegebenen räumlichen, sozialen und infrastrukturellen Umweltbedingungen" (Kruse, 2006, S. 59) verstanden werden können – entsprechend also die individuell angepasste Gestaltung der sozialen und räumlichen Umwelt entscheidend zum Erhalt des psychosozialen Wohlbefindens beitragen kann. Hier kommt auch der Beratung von Bezugspersonen eine hohe Bedeutung zu. Bei vielen pflegenden Angehörigen bestehen große Informationsdefizite hinsichtlich des Umgangs mit demenziell erkrankten Menschen (Lucke, 2010). Insbesondere psychische Symptome und Verhaltensänderungen der Betroffenen sind für Angehörige kaum verständlich und werden häufig als belastender erlebt als kognitive Einschränkungen (Coen, Swanwick, O'Boyle & Coakley, 1997).

Sozialarbeiter*innen, die in ihrer Alltagspraxis in verschiedenen Settings (z. B. im sozialpsychiatrischen Dienst, in Beratungsstellen der Altenhilfe, im klinischen Sozialdienst auf gerontopsychiatrischen Stationen) mit Menschen mit Demenzsymptomen sowie deren Angehörigen in Kontakt kommen, erleben häufig, dass die Diagnose mit vielen Befürchtungen und Ängsten verknüpft ist. „An einer Demenz zu erkranken, in deren Folge unselbstständig zu werden und die Fähigkeit zur Kommunikation zu verlieren, ist das wahrscheinlich am meisten gefürchtete Risiko des Alters" (Kruse, 2006, S. 52). Eine demenzielle Erkrankung und ihre Folgen stehen den ‚Idealen' eines produktiven, selbstbestimmten Alters westlicher Gegenwartsgesellschaften diametral entgegen: „Die Verbreitung der Demenz in einer Zeit, in der wir in hohem Maße auf Selbstkontrolle, auf Rationalität und Jugendlichkeit gepolt sind, in der wir aber auch das Altern neu bejahen lernen als einen Lebensabschnitt mit vergleichsweise guter Gesundheit, hohem Aktivitätsniveau und viel erlebter Zufriedenheit, stellt sich als Kränkung prägender Bilder gelingenden Lebens dar" (Klie, 2006, S. 68).

Die subjektiven Assoziationen mit demenziellen Erkrankungen werden dabei auch durch die medial inszenierten Bilder von demenziellen Erkrankungen und ihren Folgen geprägt. „Drastische und emotionale Bilder […] müssen dafür herhalten, das schwer Greifbare der Demenz in Worte zu fassen" (Wetzstein, 2012, S. 179). Vor dem Hintergrund der Schreckensszenarien einer Demenzdiagnose und der ausbleibenden Erfolge medizinischer Forschung entsteht offenbar in der öffentlichen Wahrnehmung schnell die Überzeugung, dass ‚nichts mehr getan werden könne' für demenziell erkrankte Menschen (Kofahl, Lüdecke, Schalk, Härter & Knesebeck, 2013).

Eine Demenzdiagnose wird von vielen Betroffenen sowie den mitbetroffenen Angehörigen entsprechend häufig als sehr krisenhaftes Lebensereignis erfahren. Im Fallbeispiel von Herrn Krol wird deutlich, welche Auswirkungen zum einen die Demenzsymptome auf Frau Krol selbst, auf ihren Ehemann und den gemeinsamen Alltag haben und wie sehr zum anderen die Konfrontation mit der Diagnose verunsichert und überfordert. Eine Unterstützung und Begleitung kann hier wichtige Aufgabe der Profession Sozialer Arbeit sein. Im Fallbeispiel stehen dabei eine sensible und individuell angemessene Vermittlung von Informationen (zu Alzheimer-Demenz und den Auswirkungen wie auch verschiedenen Unterstützungsformen), die Koordination von Hilfeleistungen und die Unterstützung bei Antragsverfahren (z. B. hinsichtlich der Beantragung von Pflegeleistungen) im Vordergrund. Wie sich im skizzierten Erstgespräch bereits andeutet und im weiteren Beratungsprozess noch offenkundiger wird, verfügt Herr Krol nur über eingeschränkte Lese- und Schreibkompetenzen und ist entsprechend auf Unterstützung angewiesen.

Neben einer individuellen Beratung und Begleitung wie im Falle des Ehepaars Krol kann eine weitere Aufgabe Sozialer Arbeit auch in Sozialraumarbeit gesehen werden – also in den Bemühungen, ein Gemeinwesen zu schaffen, „das auch seinen demenziell veränderten Bürgern einen Platz ‚mittendrin' bietet" (Wißmann & Gronemeyer, 2008, S. 187). Zudem erscheint es wichtig, dass sich Soziale Arbeit als Disziplin stärker in den Fachdiskurs um Demenzerkrankungen einbringt. Soziale Arbeit kann mit ihren Theoriebeständen, Paradigmen und Handlungsmaximen viel dazu beitragen, das Demenzverständnis in einer biopsychosozialen Perspektive zu erweitern und Einfluss auf die verbreitete Wahrnehmung demenzieller Erkrankungen (und der implizierten Befürchtungen) zu nehmen.

12.6 Eine biopsychosoziale Erweiterung des Demenzverständnisses

Abschließend sollen mögliche Ansatzpunkte eines erweiterten biopsychosozialen Demenzverständnisses skizziert werden. Der allgemeine Demenzdiskurs ist heute medizinisch dominiert (Wetzstein, 2006). Folgt man der These der (Bio-) Medikalisierung des Alters („biomedicalization of aging"; erstmals Estes & Binney, 1989; in der Folge u. a. Kaufman et al., 2004; Schicktanz & Schweda, 2012), beeinflussen die Deutungsweisen und Erklärungsmodelle der Medizin zunehmend individuelle und gesellschaftliche Verständnisse von und Umgangsweisen mit Alter und Alterungsprozessen. Lyman spricht bereits 1989 explizit von einer „Biomedikalisierung der Demenz" („biomedicalization of dementia"). Der Verlust kognitiver Leistungsfähigkeit bildet dabei das Kernelement der medizinisch geprägten Auffassung von Demenz. Grundlegende Überzeugungen und Handlungsmaximen im Umgang mit demenziell erkrankten Menschen sollten sich Post (1995) zufolge aber nicht ausschließlich oder vorrangig an kognitiven Fähigkeiten orientieren, sondern vielmehr an anderen Werten des Menschseins ansetzen: „An appreciation of the noncognitive aspects of human well-being […] places value on the affective and social-relational aspects of being human. Nothing could be more alien to dementia ethics than pure cogito ergo sum" (ebd., S. 38).

Ansatzpunkte eines erweiterten biopsychosozialen Demenzverständnisses (vgl. weiterführend Wesenberg, 2015) könnten sein:

- *Beachtung des Körpers und der Leiblichkeit des Menschen bzw. des „Leibgedächtnis"* als Gesamtheit der Erfahrungen und Wahrnehmungen in der Lebensgeschichte, die implizit präsent und wiederholbar sind, dabei aber nicht explizit erinner- oder abrufbar sein müssen; z. B. eingespielte Bewegungsabläufe, etwa beim Tanzen (Fuchs, 2008, 2010);

- *Fokussierung auf das differenzierte emotionale Erleben von Menschen mit Demenz,* das im Erkrankungsverlauf erhalten bleibt, auch wenn die Betroffenen zunehmend weniger in der Lage sind, Bedürfnisse und Gefühle verbal zu äußern (Schäufele, Köhler, Lode & Weyerer, 2009; Bär, Kruse & Re, 2003; Becker et al., 2005; Kruse, 2006);
- *stärkere Berücksichtigung des Wissens, der Erfahrungen und Einstellungen von Betroffenen („experts by experience"; Garner, 2019), von Peers, der Familie bzw. Angehörigen sowie des interdisziplinären Personals in Pflegeeinrichtungen* (Klie, 2006; Garner, 2019);
- *Berücksichtigung bindungstheoretischer Bezüge.*

Der letztgenannte Aspekt soll an dieser Stelle etwas näher ausgeführt werden, da das Konzept der Bindung meist eher mit frühkindlicher Entwicklung in Zusammenhang gebracht wird (vgl. Kap. 3). Browne und Shlosberg (2007), Evans (2019) und Balfour (2019) zufolge können bindungstheoretische Überlegungen aber auch für das Verständnis von und den Umgang mit Demenz bedeutsam sein: Viele Menschen mit demenziellen Erkrankungen zeigen in ihrem sehr krankheitstypischen Erleben – also einem Erleben, das von Unsicherheit, Verlusterleben und Ängsten bestimmt ist – ein Suchen nach Bindung bzw. Nähe (z. B. bei Bezugspersonen; vgl. auch Miesen, 1993, 2006). Im eingangs skizzierten Fallbeispiel kann beispielsweise die Reaktion von Frau Krol (Angst, Weinen, Rufen), nachdem ihr Mann kurzzeitig die Wohnung verlassen hat, interpretiert werden als die Suche nach Nähe der Bezugsperson in einer subjektiv als bedrohlich erlebten Situation. Der Verlust kognitiver Fähigkeiten führt dazu, dass Menschen mit Demenz sich immer mehr darauf verlassen müssen, Sicherheit zu erfahren – durch äußere Beziehungen oder innere Repräsentationen früherer Beziehungen.

Evans (2019) und Balfour (2019) verweisen zudem auf (statistische) Zusammenhänge zwischen Bindungsstil bzw. Bindungsrepräsentationen erwachsener Kindern und der erlebten Belastung in der Pflege demenziell erkrankter Elternteilen. Menschen mit unsicher-vermeidenden Bindungsstilen erleben z. B. die Pflege von Angehörigen häufiger als belastend. Auch unsicher-ambivalente Bindungsmuster bzw. präokkupiert-verstrickte Bindungsstile können sich in der Wahrnehmung von Care-Aufgaben durch Kinder oder Partner*innen widerspiegeln: Hier wird häufig ein sehr starkes Engagement in der Pflege und Betreuung beobachtet, wobei es zugleich zu einer massiven Überforderung kommen kann, was letztlich in ein ambivalentes Verhalten mündet. Bindungstheoretische Kenntnisse können für Sozialarbeiter*innen daher hilfreich sein, um Reaktionen und Verhaltensweisen von demenzerkrankten Menschen selbst sowie ihren Angehörigen einordnen und individuell angemessene Unterstützung anbieten oder vermitteln zu können.

Es scheint zusammenfassend notwendig, den Diskurs um demenzielle Erkrankungen zu erweitern, allgemeine und medial vielfach inszenierte Vorstellungen der ‚Schreckensdiagnose' Demenz und des Lebens mit der Erkrankung kritisch zu reflektieren, Stigmatisierungs- und Ausgrenzungsprozesse zu reduzieren, die soziale Teilhabe der Betroffenen trotz erkrankungsbedingter Einschränkungen zu erhalten und den interdisziplinären Diskurs um demenzielle Erkrankungen entsprechend einer biopsychosozialen Sichtweise zu erweitern (Wesenberg, 2015).

Literaturtipps zum Weiterlesen

Nationaler Ethikrat (Hrsg.) (2006). *Altersdemenz und Morbus Alzheimer. Medizinische, gesellschaftliche und ethische Herausforderungen. Vorträge der Jahrestagung des Nationalen Ethikrates 2005.* Berlin: Nationaler Ethikrat. Verfügbar unter: https://repository.publisso.de/resource/frl:2470980-1/data [15.08.2021].

Halek, Margareta & Bartholomeyczik, Sabine (2006). *Verstehen und Handeln. Forschungsergebnisse zur Pflege von Menschen mit Demenz und herausforderndem Verhalten.* Hannover: Schlütersche.

Wesenberg, Sandra (2015). Demenzielle Erkrankungen als gesellschaftliche Herausforderung – Zur notwendigen Änderung existierender Leitbilder. *Forum Gemeindepsychologie, 20*(2), Art. 2. Verfügbar unter: www.gemeindepsychologie.de/fg-2-2015_03.html [15.08.2021].

Lehreinheit 13–16

Psychosoziale Intervention gestalten

13 Psychoanalytische Grundorientierung

In diesem Kapitel wird in die klassischen Grundorientierungen klinischen Denkens und Handelns eingeführt. Dabei wird deutlich, wie sehr (Menschen-)Bilder unsere alltäglichen und professionellen Vorgehensweisen beeinflussen. Fragen wie Wer bin ich? Wer sind wir? Wie entwickeln wir uns weiter, und Wie funktionieren wir? prägen das professionelle Tun. Als Gründervater klinischer Grundorientierungen der Beratung und Psychotherapie ist Sigmund Freud zu betrachten. Er hat nicht nur historisch die Basis für sämtliche Grundorientierungen bzw. Verfahren – also der Psychoanalyse, der verhaltensorientierten, der humanistischen und systemischen Verfahren – gelegt, sondern auch menschliches Erleben und Handeln erstmals detailliert erfasst und Möglichkeiten geschaffen, es auf psychoanalytische Weise zu verstehen sowie psychosoziale Problemlagen auf dieser Basis zu verändern. Dieser Weg war alles andere als einfach. Freud musste sich damit gegen großen Widerstand der damaligen Ärzteschaft in Wien durchsetzen. Langfristig betrachtet hat er damit an vielen Stellen, wenn auch nicht an allen, emanzipatorisch Geschichte geschrieben.

13.1 Was bedeutet Grundorientierung?

Welches Bild vom Menschen haben eigentlich Sozialarbeiter*innen, die in klinischen Handlungsfeldern wie der Kinder- und Jugendhilfe oder der psychiatrischen Sozialen Arbeit tätig sind? Und wie und auf welche Weise beeinflusst dieses Menschenbild unsere alltäglichen und professionellen Interventionen? Einige Aspekte sind grundlegend für jegliche Arbeit im psychosozialen Feld: Erleben wir Menschen nicht als in der Lage, sich zu verändern, ihr Umfeld mitzugestalten, als soziale Wesen zu kommunizieren und zu reflektieren, können beratende und therapeutische Interventionen nur marginale Wirkung entfalten. Aber ist uns dies im Arbeitsalltag immer bewusst? Seit vielen Jahren leiten wir unsere Vorlesung zu den Grundorientierungen psychosozialer Intervention mit diesen grundlegenden Fragen ein. Dazu bitten wir die jeweilige Studiengruppe, ein „Vorstellungsbild“ zu erstellen. In etwa zweieinhalb Minuten sollen sie eine Skizze zu der Fragestellung: „Was ist euer Menschenbild?“ anfertigen und in weiteren drei Minuten eben diese Skizze mit einer kurzen Definition in wenigen Sätzen fassen. Die Kürze der genannten Zeiträume zielt darauf ab, das entstehende Bild und die Kurzdefinition aus dem spontanen (und zum Teil unbewussten) Repertoire der

Abbildung 18: Vorlage für Studierende, ihr Menschenbild zu zeichnen und zu beschreiben

Menschenbild

Vorstellungsbild: Der Mensch …

Vorstellungstext: Der Mensch ist …

Studierenden entspringen zu lassen, damit es nicht von sozial erwünschtem Antwortverhalten überformt wird. Solche Vorstellungsbilder eignen sich auch sehr gut für die Arbeit in der Praxis mit verschiedenen Klientelgruppen (vgl. Abb. 18).

Sich über Menschenbilder Gedanken zu machen, fokussiert die Fragen: Wer bin ich? Wer sind wir? Wie funktionieren wir? Menschenbilder sind quasi ‚übersummative Bilder' und doch auch persönliche Antworten auf die Frage: Was ist der Mensch? Sie beinhalten philosophische Aussagen, also über unsere Alltagserfahrung hinausgehende bewusste wie unbewusste Voreinstellungen und Haltungen, und sie sind geprägt von historisch-gesellschaftlichen Einstellungen und Bildern. Studierende in den 1960er- und 1970er-Jahren hätten diese Aufgabe anders gelöst als Studierende der 1980er- und 1990er-Jahre oder gar aktuell Studierende. Hochschullehrer*innen unserer Generation, die bald den Ruhestand antreten wird, beklagen sich zuweilen darüber, das kritische Potenzial der

„Frankfurter Schule" sei heute so gut wie ausgestorben. Wer hat heute schon die „Dialektik der Aufklärung" (Horkheimer & Adorno, 1947/1969) gelesen? Übersehen wird dabei, dass sich bei der heutigen Generation neue Formen kritischen Bewusstseins zu Fragen der Globalisierung, Umwelt und Sozialität herausgebildet haben und den Umgang mit Mensch, Tier, Umwelt und Politik prägen. Wichtig ist in erster Linie, dass Fachkräfte der Sozialen Arbeit mit ihren Vorstellungen und Bildern in Kontakt kommen und sie fachlich orten und einordnen, sie fluide bewegen, diskutieren, hinterfragen und immer wieder auch verändern können. Und dass Sozialarbeiter*innen die jeweiligen Grundorientierungen ihrer Kolleg*innen und Klient*innen erkennen können und mit ihnen darüber qualifiziert in einen Diskurs treten können.

Die oben eingebrachte Übung soll dazu einen ersten Schritt ermöglichen. Nutzt man sie für eine anschließende Ausstellungsrunde der entstandenen Menschenbilder und Definitionen und regt Kleingruppen an, die ihr Menschenbild untereinander diskutieren, so zeichnen sich in der anschließenden Austauschrunde im Plenum häufig grundlegende Vorstellungen von Entwicklung und Persönlichkeit ab. Der Mensch ist ein soziales Wesen, wird häufig eingebracht, er steht in ständiger Wechselbeziehung und im Austausch zu anderen Individuen und mit der Umwelt. Diese Antwort enthält systemische und interaktionistische Aspekte und ähnelt daher dem systemischen bzw. humanistischen Grundgebäude. Häufig zu finden ist aber auch die Aussage, der Mensch sei von seiner Umwelt geprägt und komme als Tabula rasa zur Welt. Diese Denkweise ähnelt dem exogenistischen (durch externe Reize bestimmten) Paradigma und damit verhaltensorientierten Überlegungen. Seltener zwar, aber doch immer wieder taucht endogenistisches (von innen her bestimmtes) Gedankengut auf, indem der Mensch und seine Eigenschaften, Fähigkeiten, Einstellungen und Überzeugungen durch Veranlagung oder sehr frühe Erfahrungen vorbestimmt wahrgenommen werden. Verschiedene Menschenbilder beeinflussen auf diese Weise verschiedene Grundorientierungen, mit denen wir an Menschen herantreten, vor deren Hintergrund wir deren Entwicklung, Persönlichkeit und Veränderungsmöglichkeiten einschätzen und die damit auch den Stil unserer Interventionen bestimmen. Einer der zentralen Wegbereiter, der unser Verständnis des Menschen und unsere Herangehensweise an Intervention stark geprägt hat, ist Sigmund Freud mit der von ihm begründeten Psychoanalyse.

13.2 Freud als Gründer der Psychoanalyse

Auch wenn Sigmund Freud (1856–1939) zweifellos der Begründer der Psychoanalyse war, ist die Psychoanalyse viel weniger homogen, als dies von außen oft wahrgenommen wird: „Selbst wenn man den Begriff ‚Psychoanalyse' nur auf jene Konzepte beschränkt, die von Freud selbst stammen, erscheint es fraglich, ob überhaupt sinnvoll von der Psychoanalyse gesprochen werden kann" leitet Kriz (2014, S. 37) sein Kapitel über die Psychoanalyse in seinem sehr empfehlenswerten Grundlagenwerk „Grundkonzepte der Psychotherapie" ein. Tatsächlich wurde die psychoanalytische Theorie über viele Jahrzehnte hinweg entwickelt und erfährt bis heute immer wieder Veränderungen. Dies begann schon mit Freud selbst, der in seinen Überlegungen eine Reihe von Transformationsprozessen durchlief, noch mehr jedoch haben seine Schüler und Nachkommen das Theoriegebäude verändert. Vereinzelt wurden auch Veränderungen, die Freud vorgenommen hatte, wieder zurückmodifiziert.

So umfasst das heterogene psychoanalytische Theoriegebäude heute vier wesentliche Strömungen, die sich sowohl in ihrem Verhältnis zur freudianischen Theorie als auch wechselseitig teils stark unterscheiden, aber auch ergänzen: Die *Triebtheorie,* am umfassendsten durch Sigmund Freud (1915/2016) selbst beschrieben und bis heute fester Bestandteil des Theoriegebäudes, die *Ich-Psychologie,* maßgeblich auf Anna Freud (1936/2019; s. u., Kap. 13.4) zurückgehend und die heute bekannten Abwehrmechanism des ‚Ich' erstmals systematisch beschreibend, die *Selbstpsychologie* Kohuts (1977/2006) sowie die *Objektbeziehungstheorien,* die wiederum eine große Bandbreite an theoretischen Zugängen aufweisen bis hin zur Integration bindungstheoretischer Wissensbestände (vgl. erläuternd u. a. Fonagy, 2001/2018). Dennoch ist Freuds herausgehobene Bedeutung für die Entwicklung der Psychoanalyse, aber auch für die Entwicklung aller anderen Grundorientierungen der Psychotherapie und Beratung sowie der Psychologie nicht abzuweisen. Neben seiner historischen Gesamtleistung gehören seine Entdeckungen zur Dimension des Unbewussten, zur Psychodynamik der psychischen Struktur und zur Neurosenlehre in Verbindung mit den Abwehrmechanismen bis heute zum grundlegenden Fachwissen jeder psychosozialen Fachkraft und teilweise bereits zum Allgemeinwissen der Bevölkerung.

Psychoanalyse beinhaltete dabei von Beginn an wesentlich mehr als eine psychotherapeutische Konzeption: Sie umfasste (1) eine allgemeine psychologische Theorie menschlichen Erlebens und Handelns, (2) Methoden, um eben dieses Erleben und Handeln zu erforschen, ergründen und zu verstehen, (3) Methoden, um daraus resultierende Problemlagen wirkungsvoll zu behandeln (vgl. ebd., S. 37 f.). Dies gilt letztlich für alle vier nun folgenden Grundorientierungen der Psychotherapie und Beratung. Dennoch wird die Psychoanalyse auch viel kritisiert. Freuds Überlegungen bis in den ethnologischen und sozialwissenschaftlichen Bereich hinein, z. B. die „Universalität des Ödipuskomplexes" (ebd., S. 38) auf der einen und Psychologismen auf der anderen Seite, brachten ihm viel Gegenwind ein. Insbesondere jedoch die Verortung der von ihm aufgedeckten

Inzesterlebnisse in den Fantasiebereich von Kindern und Jugendlichen führte zu gravierenden Kontroversen innerhalb und außerhalb psychoanalytischer Behandlungskontexte. Nachdem Freud zunächst sexualisierte Gewaltverhältnisse im Familienkontext aufgedeckt und öffentlich gemacht hatte, nahm er diese Anschuldigung später unter der Prämisse zurück, die sexualisierten Übergriffe beruhten vor allem auf Fantasien und Sehnsüchten der betroffenen Mädchen. In Kombination mit einigen wenig geschlechtsausgewogenen theoretischen Überlegungen wurde dies zum Anstoß zu einer Reihe kritischer Schriften aus dem feministischen Bereich (vgl. u. a. Irigaray, 1974/1980).

Zusammenfassend wird Freud als Begründer der Psychoanalyse gesehen, und wesentliche seiner entwickelten Modelle – etwa zur menschlichen Psyche sowie zur psychosexuellen Entwicklung – werden nach wie vor als elementare Grundlagen in der analytisch orientierten Beratung und Therapie begriffen, allerdings erfolgt die Rezeption seines Gesamtwerks inzwischen differenziert, reflektiert und hinsichtlich mancher Aspekte berechtigt sehr kritisch. Beispielsweise gelten Freuds Vorstellungen der weiblichen Sexualität heute innerhalb des psychoanalytischen Diskurses weithin als widerlegt. Die zeitgenössische Psychoanalyse reicht also weit über Freud hinaus.

13.3 Grundkonzepte der Psychoanalyse: Libido, Persönlichkeitsstrukturmodell und psychosexuelle Entwicklungsphasen

Die Überlegungen der Freud'schen Psychoanalyse entstanden aus seiner Praxistätigkeit und persönlichen Erfahrungen. Daraus entwickelte Freud zentrale Theoriebestandteile der Psychoanalyse: die Trieblehre (vor allem die Libidotheorie), das Persönlichkeitsstrukturmodell (auch psychischer Apparat genannt) und das Entwicklungsphasenmodell. Aus diesen Grundkonzepten resultiert das Krankheits- und Gesundheitsverständnis der Psychoanalyse, die Neurosenlehre. Basierend auf diesen Theoriebestandteilen leitete er ein Verfahren zur Behandlung dieser Neurosen ab, das auf Übertragungs- und Gegenübertragungsphänomenen (s. u.) sowie Widerstandsanalysen und Deutungstechniken beruht. Eine grundlegende Stellung in Freuds Überlegungen nimmt die psychische Energie ein, die er im Lauf der Zeit immer stärker als sexuelle Erregungsenergie identifizierte. Freud verstand allerdings „sexuell" dabei nicht als auf die Geschlechtsorgane begrenzt, sondern als universellen „Liebestrieb". Die Energie des Sexual- bzw. Liebestriebs benannte er als „Libido". Später ergänzte er zu diesem „Liebestrieb" den Destruktionstrieb, auch „Thanatos" oder Todestrieb genannt (vgl. Brenner, 1955/2017, S. 38 f.).

Die „Libido“ durchläuft in der kindlichen Entwicklung drei Entwicklungsphasen: Die orale Phase umfasst das erste Lebensjahr. Hier wird die Umwelt oral, also mit dem Mund erkundet und lustvoll besetzt. Die anale Phase im zweiten bis dritten Lebensjahr besetzt die Ausscheidungsorgane und Ausscheidungen mit Libido und Machtimpulsen. Im Kampf mit den Eltern rund um den Ausscheidungsprozess werden entwicklungsrelevante Aushandlungsprozesse geführt. In der genitalen Phase werden die Geschlechtsorgane mit Libido besetzt, allerdings zentriert sich Freud hier zunächst auf die männliche Entwicklung. „In jeder Phase konzentriert sich der Lustgewinn auf ganz bestimmte Arten (z. B. im Zusammenhang mit bestimmten Objekten), die als Fixierungen bezeichnet werden. Auf diese Fixierungen wird ggf. später, besonders in Krisensituationen, zurückgegriffen – man nennt solche Rückgriffe Regressionen [...]. Parallel zu diesen Phasen wird der Ödipuskomplex erlebt – eine spezifische Auseinandersetzung mit dem gleich- und dem gegengeschlechtlichen Elternteil [...], der seinen deutlichen Höhepunkt aber in der phallischen Phase hat“ (Kriz, 2014, S. 45). Spätere psychische Störungen resultieren folglich aus ungelösten Konflikten in diesen Phasen. Entlang der Fixierung in einer dieser Entwicklungsphasen lassen sich z. B. bestimmte Typen von Reaktionsmustern identifizieren, die als oraler Typ (auf der oralen Ebene fordernd), analer Typ (pedantisch und starr) und genitaler Typ (lustbetont impulsive Aktivität) sichtbar werden.

Daraus abgeleitet wurde das sicher bekannteste Modell der psychischen Struktur. Das Strukturmodell der Persönlichkeit lässt sich in Es, Ich und Über-Ich differenzieren. Das Es verkörpert die ursprünglichen Triebe und basalen Bedürfnisse des Menschen. Dagegen repräsentiert das Über-Ich die Normen und Werte der Gesellschaft, die vom Kind über die Interventionen der Bezugspersonen zu einer moralischen Instanz verinnerlicht werden. In der Alltagssprache sprechen wir von unserem Gewissen. Das Ich wiederum bildet die Entscheidungsinstanz, die zwischen den beiden Instanzen von Es und Über-Ich vermittelt und einen Kompromiss herstellt, „indem es einerseits den emotionalen Grundbedürfnissen und triebhaften Impulsen zu einer realitätsangepassten Befriedigung bzw. Verwirklichung verhilft, gleichzeitig aber die Einschränkungen aus dem Überich zu berücksichtigen hat und somit Sorge trägt, dass die Person mit den Normen der Umwelt nicht zu sehr in Konflikt gerät. Das Ich hat also als zentrale Entscheidungsinstanz und als Verwalter des bewussten Handelns in Form von Selbstkontrolle zwischen den ungestümen Wünschen des Es und den normativen Einschränkungen des Überichs die Verbindung zur Realität aufrechtzuerhalten“ (ebd., S. 43).

13.4 Neurosen und deren Behandlung

Kommt es in den psychosexuellen Entwicklungsphasen oder innerhalb des Persönlichkeitsstrukturmodells zu Konflikten, also zu gegensätzlichen Bestrebungen und Forderungen, können daraus krankheitswertige Neurosen resultieren. Um möglichst lange funktionsfähig zu bleiben, verfügen wir nach Anna Freuds Vorstellung über Abwehrmechanismen, die uns z. B. vor nicht gesellschaftskonformen Bestrebungen schützen sollen. An Abwehrmechanismen lassen sich z. B. Verdrängung (Unterdrückung von Impulsen), Regression (Rückkehr auf eine niedrigere Entwicklungsstufe), Isolierung (Abtrennen vom Denken und Verhalten der übrigen Person), Projektion (Verlagern auf andere Personen), Introjektion (Verinnerlichen), Verkehrung ins Gegenteil (Umkehrung) und Sublimierung (Verschiebung der Bedürfnisse auf andere Objekte) nennen (vgl. Brenner, 1955/2017, S. 102–119). Die Möglichkeit, auf diese Weise Bedürfnisse und Triebe abzuwehren, kann jedoch im negativen Fall in Neurosen münden. „So können Konflikte (je nach Perspektive) u. a. auftreten: zwischen den Trieben oder zwischen den Instanzen des psychischen Apparates […] bzw. zwischen Wunsch und Abwehr. Abwehr ist dabei als Gesamtheit aller psychischen und physischen Lebensvorgänge zu verstehen, die zu dem Zwecke eingesetzt werden, die Integrität und das Selbstwertgefühl des Individuums möglichst wenig zu gefährden – dies geschieht allerdings meist unbewusst“ (Kriz, 2014, S. 47).

Neurotische Symptome sind damit als ein Versuch aufzufassen, das Gleichgewicht zwischen den verschiedenen Bestrebungen wiederherzustellen und damit letztlich als Selbstheilungsversuch zu betrachten. Diese Betrachtungsweise haben wir bereits bei Nathalie und beim Themenbereich ‚Trauma‘ kennengelernt (vgl. Kap. 8): dass Reaktionen auf traumatische Erfahrungen letztlich als normale Reaktionen auf unnormale Ereignisse zu betrachten sind. Allerdings hat dies einen Preis: das daraus resultierende Symptom. Ein häufiges Symptom psychischer Neurosen sind Angstproblematiken. Um den neurotischen Prozess rückgängig zu machen bzw. aufzulösen, wird in einer psychoanalytischen Behandlung – ob nun im Therapiesetting auf einer Couch, im Beratungssetting in einer Beratungsstelle oder in der Betreuungsarbeit in einer stationären Einrichtung – versucht, den psychischen Konflikt zu verstehen und bewusst zu machen. Dazu werden neben der Analyse von Träumen vor allem freie Assoziationen genutzt, die auf der Couch sowie in den anderen Settings gefördert werden können.

Tritt auf diesem oder einem anderen Wege dabei unbewusstes oder vorbewusstes Material zutage, kann über behutsame Verstehens- und Deutungsprozesse darauf aufmerksam gemacht werden, bzw. die Klient*innen können damit konfrontiert werden. Auf dieser Basis kann ein Durcharbeiten erfolgen, das den Zusammenhang herstellt und eine Veränderung im Erleben und Verhalten bewirkt. Tauchen bei den Klient*innen dabei Widerstände auf, kann durch eine Arbeit entlang dieser Widerstände ebenfalls ein produktives Ergebnis – also mehr Bewusstheit zu einem inneren Vorgang – erreicht werden (vgl. Brenner, 1955/2017, S. 24 f.). Als stärksten Widerstand hatte Freud ursprünglich die Übertragung bezeichnet. „Damit werden Gefühle des Patienten dem Analytiker gegenüber gekennzeichnet, die nicht in der realen Situation begründet sind, sondern von früheren Beziehungen stammen und nun in der therapeutischen Situation neu belebt werden" (Kriz, 2014, S. 51). Gegenübertragung wäre dann „komplementär zur Übertragung zu sehen und bedeutet praktisch, dass der Therapeut die Gefühle aufgreift, mit denen er auf die Übertragung reagiert" (ebd.). Die Übertragungs- und Gegenübertragungsgefühle gehören damit essenziell zur Behandlung dazu und können konstruktiv in die Arbeit einfließen.

13.5 Die Bedeutung von Bindung und Beziehung in der Psychoanalyse

Die Psychoanalyse – als Ausgangspunkt aller beraterischen und psychotherapeutischen Grundorientierungen – hat sich aufgrund ihrer Entwicklungsorientierung von Beginn an intensiv mit Selbst- und Objektrepräsentanzen als verinnerlichten Beziehungserfahrungen auseinandergesetzt. Freuds (1930/2018) ursprünglichen Ausführungen zufolge besitzt der Säugling Beziehungsorientierung und Sozialität allerdings nicht originär, sondern erwirbt sie erst im Verlauf der Entwicklung über die Interaktionen mit der Außenwelt. Daher kann in diesen Prozess trotz der großen Bedeutung der frühen Kindheit auch später noch über Beratung und Therapie eingegriffen werden. Dazu versucht die Fachkraft, zentrale Beziehungen und deren Muster zu verstehen und über das Aufdecken von z. B. Übertragungsaspekten und -konflikten – nach psychoanalytischer Betrachtungsweise sind dies Reinszenierungen früherer Beziehungserfahrungen – Klient*innen destruktive Internalisierungen bewusst zu machen, um sie über ein Durcharbeiten der Beziehungsdynamiken zu verändern.

Nach Vorstellung der sog. klassischen Psychoanalyse ist allerdings Voraussetzung dafür eine abstinente Haltung in der eigentlichen Behandlungssituation. Aus dieser abstinenten Haltung heraus können Übertragungsphänomene aufgespürt und bewusst gemacht werden. Die therapeutische Beziehung hat also eine sehr große Bedeutung im Behandlungsgeschehen. Doch die im psychotherapeutischen Geschehen real (vgl. Gelso & Carter, 1985, 1994) entstehende Beziehung wird im klassisch-analytischen Vorgehen von der aktuellen, authentischen Begegnung zu entlasten versucht, um – unbeeinflusst davon – das innerpsychische Übertragungsgeschehen besser bearbeiten zu können. Da das Aufdecken von schmerzhaften Inhalten ohne eine tragende Beziehung in der aktuellen Therapie- oder Beratungssituation jedoch schwer belastete Klient*innen überfordern kann, haben sich hierzu neue Herangehensweisen entwickelt.

Als einer der ersten Vertreter psychoanalytischer Verfahren wies Adler (1912/2012), den Freud bereits früh aus der Wiener psychoanalytischen Gesellschaft ausschloss, auf die umfassende Bedeutung von „realen" Beziehungs- und Einbettungsphänomenen in Behandlungsprozessen hin. Diese und weitere konzeptionelle Weiterentwicklungen der Psychoanalyse beziehen bindungstheoretische Ergebnisse in ihre Überlegungen ein und betonen die Bedeutung der aktuellen Beziehungsstruktur zwischen Patient*in und Psychotherapeut*in – insbesondere bei „hard to reach"-Klientel. Das Übertragungs- und Gegenübertragungsgeschehen wird hier – z. B. bei der Arbeit mit schwer traumatisierten Klient*innen – aufgelöst und tendenziell eher stützend als konfrontierend bearbeitet (vgl. z. B. Reddemann & Sachsse, 1999). Diese sog. interpersonale Wende hin zu einer intersubjektiven oder auch relationalen Psychoanalyse hat sich inzwischen weitgehend durchgesetzt (vgl. z. B. Bettighofer, 1998). Eine besonders bekannte Form dieser relational ausgerichteten Verfahren ist die mentalisierungsbasierte Vorgehensweise (vgl. vor allem Fonagy, Gergely, Jurist & Target, 2002).

13.6 Psychoanalyse und Soziale Arbeit/Pädagogik

Seit Beginn des 20. Jahrhunderts erfuhr die entwicklungsorientierte Förderung von Kindern und Jugendlichen Aufwind gegenüber rein autoritären Konzepten. Interessanterweise hatte Freuds Psychoanalyse damals in pädagogischen und sozialarbeiterischen Kreisen zunächst am meisten Erfolg, sodass sich „das pädagogische Denken untrennbar mit dem neuen tiefenpsychologischen" (Bois & Ide-Schwarz, 2005, S. 1425) verband. Von Aichhorn (1925/2005) war bereits die Rede, ebenso von Bernfeld (u. a. 1929/1974), der als von der Jugendbewegung inspirierter Reformpädagoge und Sozialist die psychoanalytische Pädagogik und ihren reflexiven Modus sowie ihre Umfeldkontextualisierung stark geprägt hat. Auch Anna Freud (1930/2011) trug zahlreiche Überlegungen zu diesem Gebiet bei. „Leicht wird übersehen, dass für später als Tiefenpsychologen bekannte Persönlichkeiten wie Redl, Adler, Aichhorn, E. Federn, Eckstein, Zulliger, Bettelheim die Heimpädagogik und die Sozialarbeit der feste Boden blieben, auf dem sie ihre therapeutische Arbeit zunächst aufbauten" (Bois & Ide-Schwarz, 2005, S. 1425; vgl. auch Dörr, 2018, S. 1224 f.).

Als zentraler Aspekte dieser psychoanalytisch geprägten Pädagogik und Sozialen Arbeit lässt sich die Arbeit mit Übertragungs- und Gegenübertragungsprozessen nennen, die szenisches Verstehen ermöglicht. Auch die bereits mehrfach angesprochenen Mentalisierungsprozesse (vgl. Kap. 3 und 6) wurden aus diesem Kontext heraus beschrieben und entwickelt. Die produktive Synergie zwischen den beiden Theoriesträngen wurde jedoch durch die Auswirkungen des Nationalsozialismus in Deutschland zerschmettert und konnte danach erst langsam wieder aufgebaut werden (vgl. Dörr & Müller, 2007). Bis heute ist der elementare Kern psychoanalytischer Pädagogik und Sozialer Arbeit „die Kunst, die Beziehungsdimension im jeweiligen (lebensweltlichen) professionellen Interaktionsgeschehen (tiefen)hermeneutisch zu erfassen und […] in die weitere Beziehungsgestaltung aufzunehmen" (Dörr, 2018, S. 1229). Es geht dabei im Kern um die Gestaltung eines fördernden Dialogs (vgl. Leber, 1983).

Es erstaunt daher nicht, dass sich aus psychoanalytisch fundierten Konzepten die oben beschriebenen milieutherapeutischen Überlegungen entwickelt haben, die den psychosozialen Arbeitsbereich zwischen Sozialer Arbeit und Psychiatrie einst maßgeblich geprägt haben und bis heute beeinflussen. Böhnisch (2004/2008) zufolge verweist der Begriff des Milieus auf sozialräumliche „Gegenseitigkeits- und Bindungsstrukturen" (S. 436). Auch Böhnisch (2019) rekurriert bei seiner Lebensbewältigungstheorie auf psychoanalytische Erklärungsmodelle und bezeichnet z. B. dissoziale Phänomene als Abspaltungsmechanismen: „ein somatisch angetriebener psychosozialer Bewältigungsmechanismus der Abspaltung […], der antisoziale oder selbstdestruktive Züge annehmen kann" (S. 18). Gerade bei solchen und ähnlichen Zielgruppen sind Fachkräfte der Sozialen Arbeit daher besonders für den Aufbau von alternativen Beziehungsstrukturen über die Arbeit in heilsamen Milieus zuständig.

Literaturtipps zum Weiterlesen

Brenner, Charles (2017). *Grundzüge der Psychoanalyse* (unveränd. Repr.). Frankfurt: Fischer (englisches Original erschienen 1955).

Kriz, Jürgen (2014). *Grundkonzepte der Psychotherapie* (Reihe: Schlüsselbegriffe; 7., überarb. u. erw. Aufl.). Weinheim: Beltz.

14 Kognitiv-verhaltensorientierte Grundorientierung

Verhaltenstherapeutische Ansätze haben sich historisch als klare Gegenposition zu psychoanalytischen Denkmodellen und Behandlungsansätzen entwickelt. Heutige Verhaltenstherapie hat sich im Vergleich zu den Anfängen dabei deutlich ausdifferenziert und bezieht neben Verhalten verstärkt auch Gedanken, Gefühle und Körpererleben in die Therapiepraxis und -forschung ein. Häufig wird daher von drei Wellen der Entwicklung gesprochen: vom Verhalten (seit den 1950er-Jahren) über die Kognitionen (seit den 1970er-Jahren) bis hin zu den Emotionen (seit den 1990er-Jahren). Diese werden in diesem Kapitel überblickshaft nachvollzogen und hinsichtlich ihrer Bedeutung für Soziale Arbeit betrachtet.

14.1 Die erste Welle der Verhaltenstherapie: eine Geschichte von Blackboxes und Konditionierung

Als klare Gegenbewegung zur im vorangegangenen Kapitel vorgestellten Psychoanalyse hat sich die Verhaltenstherapie entwickelt. Zur Frage der Kritik an der Psychoanalyse aus verhaltenstherapeutischer Perspektive äußerte Frederic Kanfer (1984), einer der prominentesten Wegbereiter*innen der Verhaltenstherapie, in einem Interview: „Die Psychoanalyse versucht Verhalten zu erklären, ohne auf das Verhalten einzugehen. Unsere Patienten leiden an konkreten Schwierigkeiten. Psychoanalyse sucht nach den Gründen, die das Verhalten verursachen, mit der Hoffnung, dass sich das Verhalten ändert, wenn wir die Ursachen verstehen. […] Ein weiterer Kritikpunkt war, dass Psychoanalyse vor allem im Sprechzimmer entwickelt wurde und daher keine wissenschaftliche Grundlage hat. Ich erinnere mich an eine Geschichte aus meiner Studienzeit. Professor Rosenzweig, bei dem ich meine erste Stelle hatte, schrieb stolz an Freud, dass er im Labor Forschungsergebnisse erhalten hatte, die die Psychoanalyse bestätigen. Freud antwortete beinahe wütend, er habe die Richtigkeit seiner Theorie nie bezweifelt und brauche nicht ins Labor zu gehen, das wäre völlig überflüssig. […] Natürlich heißt das nicht, dass Psychoanalyse nutzlos ist. Ich meine nur, wenn das Ziel eines klinischen Vorgangs das Verhalten ist, muss das Verhalten im Mittelpunkt stehen. Für andere Ziele gibt es andere Modelle“ (o. S.).

Die verhaltensorientierten Ansätze gehen in ihren Ursprüngen zurück auf den Behaviorismus und auf Lerntheorien. Diese frühen theoretischen Entwicklungen haben dabei noch keinen unmittelbaren Bezug zu Beratung oder Therapie geboten. John B. Watson (1930/2000) gilt als Begründer des (radikalen) Behaviorismus. Er lehrte in Baltimore und unternahm hier den Versuch, Psychologie als objektive Naturwissenschaft zu etablieren. Eine seiner zentralen Grundideen wurde in der Folge vielfach rezipiert: Auf Watsons theoretische Entwürfe aus den 1920er-Jahren geht die Vorstellung zurück, das menschliche Gehirn als Blackbox zu beschreiben.

Dieses Modell geht davon aus, dass ein bestimmter Reiz auf die Blackbox einwirkt, der dann eine spezifische Reaktion auslöst. Im Behaviorismus als objektiver Naturwissenschaft spielen dabei nur objektiv messbare Phänomene eine Rolle. Es ist also nur bedeutsam, welche Reiz-Reaktions-Ketten sich außerhalb der Blackbox abbilden. Alle kognitiven und emotionalen Prozesse, die sich im Menschen, also innerhalb der Blackbox abspielen, sind hierfür irrelevant.

Der Behaviorismus erfuhr aufbauend auf den frühen Arbeiten von Watson in den 1950er-Jahren erneut große Aufmerksamkeit, nun durch die Arbeiten von Burrhus F. Skinner (1953/1973), der als strikter Vertreter des Behaviorismus gilt. In dieser Zeit entwickelte sich Verhaltenstherapie im engeren Sinne: Seit den 1950er-Jahren versuchten Forscher*innen und Therapeut*innen, Annahmen des Behaviorismus, Lerntheorien, und Erkenntnisse der Verhaltensforschung für therapeutisches und beraterisches Tun nutzbar zu machen und aufbauend auf den Theorien und empirischen Befunden bestimmte methodische Ansätze zur Behandlung psychischer Symptomatiken zu entwickeln.

Kriz (2014) nennt drei Forschungsgruppen, die die Bezeichnung „Verhaltenstherapie“ 1953 bis 1959 „relativ unabhängig voneinander“ (S. 126) einführten und verwendeten:

- Burrhus F. Skinner (1953/1973) und seine Schüler*innen in Boston (Harvard),
- Joseph Wolpe (1969/1977) und seine Schüler*innen in Johannesburg,
- eine Forschungsgruppe um Hans-Jürgen Eysenck (Eysenck & Rachman, 1969/1973) in London.

Verhaltenstherapie orientierte sich in ihren Ursprüngen wie beschrieben sehr deutlich an den Naturwissenschaften und den Kriterien „objektiver Forschung“. Entsprechend ist auch die Vorstellung davon, wie menschliches Verhalten entsteht und wie menschliche Entwicklung verläuft, eindeutig naturwissenschaftlich bestimmt. Ein Zitat von Burrhus F. Skinner (1953/1973, S. 16) verdeutlicht dies eindrücklich: „Wollen wir die Methoden der Wissenschaft auf die Probleme des Menschen anwenden, müssen wir voraussetzen, daß Verhalten gesetzmäßig und determiniert sei. Wir müssen vorbereitet sein auf die Entdeckung, daß das, was der Mensch tut, ein Ergebnis spezifizierbarer Bedingungen ist, und daß wir, wenn wir diese Bedingungen formuliert haben, seine Handlungen vorhersagen und bis zu einem gewissen Grad determinieren können."

Die von Skinner und anderen Vertreter*innen der ‚frühen' Verhaltenstherapie formulierte Vorstellung, menschliches Verhalten sei das Ergebnis spezifizierbarer Bedingungen und damit determinierbar, also von außen beeinflussbar bzw. ‚manipulierbar', wurde in der Folge wiederkehrend stark kritisiert. Verhaltenstherapie basiere damit auf einem reduktionistischen Menschenbild und zeichne ein verkürztes, mechanistisches Bild von Menschen, das der Individualität menschlicher Entwicklung nicht gerecht werde. Eng damit verknüpft ist die verbreitete Kritik, Verhaltenstherapie sei eher eine Form von ‚Dressur'.

Das Zitat Skinners irritiert heute berechtigterweise. Es ist aber wichtig zu betonen, dass sich Verhaltenstherapie seither deutlich weiterentwickelt hat und auf einem umfassenderen Verständnis menschlicher Entwicklung basiert. Unabhängig davon haben die Erkenntnisse von Skinner und Kolleg*innen nach wie vor hohe Relevanz. Die Lernprinzipien, die seit den 1950er-Jahren erforscht wurden, bilden noch immer die Basis wichtiger verhaltenstherapeutischer Interventionen. Die frühen Lerntheoretiker*innen gingen in ihren Forschungen davon aus, dass die Grundprinzipien des Verhaltens und Lernens bei allen Lebewesen gleich sind und sich Verhaltensentwicklung und Lernprozesse von Menschen nicht wesentlich von denen anderer Säugetiere unterscheiden. Hierauf basiert die Annahme, dass z. B. bestimmte Lernprozesse im Tiermodell beobachtbar sind und die gewonnenen Erkenntnisse teilweise für menschliches Verhalten adaptiert werden können.

14.2 Zentrale Lernprinzipien

Zentrale Lernprinzipien, die vielen therapeutischen Methoden bis heute zugrunde liegen, sind die klassische und die operante Konitionierung sowie das latente Lernen.

- *Klassische Konditionierung* beschreibt eine behavioristische Lerntheorie, begründet von Pawlow (1923/2006), derzufolge einer natürlichen (meist angeborenen) Reaktion auf einen Reiz durch Lernen eine neue Reaktion hinzugefügt werden kann. Pawlow zeigte dieses Lernprinzip in seinen berühmten Experimenten mit Hunden – häufig nach ihrem Namensgeber auch als Pawlowsche Hunde bezeichnet. Ausgangspunkt des Experiments war eine Verhaltensweise von Hunden, die ganz unwillkürlich passierte: die Anregung des

Speichelflusses, wenn der Hund Futter sieht. Pawlow läutete im weiteren Verlauf des Experiments immer zugleich eine kleine Glocke, wenn dem Hund Futter gereicht wurde. Nach einigen Wiederholungen begann schon allein nach dem bekannten Glockenton der Speichel des Hundes zu fließen. Der Glockenton als ursprünglich neutraler Reiz wurde somit zu einem konditionierten Reiz, der dieselbe Reaktion hervorrief wie der Anblick des Futters.

- *Operante Konditionierung* ist die lerntheoretische Basis, auf die sich bis heute sehr viele Methoden und Verfahren der Verhaltenstherapie berufen. Sie wurde wesentlich von Skinner (1953/1973) erforscht, der u. a. die „Skinner-Box" (Skinner, 1956) entwickelte. Dies ist ein kleiner Käfig, in dem Tiere (z. B. Ratten oder Tauben) standardisiert und weitgehend automatisiert ein neuartiges Verhalten erlernen können, wie den Erhalt von Futter durch Betätigen eines bestimmten Hebels oder die Reaktion auf ein Lichtsignal. Im Gegensatz zur klassischen ist die operante Konditionierung durch das Ergebnis bestimmt und wird auch als „Lernen am Erfolg" bezeichnet.
- *Latentes Lernen*, entwickelt von Tolman (1932/1967), bezeichnet einen Lernprozess, der ohne eine direkte Verstärkung abläuft und im Vergleich zu operanter und klassischer Konditionierung in aller Regel schwächer und langsamer geschieht. Latent meint ein beiläufiges, unbelohntes Lernen, z. B. beim Erkunden oder Spielen.

Die wesentlichen Lerntheorien, die in den 1950er- und 1960er-Jahren erforscht und begründet wurden, bilden nach wie vor die Basis zentraler verhaltenstherapeutischer Interventionsprinzipien (etwa Gegenkonditionierung, Habituierung – Gewöhnung – systematische Desensibilierung). Heute ist hierbei allerdings wichtig, dass Verhaltenstherapie nicht direktiv an von außen definierten Zielen arbeitet, sondern therapeutische und beraterische Interventionen Klient*innen dabei unterstützen, eigene Verhaltensweisen in eine für sie gewünschte Richtung zu verändern.

14.3 Die kognitive Wende – Beginn der zweiten Welle der Verhaltenstherapie

Verhaltenstherapie hat sich seit den Anfängen in den 1950er-Jahren deutlich fortentwickelt und ausdifferenziert, insbesondere in den 1970er-Jahren: Nun rückten kognitive Prozesse prominent in den Mittelpunkt von Theoriebildung, Forschung und Praxis. Mit der sog. kognitiven Wende in der Verhaltenstherapie wird also sprichwörtlich die Blackbox geöffnet, und fortan stehen innere Prozesse der kognitiven Verarbeitung und Reaktion im Fokus.

Entsprechend wird seit den 1970er-Jahren auch der Terminus der kognitiven Verhaltenstherapie bzw. der kognitiv-behavioralen Therapie und Beratung verwendet. Im Mittelpunkt stehen kognitive Prozesse und u.a. folgende Fragen: Welche Gedankenmuster haben Klient*innen verinnerlicht? Welche bestimmten Gedanken treten wiederkehrend in bestimmten ähnlichen Situationen auf? Welche dysfunktionalen Gedanken sind mit welchen Konsequenzen verknüpft, z.B. mit spezifischen negativen Gefühlen und mit für die Person selbst oder das soziale Umfeld unerwünschten Verhaltensweisen?

Ein häufig verwendetes theoretisches Modell zur Veranschaulichung der Zusammenhänge zwischen Kognitionen und Verhalten sowie Emotionen ist das ABC-Modell, entwickelt von Albert Ellis (1962/2008) bereits in den 1960er-Jahren. Die Abkürzungen A, B und C stehen dabei für „Activating moment" (Ausgangssituaton), „Belief system" (Bewertungssystem) und „Consequences" (Konsequenzen). Im Mittelpunkt der Betrachtung stehen die Gedanken von Klient*innen, die in einer Situation (A) auftreten. Daraus folgen bestimmte (kognitive) Bewertungen (B) und schließlich spezifische Gefühls- und Verhaltensreaktionen (C) (vgl. Abb. 19).

Kognitiver Verhaltenstherapie liegt also die Annahme zugrunde, dass Verhaltensweisen von Klient*innen sich durch Einsicht in dysfunktionale Denkmuster verändern können. Das ABC-Modell wird entsprechend häufig in der Praxis von Beratung und Therapie verwendet, um mit Klient*innen gemeinsam ihre dys-

Abbildung 19: Das ABC-Modell der Verhaltenstherapie (eigene Darstellung, in Anlehnung an Willson & Branch, 2005/2012, S. 39)

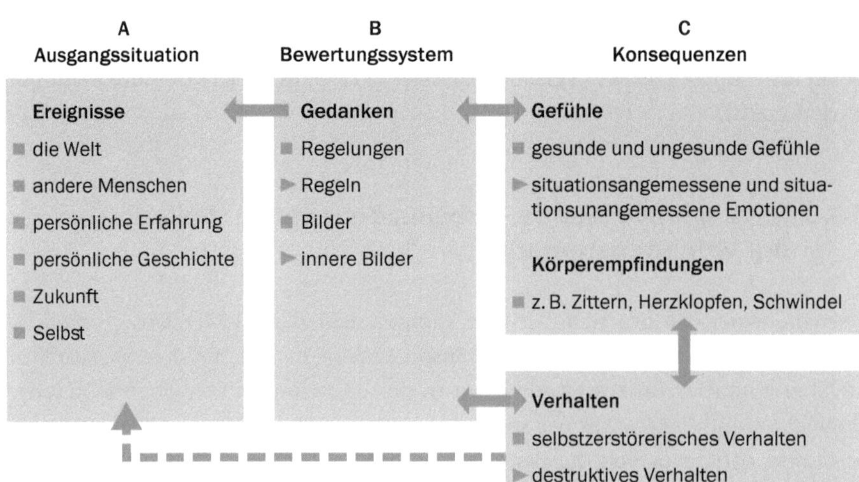

funktionalen Gedankenkreisläufe zu erarbeiten und hieraus Strategien für eine Änderung der (kognitiven) Bewertungen und der resultierenden emotionalen und behavorialen Konsequenzen abzuleiten.

Mit der kognitiven Wende ging zudem eine Erweiterung der lerntheoretischen Grundlagen einher. Zu den klassischen Lernprinzipien kam eine weitere zentrale Lerntheorie hinzu: das Modelllernen nach Bandura (1969). Er zeigte, dass Menschen nicht nur durch Verhaltenskonsequenzen lernen, sondern auch Lernen durch Beobachtung möglich ist und viele Kompetenzen durch Nachahmung erworben werden. Modelllernen ist „dadurch definiert, daß ein Individuum sich aufgrund der Beobachtung des Verhaltens anderer und der darauf folgenden (positiven) Konsequenzen neue Verhaltensweisen aneignet oder schon bestehende in Richtung des Modellverhaltens verändert werden" (Meszaros, 2009, S. 440). Damit Modelllernen erfolgen kann, „muss der Beobachtende das Modell aufmerksam beobachten, das beobachtete Verhalten behalten können, sowie fähig und motiviert sein, es auszuführen" (Langfeldt & Nothdurft, 2015, S. 114), sowohl bei bewusstem als auch unbewusstem Nachahmen. Dieses Lernprinzip ist eindrücklich zu sehen, wenn Kinder zunehmend mehr Kompetenzen erwerben, indem sie das Verhalten ihrer Bezugspersonen imitieren. Modelle können neben realen Personen auch fiktive Charaktere aus Filmen oder Büchern sein (vgl. bereits Bandura et al., 1963).

Mit der kognitiven Wende etablierten sich in Verhaltenstherapie und verhaltensorientierter Beratung verschiedene konkrete Techniken und Methoden zunehmend stärker: In den 1970er-Jahren wurde die Verhaltensanalyse nach dem SORKC-Schema (Kanfer & Saslow, 1976) entwickelt, die heute ein Kernelement der Verhaltenstherapie darstellt: S (Stimulus), O (Organismusvariable), R (Reaktion), K (Kontingenz), C (Konsequenz). Im Rahmen von Psychoedukation steht die Vermittlung eines Verständnisses der Symptomatik bzw. des ‚Problemverhaltens' für Klient*innen im Zentrum, etwa anhand des SORKC-Schemas oder des ABC-Modells. Erweitert wurde das Methodenrepertoire zudem um verschiedene kognitive Techniken, z. B. Gedankenstopp, kognitive Umstrukturierung und Reframing.

14.4 Vom Verhalten über die Kognitionen bis zu den Emotionen – die dritte Welle der Verhaltenstherapie

Etwa seit den 1990er-Jahren wird von einer dritten Welle der Verhaltenstherapie gesprochen: Seither verlagert sich der Fokus verhaltenstherapeutischer Verfahren stärker auf die explizite Berücksichtigung und Adressierung von Emotionen bzw. der Emotionsregulation. Emotionsfokussierte Verfahren nehmen einen zunehmend größeren Stellenwert in der Planung und Durchführung verhaltenstherapeutischer Interventionen ein. Zur dritten Welle zählen Therapien wie Mindfulness-Based cognitive Therapy (MBCT), Mindfulness-Based Stress Reduction (MBSR), dialektisch behaviorale Therapie (DBT), Compassion-Focussed Therapy (CFT) und Akzeptanz- und Commitment-Therapie (ACT) (Voderholzer, 2019, S. 77).

In ihrem umfassenden Herausgabeband „Die ‚dritte Welle‘ der Verhaltenstherapie" (Heidenreich & Michalak, 2013a) nennen Heidenreich und Michalak (2013b) als Schlagworte für die wichtigsten Neuerungen der Verhaltenstherapie seit den 1990er-Jahren u. a. „Achtsamkeit", „Akzeptanz" und „Schemata" (S. 13). Allerdings seien „die einzelnen Neuerungen [...] sehr schwer ‚unter einen Hut‘ zu bringen, gemeinsam ist ihnen jedoch, dass die neuen Entwicklungen in klassischen kognitiven und behavioralen Termini nicht vollständig zu fassen sind" (ebd.).

Die Entwicklung des Fachdiskurses verläuft aktuell schnell, teilweise unübersichtlich und überaus dynamisch. In der jüngsten Vergangenheit werden z. B. interpersonelle Aspekte zunehmend häufiger explizit in der Verhaltenstherapie berücksichtigt. Immer mehr Techniken und Methoden rücken das soziale Umfeld in den Blick und beziehen beispielsweise Bezugspersonen stärker ein – und weisen damit deutliche Nähe und Überschneidungen zu klassisch systemischen Ansätzen auf (vgl. Kap. 16).

Im aktuellen Lehrbuch zur Verhaltenstherapie (Fliegel et al., 2018) der Deutschen Gesellschaft für Verhaltenstherapie (DGVT) – mit über 10 000 Mitgliedern der größte verhaltenstherapeutische Fachverband in Deutschland – finden sich vielfältige Kapitel zu theoretischen Grundlagen wie auch zu Techniken und Methoden. Neben klassischen lerntheoretisch fundierten oder kognitiven Interventionen wird etwa umfassend auf emotionsbezogene, systemische, schematherapeutische oder körperbezogene Interventionen eingegangen.

14.5 Bedeutung für die Soziale Arbeit

In vielen Praxisfeldern Sozialer Arbeit gibt es deutlich mehr Bezüge zu Verhaltenstherapie und ihren theoretischen wie empirischen Wissensbeständen, als auf den ersten Blick zu erwarten ist. Die genannten Lernprinzipien und die darauf aufbauenden Interventionsstrategien finden sich in vielfältigen Interventionsformen und -settings, von klassischen psychotherapeutischen Einzel- und Gruppensettings über Beratungsprozesse bis hin zu unterschiedlichsten klassischen Handlungsfeldern der Sozialen Arbeit. Trainingsprogramme sozialer Kompetenzen, die häufig auf verhaltenstherapeutischen Verfahren basieren, finden beispielsweise Anwendung in stationären Jugendhilfeeinrichtungen oder in Form von Kursangeboten innerhalb der offenen Jugendarbeit. In ähnlicher Weise werden in verschiedensten Bereichen Programme zur Angstbewältigung oder Entspannungsförderung eingesetzt. Ein in Praxisfeldern Sozialer Arbeit weit verbreitetes Beispiel sind zudem sog. Token-Programme, in der Praxis auch als „Verstärkerplan“ oder „Belohnungssystem“ bezeichnet. Diese Programme basieren auf dem Prinzip operanter Konditionierung und zielen auf die Förderung eines bestimmten, erwünschten Verhaltens. Häufig angewendet werden sie etwa in der Schule, in sozialpädagogischen Tagesgruppen oder in stationären Jugendhilfeeinrichtungen.

Die Praxisfelder Sozialer Arbeit haben also einige Bezugnahmen zu kognitiven oder lerntheoretischen Modelle und Interventionen. Zugleich ist ein grundlegendes Verständnis kognitiv-verhaltensorientierter Zugänge (wie auch anderer therapeutisch-beraterischer Grundorientierungen, vgl. Kap. 13, 15 und 16) für Sozialarbeiter*innen schon deshalb bedeutsam, da viele Klient*innen vorausgehend, parallel oder anschließend an sozialarbeiterische Interventionen auch psychotherapeutische Behandlungen in Anspruch nehmen. Vor diesem Hintergrund erscheint zum einen eine kritisch-reflexive Beschäftigung mit den Kernelementen der verschiedenen therapeutischen Grundrichtungen wichtig, zum anderen auch eine Auseinandersetzung mit der (psychotherapeutischen) Versorgungsrealität.

Hinsichtlich des Ersteren scheint zunächst nochmals der zusammenfassende Befund wichtig, dass Verhaltenstherapie inzwischen sehr breit angelegt ist und sich weit von den engen Definitionen der 1950er-Jahre – Stichwort: Blackbox – entfernt hat. Verhaltenstherapie reagiert in ihren aktuellen Entwicklungen der dritten Welle zudem auf berechtigte kritische Einwände, etwa den Vorwurf, zu stark individuumzentriert zu sein und das soziale Umfeld zu wenig zu berücksichtigen. Im Sinne einer Verbesserung der Unterstützung von Klient*innen ist dies durchaus zu begrüßen. Dennoch können diese Entwicklungen durchaus kritisch gesehen werden, etwa wenn bestimmte Methoden, die aus anderen Verfahren stammen, in die Verhaltenstherapie integriert und in der Folge mit einem gewissen Alleinvertretungsanspruch als originär verhaltenstherapeutisch ausgegeben werden.

Auch im verhaltenstherapeutischen Fachdiskurs selbst wird die Begeisterung für die Verfahren der dritten Welle von einigen Autor*innen kritisch betrachtet. Voderholzer (2019, S. 77) weist etwa darauf hin, dass (noch) keine klare empirische Evidenz für die Überlegenheit der Verfahren der dritten Welle gegenüber klassischen kognitiv-behavioralen Verfahren besteht, wenngleich er hinsichtlich der Bedeutsamkeit dennoch ein grundlegend positives Fazit zieht: „Was die Dritte Welle betrifft, besteht kein Zweifel, dass diese Therapien das Repertoire in der Verhaltenstherapie wesentlich erweitert haben und unsere Therapien weiter verbessern können, auch wenn es an wissenschaftlicher Fundierung für viele dieser Verfahren im Hinblick auf Therapieergebnisse noch sehr mangelt und ein Mehr an Wirksamkeit über die Wirksamkeit kognitiver Verhaltenstherapie hinaus für die überwiegende Mehrzahl der Störungen nicht gezeigt wurde" (ebd., S. 78). Selbstkritisch sieht der Autor die größte Herausforderung nicht darin, dass die Kognitive Verhaltenstherapie (KVT) „nur begrenzt und nicht bei allen wirkt und wir neue Techniken und Verfahren entwickeln müssen, sondern erstmal, dass das, was wir eigentlich schon lange wissen, in der Praxis auch zum Einsatz kommt" (ebd.). Schwierigkeiten beim Zugang, insbesondere in nicht-städtischen Regionen, sieht er hierbei als eines der Probleme an (ebd.).

Aus Sicht der Sozialen Arbeit kann hier weiterhin die grundlegende Hochschwelligkeit von ambulanter Psychotherapie genannt werden. Viele Klient*innen Sozialer Arbeit in multiplen psychosozialen Problemlagen zeigten einerseits Symptome von „krankheitswertigen psychischen Störungen" und könnten – neben anderen notwendigen Unterstützungsformaten – auch von einer ambulanten Psychotherapie profitieren, befinden sich andererseits statistisch gesehen aber deutlich seltener in ambulanter psychotherapeutischer Behandlung als Menschen aus sozioökonomisch privilegierteren Verhältnissen. Dieser scheinbare Widerspruch zwischen Behandlungsbedarf und Inanspruchnahme ist empirisch vielfach belegt (vgl. für den Bereich der stationären Jugendhilfe z. B. Schmid, 2007, S. 36–45) und in der Alltagspraxis immer wieder zu beobachten. Die Klient*innen entsprechen – unabhängig von vorhandener Therapiebereitschaft und bereits begonnener konstruktiven Reflexionsprozessen in der Zusammenarbeit zwischen Sozialarbeiter*in und Klient*in – bezüglich der Fülle und Komplexität ihrer Problemlagen und des Zugangs zum Hilfesystems (u. a. Anbindung an Versorgungsstrukturen, Möglichkeiten der Terminvereinbarung und -einhaltung) offenbar nur bedingt der primären Zielgruppe ambulanter Psychotherapeut*innen (Gahleitner & Wesenberg, 2019). Dringend geboten scheint daher aus der Perspektive Sozialer Arbeit als sozialpolitischer Profession und Disziplin, die sich solidarisch für die Bedarfe ihre Klient*innen einsetzt, eine Veränderung der (psychotherapeutischen) Versorgungsstruktur sowie die Schaffung niederschwelliger Unterstützungsformate (etwa in Form von Beratungsangeboten), um die Erkenntnisse der Therapieforschung (aller Therapieschulen) aufzugreifen und in gelingende Angebote für Klient*innen Sozialer Arbeit zu transferieren (vgl. Kap. „Schluss und Ausblick").

Literaturtipps zum Weiterlesen

Kriz, Jürgen (2014). *Grundkonzepte der Psychotherapie* (Reihe: Schlüsselbegriffe; 7., überarb. u. erw. Aufl.). Weinheim: Beltz. [Kap. „Verhaltenstherapie“: S. 123–182].

Fliegel, Steffen, Jänicke, Wolfgang, Münstermann, Sandra, Ruggaber, Günter, Veith, Andreas & Willutzki, Ulrike (Hrsg.) (2018). *Verhaltenstherapie. Was sie kann und wie es geht. Ein Lehrbuch.* Tübingen: DGVT.

15 Humanistische Grundorientierung

Das folgende Kapitel skizziert die Entstehung humanistischen Denkens und Handelns in klinischen Zusammenhängen. Die humanistische Grundorientierung basiert neben naturwissenschaftlichem Gedankengut schwerpunktmäßig auf sozial- und geisteswissenschaftlichen Überlegungen wie u. a. dem Humanismus, der Phänomenologie und der Existenz- und Begegnungsphilosophie. Dazu hat nicht nur eine Reihe von Vordenker*innen beigetragen, sondern auch die heutigen Spielarten humanistischer Verfahren sind äußerst vielfältig. Dennoch gibt es ein gemeinsames Verständnis über den Menschen als entwicklungsfähiges, reflexives und von Grund auf soziales Wesen, in einer Umwelt, die ihn ebenso beeinflusst, wie sie von ihm beeinflusst wird. Dieses Verständnis von lebenslanger Entwicklung in Interaktion ebenso wie das Angewiesensein auf Beziehung, wie es bereits im Bindungskapitel beschrieben ist, weist zugleich auf die Chance der Sozialen Arbeit, Beratung und Psychotherapie hin, diesen Prozess konstruktiv mitzugestalten.

15.1 Geschichte und Grundlagen der humanistischen Grundorientierung

„Charlotte Bühler, Abraham Maslow, Carl Rogers u. a. gründeten 1962 in den USA die ‚Gesellschaft für humanistische Psychologie', deren Ziel es war, sich explizit gegen das (eher) analytisch-kausale, mechanistische und deterministische Verständnis des Menschen auf bio-physiologischer Basis (damalige Psychoanalyse) bzw. auf reiz-reaktions-mechanistischer Basis (Behaviorismus und damalige Verhaltenstherapie) abzugrenzen, [...] als ‚dritte Richtung' oder ‚dritte Kraft' in der Psychologie" (Kriz, 2014, S. 185). Die Humanistische Psychologie, Psychotherapie und Beratung ist stark geprägt von der Existenz- und Begegnungsphilosophie (vgl. u. a. den Dialog von Rogers & Buber, 1957/1992), der Phänomenologie und dem Humanismus, bezieht also neben naturwissenschaftlichen auch sozial- und geisteswissenschaftliche Wissensbestände in ihre Überlegungen ein. Es gab allerdings eine Reihe von Vordenker*innen für diese Grundorientierung: „Trotz der klaren Abgrenzung gegenüber anderen Richtungen gelten *[sic]* [...] durchaus eine Reihe von Tiefenpsychologen (bzw. Psychoanalytikern, im weiteren Sinne dieser Bezeichnung) als wesentliche therapeutische Vorläufer dieser Ansätze –

u. a. Alfred Adler, Viktor Frankl, Erich Fromm, Karen Horney und Wilhelm Reich" (Kriz, 2014, S. 185). Auch die Gestaltpsychologie spielt eine Rolle.

Aus der humanistischen Bewegung ist eine große Zahl von Richtungen hervorgegangen. Neben der klientenzentrierten Therapie und Beratung ist insbesondere die Gestalttherapie und -beratung zu nennen. Zum humanistischen Spektrum gehören auch die Logotherapie bzw. Existenzanalyse (Frankl, 1959/2015) und das Psychodrama (Moreno, 1959/2008), obgleich sie bereits verschiedene andere Bezugspunkte im Spektrum der Beratungs- und Therapieorientierungen aufweisen. In der Bedeutung nicht zu unterschätzen ist „für die humanistische Psychologie […] der Einfluss Morenos" (Kriz, 2014, S. 192). Allen gemeinsam sind das Verständnis einer wechselseitigen Bedingtheit von individueller und gesellschaftlicher Entwicklung und das Prinzip der Ganzheitlichkeit, demzufolge „viele Phänomene, die gerade für den Menschen und seine Lebenswelt wesentlich sind, nicht als Summe von (ggf. analytisch herausgearbeiteten) Einzelelementen und -wirkungen erklärt werden können. Vielmehr müssen sie als Aspekte eines ganzheitlichen, dynamischen Geschehens begriffen werden" (ebd.).

Der Mensch wird entsprechend existenzphilosophischen Überlegungen in der humanistischen Grundorientierung als reflexives Wesen gesehen, das seine Existenz in dieser Welt definieren kann und muss, um ihr einen Sinn zu verleihen. Da diese Entwicklung immer nur im Kontext seiner Umwelt und seines Umfelds, also in der Begegnung mit relevanten Anderen möglich ist, stehen die Phänomene Begegnung und Begegnungsfähigkeit im Zentrum der Überlegungen. Das bedeutet, dass der Mensch als autonomes Wesen gesehen wird, das sich jedoch stets und ständig in Interaktionsverhältnissen befindet und damit in andauernden Interdependenzen steht. Er ist – bei Absicherung der Erfüllung der Grundbedürfnisse (vgl. dazu die Bedürfnispyramide nach Maslow, 1962/1994) – in der Lage, jedoch auch gezwungen, sich selbst zu verwirklichen. Als zentrales Grundprinzip des beraterischen bzw. therapeutischen Prozesses ist daher die „Aktualisierungstendenz" zu betrachten: „Dem Menschen sei – wie im Grunde jedem Organismus – eine Tendenz zu eigen, die ihm innewohnenden Möglichkeiten zu entfalten, und zwar geschehe dies unter günstigen Umständen auf eine konstruktive, sozial verbindende Weise", fasst Pfeiffer (1977/2019, S. 10) in seinem prägnanten Vorwort zum zentralen Band „Therapeut und Klient" von Rogers (1977/2019b) diesen Aspekt zusammen.

15.2 Abgrenzung zu Psychoanalyse und Verhaltenstherapie

Das Prinzip der Ganzheitlichkeit und die Aktualisierungstendenz unterscheiden die humanistischen Verfahren grundlegend von der psychoanalytischen und der verhaltensorientierten Grundorientierung. „Die Annahme einer solchen ‚aktualisierenden Tendenz' des Organismus", so Pfeiffer (1977/2019, S. 10), „die auf fortschreitende Differenzierung und Integration körperlicher und psychischer Funktionen gerichtet ist, steht im Widerspruch zu der bei Freud und bei Lerntheoretikern vertretenen Auffassung, daß Leben letztlich durch Mangel motiviert und vom Streben nach Spannungsausgleich [...] bestimmt sei. So entspricht auch der klientenzentrierten Sehweise, daß dem proaktiven Potential des Menschen nicht minder Aufmerksamkeit geschenkt wird als seinem reaktiven Verhalten. Demgemäß erscheint als zentrale Aufgabe der Therapie, die Spontaneität, die aktualisierende Tendenz des Klienten zu befreien und wirksam werden zu lassen" (ebd.). Ebenfalls im Gegensatz zur Psychoanalyse gehen humanistische Verfahren davon aus, dass die Möglichkeit besteht, sich unbewussten oder vorbewussten Inhalten ohne Deutungskonfrontation durch die Fachkraft zu nähern, und zwar durch eine vertiefte Selbstexploration, man spricht in diesem Kontext von „Gewahrwerdung" (ebd., S. 10).

Voraussetzung dafür ist allerdings, dass es einer bindungs- und beziehungssensiblen Fachkraft, die das Vertrauen der Klient*innen gewonnen hat, gelingt, „den Klienten in einer Haltung versuchsweiser Identifizierung auf dem Wege der Selbstexploration zu begleiten, in gemeinsamer Arbeit am Rande des bewußten Raumes immer weitere Bereiche der Gewahrwerdung zu erschließen und sinngebend zu durchdringen" (ebd.). Humanistisches Vorgehen ist also – auch das verbindet alle dortigen Verfahren – ein grundsätzlich partizipatives Vorgehen – mit einer deutlichen Abkehr von Expertokratie. Dieser Aspekt verdient eine genauere Betrachtung: Auch die humanistischen Verfahren sind letztlich aufdeckende und einsichtsorientierte Verfahren, ebenso wie die Psychoanalyse. Es gibt aber zwei gravierende Unterschiede: Das gemeinsame Verstehen in der Psychoanalyse folgt weitgehend der psychoanalytischen Theorie mit ihren oben beschriebenen Modellen und Vorstellungen der kindlichen Entwicklung. Das gemeinsame Verstehen in den humanistischen Verfahren orientiert sich an den subjektiven Deutungskonzepten der Adressat*innen selbst und hat daher eine große Nähe zu rekonstruktiven Forschungsansätzen im qualitativen Forschungsbereich, in dem außerdem versucht wird, die subjektive Realität vulnerablen Lebens zu erfassen, um dem „eigensinnigen Charakter" (Blumer, 1973, S. 108) der jeweiligen Erfahrungen gerecht zu werden (vgl. dazu als Grundlage die Überlegungen zum symbolischen Interaktionismus von Mead, 1934/2020, bes. S. 244–253).

Der zweite bedeutsame Unterschied besteht im Beziehungsprimat der humanistischen Verfahren: „Die Erkenntnis, daß die Beziehung zwischen Klient und Therapeut für den Verlauf der Therapie entscheidend sei, ist der klientenzentrierten Psychotherapie und der Psychoanalyse gemeinsam. Doch betont die Psychoanalyse an dieser Beziehung den Aspekt der ‚Übertragung', also die Wiederbelebung ‚libidinöser Objektbeziehungen' aus frühkindlicher Zeit, deren Bearbeitung ihr zum Kernstück der Therapie wird. Gewiß erkennt auch die klientenzentrierte Psychotherapie an, daß in die gegenwärtige Beziehung die früheren emotionalen Erfahrungen mit eingehen. Entscheidend für sie ist aber das reale Zusammentreffen in der therapeutischen Situation; dies als ‚Übertragung' zu entwirklichen, würde den eigentlich menschlichen Aspekt der Therapie verleugnen" (Pfeiffer, 1977/2019, S. 10 f.). Es geht also um die „reale Beziehung", die auch in der aktuellen „relationalen" Psychoanalyse betont wird. Dies unterscheidet die humanistischen Verfahren also vor allem von der klassischen Psychoanalyse. Der Aspekt wird weiter unten erneut aufgegriffen und weiter ausdifferenziert.

15.3 Personzentrierte Psychotherapie und Beratung

„Die wesentlichen Grundkonzeptionen seines therapeutischen Ansatzes entwickelte Carl R. Rogers (1902–1987) in den Jahren von 1938 bis 1950, wobei er zunächst von ‚non directive therapy' (‚nichtdirektive Therapie') sprach" (Kriz, 2014, S. 193), um den partizipativen Charakter zu betonen. „Spätestens ab seinem zentralen Lehrbuch von 1951 verwendet Rogers aber die Bezeichnung ‚client-centered therapy', später zunehmend ‚personcentered therapy' (‚klientenzentrierte' bzw. ‚personzentrierte Therapie')" (ebd.; unter Bezug auf Rogers, 1951/2016). Der Begriff der „Person" hat eine lange Tradition, „mit unterschiedlichen etymologischen, philosophischen, theologischen und letztlich auch psychologischen Wurzeln, in deren Verlauf sich die zentralen Charakteristika herausbilden: Einzigartigkeit, Würde und Freiheit, aber auch der Bezug zum Gegenüber und zur Gemeinschaft. Der ‚Person'-Begriff Rogers' entstammt dem Kern der Existenzphilosophie" (Kriz, 2014, S. 195). Der Begriff ist im humanistischen Ansatz prozessual und entwicklungsorientiert angelegt. Ähnlich wie bindungstheoretische Überlegungen und soziale Unterstützungskonzepte ist daher die „Frage nach der Person […] die Frage nach dem Personsein und die Frage nach dem Personwerden – verbunden mit der Frage, wie eine Begegnung beschaffen sein muss, die dies möglich werden lässt" (Schmid, 1995, S. 151). Über diese Begegnungen entwickelt sich das Selbst. An anderer Stelle spricht Schmid (2002) von „Beziehungsangewiesenheit" (S. 1).

Das bedeutet: „Das Selbst differenziert sich im Verlauf der frühkindlichen Entwicklung aus den Körperwahrnehmungen in Interaktion mit der Umwelt heraus. Es organisiert und strukturiert Erfahrungen, was auch dazu führen kann, dass Erfahrungen verleugnet oder verzerrt werden, wenn sie keinen Bezug zum Selbst(bild) haben oder dieses sogar bedrohen" (Kriz, 2014, S. 197 f.). Dies kann zu „Inkongruenzen" führen, die die Grundlage von Problemlagen und Krankheiten bilden. Um förderliche Begegnungen zu initiieren und konstruktive Persönlichkeitsveränderungen entgegen diesen Inkongruenzen anzuregen, formulierte Rogers (1959/1987, S. 40) sechs Bedingungen, die die Fachkraft berücksichtigen sollte (vgl. Tabelle 4): Zunächst müssen zwei Personen überhaupt in Kontakt sein und eine von ihnen ein Problem bzw. Anliegen haben, also unter Leidensdruck stehen. Die Fachkraft dagegen sollte weitgehend kongruent und mit sich und in der Beziehung zur*m Klient*in sein und ihr*m bedingungslose Wertschätzung entgegenbringen. Dies ermöglicht, durch empathisches Verstehen den inneren Bezugsrahmens der*s Klienten wahrzunehmen und zum Ausdruck zu bringen. Voraussetzung dafür ist, dass die*der Klient*in diese Bemühungen wahrnehmen kann (ebd.). Unschwer lässt sich hier die große Nähe zum Konzept der Feinfühligkeit (Ainsworth et al., 1974) in der Bindungstheorie erkennen (vgl. Tabelle 4).

Tabelle 4: Bedingungen des therapeutischen Prozesses und Konzept der Feinfühligkeit – Parallelen

	Überlegungen bei Rogers	Überlegungen der Bindungstheorie
1	Zwei Personen befinden sich in Kontakt.	Zwei Personen befinden sich in Kontakt.
2	Die erste Person, der*die Klient*in, steht unter Leidensdruck, ist verletzlich oder voller Angst.	Das Kind ist noch hilflos und vollkommen auf Zuwendung angewiesen.
3	Die zweite Person, der*die Therapeut*in, ist kongruent in der Beziehung.	Die Bindungsperson ist erfahrener und fürsorglich.
4	Der*die Therapeut*in empfindet bedingungslose Wertschätzung gegenüber dem/der Klient*in.	Die Bindungsperson interpretiert die Bedürfnisse des Kindes richtig.
6	Der*die Klient*in nimmt zumindest in geringem Ausmaß die Bedingungen 4 und 5 wahr.	Die adäquate Reaktion der Bezugsperson kommt beim Kind an.

Quelle: eigene Darstellung (in Anlehnung an Rogers, 1959/1987, S. 40; Ainsworth et al., 1974)

Drei Aspekte dieser Grundhaltung beschreibt Rogers (1959/1987) ausführlicher. Diese wurden häufig auf die sog. ‚Basisvariablen' reduziert. Der Begriff ‚Variablen' ist allerdings irreführend, weil er als simple Technik missverstanden werden kann. Vielmehr geht es um ein aktives Beziehungsangebot, auf dessen

Basis der*die Klient*in explorieren und sich verändern kann. Im optimalen Fall verändern sich Klient*innen von einer eher starren, inkongruenten Haltung, in der sie selbst ihre mangelnde Flexibilität schlecht wahrnehmen können, über ein Stadium, in dem die Inkongruenzen (zum Teil schmerzhaft) gefühlt und symbolisiert werden können, in eine Haltung, in der Offenheit, Flexibilität und Veränderung möglich sind sowie Kreativität und Selbstakzeptanz empfunden werden können. Die Nähe zum bewältigungsorientierten Ansatz von Böhnisch (2019) ist offensichtlich, auch wenn er als Grundlage für seine Überlegungen psychoanalytische Quellen referiert. So spricht er z. B. davon, dass wir „KlientInnen erst zum Sprechen bringen" (S. 113), wenn sie „Anerkennung und Selbstwirksamkeit jenseits ihres bisherigen Verhaltens spüren und erfahren können" (ebd.), und „der handlungspraktische Zugang […] in bewältigungstheoretischer Konsequenz ein *akzeptierender* sein [muss], d. h. einer, der die subjektive Bedeutung des Verhaltens für die KlientInnen anerkennt, ohne dies gutheißen zu müssen" (ebd.; Hervorh. i. O.; Erg. v. Verf.). Die Form der Beziehungsgestaltung im klientenzentrierten Ansatz wie auch die Nähe zu einer authentischen und partizipativ strukturierten Sozialen Arbeit sollen daher anschließend eingehender betrachtet werden.

15.4 Professionelle Beziehungsgestaltung humanistisch

Revolutionär an Rogers' (1951/2016, 1977/2019b) Überlegungen in ihrer Entstehungszeit waren vor allem die „nicht-direktive" – wie wir heute sagen würden partizipative – und die Beziehungsorientierung (bes. Rogers, 1962/2019a). Während die Psychoanalyse und die Verhaltenstherapie die Therapeut*in-Klient*in-Beziehung über spezielle Techniken für die Symptomreduktion zu ‚nutzen' versuchte, sie also als Voraussetzung für eine erfolgreiche Anwendung von Techniken oder gar als Technik selbst begriff, konzipierte Rogers (ebd.) das Verhältnis zwischen Therapeut*in und Klient*in völlig neu. „Eine Abweichung von diesem Schema", so Hermer und Röhrle (2008, S. 21) in ihrem Übersichtsband zur therapeutischen Beziehung, „stellt die Gesprächspsychotherapie nach Rogers dar, die ihr Behandlungsverständnis und ihre Identität von Beginn an ganz aus ihrer Gestaltung einer förderlichen therapeutischen Beziehung im Hier und Jetzt bezog" (ebd.). Auch Goldfried und Davila (2005) halten Rogers noch heute für „one of the strongest advocates of the importance of the therapeutic relationship in the change process" (S. 422). Was aber war das Besondere an dieser humanistisch geprägten Beziehung, die damals neu und revolutionär war und an die sich heute die anderen Grundorientierungen Stück für Stück anzulehnen versuchen?

In wenigen Worten lässt sich dieser Sachverhalt am ehesten mit der Formel

„Die Beziehung an und für sich ist die Intervention, ist die Therapie, ist die Beratung“ ausdrücken (vgl. Gahleitner, 2020, S. 73). „Die Beziehung dient also nicht nur dem psychotherapeutischen Geschehen (womit sie wiederum instrumentalisiert würde)“ (Schmid, 2002, S. 2). Sondern Beziehung ist notwendig und hinreichend im helfenden Geschehen (Bachelor & Horvath, 1999, S. 134). Die helfende Beziehung wird daher im humanistischen Bereich von der Fachkraft als das Zentrum des helfenden Geschehens betrachtet. Sie ist partizipativ, von Empathie, Wertschätzung und Kongruenz geprägt und wirkt als korrigierende Beziehungserfahrung. In der konkreten Praxis wird „auf der Grundlage einer entwicklungsfördernden Grundhaltung, die durch die Kernbedingungen (Basisvariablen) Kongruenz, Akzeptanz und Empathie ebenso wie das Angebot der Strukturgebung und Bindungssicherheit gekennzeichnet ist, […] reflexiv ein auf das jeweilige Gegenüber ‚abgestimmtes‘ Beziehungsangebot gemacht“, so Fröhlich-Gildhoff (2006, S. 43). Die professionell ermöglichte Beziehungssicherheit ist dabei Voraussetzung für innere Sicherheit und damit für das zentrale Veränderungsgeschehen. Es überrascht daher nicht, dass das klientenzentrierte Konzept dem Konzept der Feinfühligkeit (Ainsworth et al., 1974) aus der Bindungstheorie, wie soeben erwähnt, nahezu identisch ist.

Die psychosoziale Fachkraft begegnet den Klient*innen in ihrer Realität und bietet einen bindungssensiblen unterstützenden Rahmen für die Entwicklung eines individuellen Selbst- und Problemverständnisses der neuen Situation (Rauchfleisch, 2001). „Dadurch können nicht verarbeitete Erfahrungen reaktualisiert, symbolisiert, d.h. dem Bewusstsein zugänglich gemacht und integriert werden. […] So werden intrapsychische Prozesse aktiviert und es können neue Selbst- und Weltwahrnehmungen in ein sich veränderndes Selbstkonzept integriert werden“ (ebd., S. 43 f.). Über das empathische und akzeptierende Verstehen soll es Klient*innen möglich werden, ihr inneres Erleben selbstexplorativ zu aktualisieren, zu thematisieren und sich selbst besser zu verstehen (vgl. Rogers, 1951/2016, 1957/2004, 1959/1987, 1962/2019a; aktuell Finke, 2019). „Mit diesem neuen gewonnenen Selbstbezug verändert sich in der Regel auch der *Sozialbezug*“ (Böhnisch, 2010, S. 228; Hervorh. i. O.).

15.5 Personzentrierte, erfahrungsorientierte Soziale Arbeit

Insbesondere in den späteren Publikationen des klientenzentrierten Ansatzes vollzieht sich bei Rogers eine Entwicklung, die für die Soziale Arbeit von großer Bedeutung ist: die Öffnung der Fachkraft selbst gegenüber der*m Klient*in. Die Fachkraft „tritt stärker als Person in Erscheinung; der Aspekt der Echtheit, des realen Zugegenseins des Therapeuten gewinnt zentrale Bedeutung, damit auch die Selbsteinbringung in die therapeutische Interaktion" (Pfeiffer, 1977/2019, S. 11). In der Folge werden das ‚Erleben' und ‚Erfahren' im Therapie- und Beratungsgeschehen (experiencing) immer wichtiger (Gendlin, 1962/1997). Diese aktuelle Richtung der klientenzentrierten Psychotherapie wird daher auch als „erlebensorientiert" (experiential) oder „personzentriert" (person centered) bezeichnet. Grundlage dafür war die Begegnung mit der existenziellen Beziehungsphilosophie. Durch den Dialog mit Buber (Rogers & Buber, 1957/1992) fand bei Rogers die Bedeutung emotionaler Gegenseitigkeit Eingang in die professionelle Beziehung. Nach Buber vollzieht sich Heilung in erster Linie durch das „dialogische Prinzip" (Buber, 1923/2017), durch aufrichtige Begegnung und Intersubjektivität. Begegnung „geschieht" (1923/2016, S. 12) mit der „Macht der Ausschließlichkeit" (ebd., S. 8).

Eine empathische, wertschätzende und authentische Beziehung herzustellen, ist also weder als rein methodisch reflektiertes Repertoire aufzufassen noch als unhinterfragte personale Ressource. In psychosozialen Arbeitsfeldern können sich Professionelle daher nicht aus der persönlichen Dimension und Unmittelbarkeit herausmogeln (Gahleitner, 2017, 2020). Persönlichkeitsentwicklung bei den Klient*innen zu fördern, erfordert damit auch stete Persönlichkeitsentwicklung bei den Fachkräften selbst (Schmid, 2002). Der humanistisch-personzentrierte Ansatz hat neben der steten Aufforderung der Selbsterfahrung und Selbstreflexion dazu eine Reihe von Möglichkeiten – z. B. Selbstöffnung und Beziehungsklärung (Finke, 2020) – entwickelt, die dafür hilfreich sind. Fachkräfte der psychosozialen Arbeit müssen daher in der Lage sein, Professionalität und persönliche Präsenz „auf kunstvolle Weise zu verschränken und zu vermitteln" (Dörr & Müller, 2007, S. 8). Rogers (1955/2018) sagt wörtlich: „Ich setze mich selbst aufs Spiel. […] Ich lasse mich ein in die Unmittelbarkeit der Beziehung" (S. 199). „Diszipliniertes und professionelles Vorgehen ist dazu kein Widerspruch – im Gegenteil, eine solche Einstellung und ihre Verwirklichung bedürfen einer entsprechend sorgfältigen, ihrerseits auf Persönlichkeitsentwicklung beruhenden Ausbildung und beständigen Fortbildung" (Schmid, 2002, S. 2). Diese Notwendigkeit von steter Supervision, Selbsterfahrung und Selbstreflexion zugunsten einer tragfähigen authentischen Beziehungsgestaltung hat bereits Rogers (1957/2004, 1959/1987, 1962/2019a) zur Grundbedingung helfender Prozesse erklärt. Eigene Betroffenheiten und alte Verletzungen können sich dann sogar produktiv auswirken, wenn sie angemessen reflektiert werden (vgl. aktuell Klasen, Nolte, Möller & Taubner, 2019).

„In persönlichen Beziehungen entwickeln wir unser Bild von der Welt und ein Selbstbild von uns in dieser Welt", beschreiben Lenz und Nestmann (2009, S. 9) die Bedeutung dieser Erfahrungen. Persönlich geprägte Beziehungen sind in der Lage, über das „persönliche Vertrautsein und die emotionale Bindung" (ebd., S. 12) bedeutsame Alternativerfahrungen zu vorhergehenden negativen Beziehungserfahrungen bereitzustellen und darüber zu neuen Explorationsprozessen, zu einem gegenseitigen Erlebensprozess anzuregen. Klient*innen suchen daher Professionelle „jenseits der institutionellen Rollenvorgaben [...], an denen sie sich in ihrer Entwicklungsverstricktheit orientieren können [...] als ‚wirkliche Menschen'" (Böhnisch, 2010, S. 228). Personzentrierte, integrative und moderne relational-psychoanalytische Ansätze sowie aktuelle Überlegungen aus verhaltensorientierten und systemischen Ansätzen der Beratung, die sich daran pluralistisch mehr und mehr annähern (Nestmann, 2004), bieten damit einen wichtigen Orientierungsrahmen, der für eine professionelle Handlungskompetenz in der Sozialen Arbeit in partizipativer Arbeit mit besonders vulnerabler Klientel Voraussetzung ist. Dabei gilt jedoch – personzentriert wie in der Sozialen Arbeit – immer: Letztendlich kann psychosoziale Arbeit „Begegnungen weder institutionalisieren noch inszenieren; sie muss sie zulassen können" (Böhnisch, 2002, S. 75).

Literaturtipps zum Weiterlesen

Rogers, Carl R. (2019). Die zwischenmenschliche Beziehung: Das tragende Element in der Therapie. In Carl R. Rogers, *Therapeut und Klient. Grundlagen der Gesprächspsychotherapie* (S. 211–231). Frankfurt: Fischer (englisches Original erschienen 1962).

Pauls, Helmut (2013). *Klinische Sozialarbeit. Grundlagen und Methoden psycho-sozialer Behandlung* (Reihe: Grundlagentexte Soziale Berufe; 3., unveränd. Aufl.). Weinheim: Beltz Juventa (letzte überarb. Aufl. erschienen 2011).

16 Systemische Grundorientierung

Systemische Denkweisen und Verfahren sind in vielen Praxisfeldern Sozialer Arbeit weit verbreitet und deutlich häufiger zu finden als etwa explizit psychoanalytische oder kognitiv-verhaltensorientierte Verfahren (vgl. Kap. 13 und 14). Anwendung findet dabei in der jeweiligen Handlungspraxis allerdings zumeist nur ein kleiner Ausschnitt aus der großen Bandbreite systemischer Ansätze und Verfahren in Beratung, Therapie und Sozialer Arbeit. Ein grundlegender Hinweis ist daher dem folgenden Kapitel voranzustellen: Es ist nicht möglich, die Vielfalt und Komplexität systemischen Denkens und Handelns an dieser Stelle umfassend oder abschließend zu behandeln. Vielmehr gibt dieses Kapitel (wie zu den anderen beraterischen Grundrichtungen) einen ersten Einblick in die historische Entwicklung, zentrale theoretische Modelle und Konzepte, Handlungsparadigmen sowie Techniken und Methoden. Einige der Ausführungen sind aus dem Studium möglicherweise bereits bekannt und knüpfen an bestehende Wissensbestände an. Andere Aspekte hingegen bedeuten vielleicht ‚Neuland' und können dazu verhelfen, bestehendes Wissen zu vertiefen, Zusammenhänge zwischen verschiedenen theoretischen und handlungspraktischen Perspektiven herzustellen und so den Blick auf systemische Ansätze und deren Bedeutung in Sozialer Arbeit zu erweitern.

16.1 Zentrale theoretische Konzepte und Schlüsselbegriffe

In ihren theoretischen Grundlegungen beziehen sich systemische Ansätze in Beratung, Therapie und Sozialer Arbeit auf zwei zentrale Stränge: die Annahmen des Konstruktivismus und systemtheoretische Überlegungen (Simon, 2013/2020a). Beide Bereiche umfassen dabei sehr komplexe theoretische Konzepte und Paradigmen, die an dieser Stelle nur sehr überblickshaft vorgestellt werden können.

„Beim Konstruktivismus, einer Variante der Erkenntnistheorie, handelt sich um eine interdisziplinäre Denkschule mit stark naturwissenschaftlich-biologisch geprägten Wurzeln und einer besonderen Relevanz für das Verständnis systemischen […] Arbeitens. Konstruktivisten leugnen die Existenz einer Außenwelt nicht, verneinen aber ihre voraussetzungsfreie Erkennbarkeit und fragen stets nach dem Zustandekommen von Realitätskonzepten" (Pörksen, 2019, o. S.). Der Begriff Konstruktivismus bezieht sich also auf verschiedene erkenntnistheoretische Positionen, denen die gemeinsame Überzeugung zugrunde liegt, dass ein bestimmter Gegenstand oder eine bestimmte Situation erst durch den Prozess der Beobachtung von dem*r Beobachter*in konstruiert wird. Paul Watzlawick (1981/2018), eine*r der zentralen Begründer*innen des Konstruktivismus, beschreibt, „daß jede Wirklichkeit im unmittelbarsten Sinne die *Konstruktion* derer ist, die diese Wirklichkeit zu entdecken und erforschen *glauben.* Anders ausgedrückt: Das vermeintlich *Ge*fundene ist ein *Er*fundenes, dessen Erfinder sich des Aktes seiner Erfindung nicht bewußt ist, sondern sie als etwas von ihm Unabhängiges zu entdecken vermeint und zur Grundlage seines ‚Wissens' und daher auch seines Handelns macht" (S. 9 f.; Hervorh. i. Orig.). Eine ‚absolute Wahrheit' oder eine ‚objektive' Realität gibt es also nicht, der Vorgang des Erkennens und Bewertens – der Konstruktion – wird in den Blick gerückt. Pörksen (2019) zufolge ist Konstruktion aber „kein individueller Schöpfungsakt, kein bewusst steuerbarer Vorgang, sondern vielfältig bedingt durch Natur und Kultur, Geschichte, Sprache und Medien" (o. S.).

Anfänge der konstruktivistischen Positionen finden sich bereits bei Epiktet (2018, S. 13 f.) in der mediterranen Antike. Im 20. Jahrhundert figurieren sich konstruktivistische Gedanken in naturwissenschaftlichen Überlegungen, so zeigten etwa die Physiker Albert Einstein oder Werner Heisenberg (vgl. Siebert, 2005, S. 8) sowie die Biologen Humberto Maturana (1970/1985) und Fancisco Varela (Maturana & Varela, 1984/2018), dass Beobachtungen relativ sind, da Beobachter*innen nur die Ergebnisse ihrer Beobachtungen sehen. In der Folge nahmen verschiedenste Disziplinen Einfluss auf konstruktivistische Theoriebildung. Wichtige Beiträge leisteten zudem u. a. Neurowissenschaften, Psychologie (v. a. die Kognitionspsychologie) und Soziologie – vom symbolischen Interaktionismus nach Mead (1934/2020) über die Theorien der Wissenssoziologie von Berger und Luckmann (1966/2018) bis hin zu Luhmanns Systemtheorie (Siebert, 2005, S. 13 f.).

Mit Luhmanns Systemtheorie (1975/2017), einer der prominentesten Systemtheorien im deutschsprachigen Raum, ist hier bereits die zweite zentrale Säule der theoretischen Bezugnahmen systemischer Ansätze genannt. Ähnlich wie beim Konstruktivismus gibt es auch hier verschiedene systemtheoretische Annahmen, und bereits der Begriff des „Systems" wird sehr unterschiedlich definiert. Nach Schlippe und Schweitzer (2013/2016) bezeichnet System eine „beliebige Gruppe von Elementen, die durch Beziehungen miteinander verbunden und durch eine Grenze von ihren Umwelten abgrenzbar sind. [...] Erst ein *systemischer Blick* einer Beobachterin lässt ein System entstehen. Denn erst diese entscheidet, welche Elemente, welche Beziehungen und welche Grenzen sie diesem System zuordnen will" (S. 31; Hervorh. i. Orig.). „System" bezieht sich hier bewusst nicht nur auf persönliche Netzwerke (also Systeme, die aus verschiedenen Personen bestehen), sondern umfasst mit dem Begriff „Elemente" eine Vielfalt möglicher Variablen (z. B. Personen, Objekten, Organisationen).

Eng verknüpft mit dem Begriff des Systems ist in systemischer Beratung und Therapie auch der Begriff von Zirkularität (Selvini Palazzoli, Boscolo, Cecchin & Prata, 1981). Zirkularität meint, dass jedes Element eines Systems durch jedes andere Element in seinem Verhalten beeinflusst wird. Systeme werden also nicht als starr und unveränderlich verstanden, sondern als dynamisch – also permanent in Bewegung und Veränderung befindlich und durch die wechselseitige Beeinflussung der Einzelelemente bestimmt.

16.2 Historische Entwicklung systemischer Therapie und Beratung

Insbesondere seit den 1950er-Jahren beschäftigten sich verschiedene Forschungsgruppen damit, basierend auf den skizzierten konstruktivistischen und systemtheoretischen Annahmen und Grundüberzeugungen konkrete Interventionen für psychosoziale Handlungsfelder und Zielgruppen zu entwickeln. Die Arbeiten der Pionier*innen der Interventionspraxis erfolgten dabei teilweise relativ unabhängig parallel zueinander, teilweise aufeinander aufbauend und bezugnehmend. Zudem lassen sich die Prozesse der Theoriebildung und Praxisentwicklung nicht klar voneinander trennen (weder hinsichtlich der historischen Entwicklung noch bezüglich der involvierten Personen), „vielmehr kennzeichnet sich die systemische Geschichte über das Zusammentreffen sich gegenseitig befruchtender, aber auch voneinander abgrenzender Theorie- und Praxisansätze" (Paulick, 2020b, o. S.).

Wenngleich die Geschichte systemischer Ansätze in Beratung, Therapie und Sozialer Arbeit als facettenreich und dynamisch beschrieben werden kann, lassen sich nach Paulick (2020b) sowie Schlippe und Schweitzer (2013/2016) markante Wegetappen seit den 1950er-Jahren beschreiben, die in Tabelle 5 zusammenfassend dargestellt sind (für einen ausführlichen Überblick vgl. Paulick, 2020b; Schlippe & Schweitzer, 2013/2016, bes. S. 34 f.). In der jüngsten Vergangenheit erfahren systemische Ansätze dabei (ähnlich wie kognitiv-verhaltensorientierte Verfahren, vgl. Kap. 14) eine breite und dynamische Erweiterung und Ausdifferenzierung.

Einige der heute zentralen Vertreter*innen und Pionier*innen von systemischer Beratung und Therapie kommen ursprünglich aus anderen Therapieschulen, z. B. aus der Psychoanalyse und aus humanistischen Verfahren. Bestimmte Traditionslinien der Beratungs- und Therapieverfahren, die heute in Deutschland unterschieden werden, weisen in ihrer historischen Entwicklung starke

Tabelle 5: Entwicklungsphasen systemischer Ansätze

Phase	Charakteristikum der Phase	Pionier*innen, Schulen und therapeutische Verfahren
1950er-Jahre: „Entdeckung" der Familie	• Einbezug von Familien(systemen) in die Therapie und Beratung • Verlassen ‚klassischer' einzel- und gruppentherapeutischer Formate (wie in Psychoanalyse und Verhaltenstherapie üblich) zugunsten des Einbezugs des sozialen Umfelds, primär der Familie	• Lymann Wynne • Theodore Lidz • Don Jackson • Nathan Ackermann • Carl Whitaker • Ivan Boszormenyi-Nagy
1950er- bis 1970er-Jahre: Kybernetik erster Ordnung	• Entwicklung von Ideen, wonach (Familien-)Systeme durch gezielte Impulse therapeutisch ‚steuerbar' bzw. beeinflussbar sind • Interessenfokus auf der Idee der Homöostase (Gleichgewichtszustands): Verstehen von Familie „im Sinne einer kybernetischen Maschine als Regelkreis [...], in dem fortlaufend Ist-Werte aus dem System mit einem jeweiligen Soll-Wert abgeglichen werden und interne Zustandsregulierungen für die Wiederherstellung des benötigten oder gewünschten Gleichgewichtszustandes (Homöostase) sorgen" (Levold, 2014/2020, S. 54).	• Mental Research Institute (MRI) in Palo Alto (Don D. Jackson, Gregory Bateson, John H. Weakland, Paul Watzlawick): u. a. Entwicklung von kommunikationstheoretischen Modellen (z. B. zur Erklärung von Schizophrenie, konstruktivistische Theoriebildung, Gründung des „Brief Therapy Center" am MRI • Virginia Satir: Familientherapie, Entwicklung von Methoden, u. a. Skulpturarbeit • Ivan Boszormenyi-Nagy: kontextuelle Therapie • Salvador Munichin: strukturelle Familientherapie • Mailänder Gruppe (Mara Selvini Palazzoli, Giuliana Prata, Luigi Boscolo, Gianfranco Cecchin): Arbeiten mit Familiensystemen von Klient*innen mit Anorexie oder Schizophrenie, Entwicklung des spezifischen Therapiekonzepts der Mailänder Schule
1980er-Jahre bis heute: Kybernetik zweiter Ordnung	• Entdeckung des/der Beobachter*in und Aufmerksamkeitsfokus auf die Wirkungen von Berater*innen/Therapeut*innen • Wirklichkeiten (auch in Beratungs- und Therapieformaten) werden als Konstruktionen verstanden und dem/der Beobachter*in (also auch dem/r Berater*in/Therapeut*in) eine Mitverantwortung für die Wirklichkeitserzeugung zugeschrieben • Interessenfokus auf der Idee der Autopoiese (Selbsterzeugung)	• Michael White: narrativer Ansatz • Heidelberger Gruppe um Helm Stierlin: u. a. systemisch-konstruktivistische und hypnosystemische Ansätze • Steve de Shazer, Insoo Kim Berg: lösungsorientierte Kurztherapie • Tom Andersen: Entwicklung der Methode des reflektierenden Teams

Quelle: Eigene Darstellung (nach Paulick, 2020b; Schlippe & Schweitzer, 2013/2016)

Parallelen und Überschneidungen auf. Zudem kann vieles, was in den systemischen Ansätzen seit den 1950er-Jahren entwickelt wurde und zunächst zu Recht als neuartig und wegweisend galt, heute als Common Sense verschiedener therapeutischer Verfahren und Schulen gelten – etwa die Berücksichtigung der sozialen Beziehungen von Klient*innen im Familiensystem. Im Folgenden soll anhand der systemischen Familientherapie nach Virginia Satir (1972/2020) beispielhaft ein spezifisches Modell systemischen Arbeitens skizziert werden, das den Einbezug der Familien von Klient*innen in den Mittelpunkt des Arbeitens rückt.

16.3 Familientherapie nach Virginia Satir

Heute scheint sozialarbeiterisches Tun in verschiedensten Praxisfeldern ebenso wie das beraterische und therapeutische Handeln in formalisierten Settings ohne den Einbezug des Umfelds von Klient*innen, insbesondere des familiären Umfelds, der familiären Beziehungen, nur schwer vorstellbar. Bis in die 1950er-Jahre hinein war dieses Grundverständnis allerdings keineswegs verbreitet. Insbesondere in der psychotherapeutischen Behandlung Erwachsener spielte das familiäre Umfeld keine entscheidende Rolle. Das Familienystem war weder im Denken von Therapeut*innen präsent noch in der Therapiepraxis und den therapeutischen Methoden. Eine zentrale Wegbereiterin des Einbezugs von Familien in Beratung und Therapie war Virginia Satir.

Nach den Ursprüngen ihrer therapeutischen Arbeit und ihrer Überzeugungen gefragt, begann Virginia Satir selbst häufig mit einer Anekdote aus ihrer Kindheit: „Als ich fünf Jahre alt war, entschloss ich mich, wenn ich einmal groß wäre, ein ‚Detektiv der Kinder gegenüber ihren Eltern' zu werden. Ich wusste nicht genau, nach was ich suchen würde, jedoch war damals für mich schon deutlich, dass in Familien vieles vor sich geht, das mit dem, was sichtbar ist, nicht übereinstimmt. Da schien es viele Rätsel zu geben" (Satir, 1972/2020. S. 11). Im Laufe ihrer langjährigen Tätigkeit als Sozialarbeiterin und Familientherapeutin war Satir einigen dieser Rätsel auf die Spur gekommen.

In ihrem Werk „Selbstwert und Kommunikation" (1972/2020) fasst Satir einige ihrer zentralen Annahmen und Methoden zusammen. Unter anderem skizziert sie ihr Verständnis von ‚gelungener Entwicklung' bzw. ihr handlungsleitendes Menschenbild: „Es ist eine Person, die ihren Körper versteht, wertschätzt und entwickelt, ihn schön und nützlich findet; eine Person, die real und ehrlich zu sich selbst, über sich und andere ist; eine Person, die bereit ist, Risiken auf sich zu nehmen, kreativ zu sein, kompetent zu sein, sich zu ändern, wenn es die Situation erfordert, und Wege zu finden, um Neues und Verschiedenartiges aufzunehmen, den Teil des Alten, der noch nützlich ist, zu behalten und den Teil, der es nicht ist, abzulegen. All dies zusammengenommen macht ein körperlich gesundes, geistig waches, fühlendes, liebendes, spielerisches, authentisches, kreatives und produktives menschliches Wesen aus. Es kann auf den eigenen beiden Füßen stehen, es kann tief lieben sowie fair und effektiv kämpfen. Es steht in gleicher Weise zu seinen zarten Seiten wie zu seinen zähen und kennt die Unterschiede zwischen beiden. Es kann sich deswegen wirksam bemühen, seine Ziele zu erreichen" (ebd., S. 12 f.).

Dieses Grundverständnis von ‚positiver' menschlicher Entwicklung drückt sich auch in den so genannten „Fünf Freiheiten" aus, über die Menschen nach Satir (1976/2019, S. 27) für ein erfüllendes Leben verfügen sollten:

- „Die Freiheit, das zu sehen und zu hören, was im Moment wirklich da ist, anstatt was sein sollte, gewesen ist oder erst sein wird.
- Die Freiheit, das auszusprechen, was ich wirklich fühle und denke, und nicht das, was von mir erwartet wird.
- Die Freiheit, zu meinen Gefühlen zu stehen, und nicht etwas anderes vorzutäuschen.
- Die Freiheit, um das zu bitten, was ich brauche, anstatt immer erst auf Erlaubnis zu warten.
- Die Freiheit, in eigener Verantwortung Risiken einzugehen, anstatt immer nur auf Nummer sicher zu gehen und nichts Neues zu wagen."

Die Familie ist für Satir (1972/2020, S. 13) dabei „die ‚Fabrik', in der diese Art Person entsteht". Sie macht vier zentrale Aspekte des Familienlebens aus, die im Rahmen ihrer familientherapeutischen Arbeit immer wieder relevant waren und die Schlüsselfaktoren zur Veränderung dysfunktionaler Familienmuster darstellten:

- Selbstwert (Gefühle und Vorstellungen über sich selbst),
- Kommunikation („Techniken, die […] Menschen entwickeln, um einander zu verstehen und wechselseitige Bedeutsamkeit zu erfahren")
- Regeln in Familiensystemen (die „die Menschen dafür aufstellen, wie sie sich verhalten und fühlen sollen", und die sich zu einem Familiensystem entwickeln)
- Verbindung zur Gesellschaft („Art, wie Menschen zu anderen Menschen und Institutionen außerhalb der Familie in Beziehung treten") (ebd., S. 13).

Diese vier Faktoren treten nach Satir in charakteristischen Mustern in ‚vitalen und fördernden' Familien sowie in belasteten (und die Entwicklung der einzelnen Mitglieder belastenden) Familien auf (ebd. S. 13 f.). Tabelle 6 fasst diese Muster zusammen.

Tabelle 6: Charakteristika belasteter und fördernder Familien nach Virginia Satir

Schlüsselfaktor	Belastete Familien	Fördernde Familien
Selbstwert	niedrig	hoch
Kommunikation	vage, indirekt, nicht ehrlich	direkt, klar, spezifisch und ehrlich
Regeln	starr, dürfen nicht hinterfragt werden, gelten unveränderbar für alle Zeiten	flexibel, entsprechen den gegenwärtigen Bedürfnissen und Situationen, sind veränderbar
Verbindung zur Gesellschaft	angstbesetzt, anklagend oder schuldzuweisend im Grundton	offen, hoffnungsvoll

Quelle: Eigene Darstellung (in Anlehnung an Satir, 1972/2020, S. 13–17)

Dabei werden unter dem Familienbegriff jegliche Formen des Zusammenlebens und Aufwachsens von Kindern gerahmt (z. B. bei leiblichen Eltern, bei alleinerziehenden Elternteilen, in Adoptivfamilien, Patchwork-Familien, in Wohngruppen). Die Ansätze beziehen sich also auch auf Institutionen wie stationäre Jugendhilfeeinrichtungen oder Tagesstätten. Satir (1972/2020) sieht hier ebenso einen Schlüssel zum Verständnis und der Veränderung von Systemen in der Sichtbarmachung und Änderung der entscheidenden Faktoren Selbstwert, Kommunikation, Regeln und Verbindung zur Gesellschaft.

Satir entwickelte verschiedenste Methoden und Techniken, um mit Familien die dysfunktionalen Muster zu bearbeiten. Eine zentrale Methode ist dabei die Arbeit mit Skulpturen (Schwing & Fryszer, 2015/2018, S. 175–196; Kleve, 2014/2020). Die Skulptur „gestattet uns, die Analyse des familialen Systems mit der Vorgeschichte und den inneren Aspekten des Lebens des Individuums und der Familie zu verbinden. Dabei werden innerpsychische Zustände und emotionale Bindungen in symbolischer Weise neu geschaffen, und zwar durch die dreidimensionale Darstellung der Beziehungen unter den Familienmitgliedern, in die auch die Körper und ihre Bewegungen mit einbezogen sind" (Andolfi, 1977/1992, S. 130; vgl. auch Wienands, 2003/o. J., o. S.). Eine Besonderheit von Satirs Familienskulpturarbeit bestand darin, dass sie häufig die Skulpturen selbst aufstellte (im Austausch mit den Protagonist*innen). Im Mittelpunkt standen dabei zumeist dysfunktionale Kommunikationsmuster, die versinnbildlicht und so Diskrepanzen bzw. Inkongruenzen zwischen den kommunizierten Inhalten und den Gefühlen der Personen verdeutlichen sollten.

Satir bezog viele ihrer Arbeitsansätze aus Gestalttherapie und Psychodrama, entwickelte verschiedene Elemente weiter und integrierte sie in ihren eigenen familientherapeutischen Ansatz. In ihrer therapeutischen Arbeit ging sie häufig in einen engen (emotionalen und auch körperlichen) Kontakt zu ihren

Klient*innen. Wenngleich die Ausgestaltung der Interventionen sich zentral an kommunikations- und systemtheoretischen Maximen orientiert, zeigt Satir in ihrer therapeutischen Grundhaltung deutliche Nähe zum humanistischen Ansatz: „Ich glaube, das größte Geschenk, das ich von jemandem bekommen kann, ist, dass er mich sieht, mir zuhört, mich versteht und mich berührt. Das größte Geschenk, das ich einem anderen Menschen machen kann, ist, ihn zu sehen, ihm zuzuhören, ihn zu verstehen und ihn zu berühren. Wenn das gelingt, habe ich das Gefühl, dass wir uns wirklich begegnet sind" (Satir, 1976/2019, S. 9).

16.4 Grundparadigmen systemischen Arbeitens und deren Bedeutung für die Soziale Arbeit

Heutigen systemischen Ansätzen in Beratung, Therapie und Sozialer Arbeit sind einige Grundannahmen und Handlungsmaximen (Kriz, 2014, S. 245–308; Barthelmess, 2016; Ludewig, 2009/2021) gemeinsam, die sich aus den skizzierten theoretischen Grundlegungen sowie aus Leistungen der genannten Pionier*innen der verschiedenen Schulen ableiten lassen:

- Systemische Beratung, Therapie und Soziale Arbeit können ihren Klient*innen nur Angebote unterbreiten, die abgelehnt, angenommen oder versuchsweise akzeptiert werden können. Systemisch Arbeitende orientieren sich dabei an einer Art ethischem Imperativ: „Handle stets so, daß die Anzahl der Möglichkeiten größer wird" (Foerster, 1993/2020, S. 234).
- Lösungsorientierung ist ein Grundparadigma systemischer Ansätze. Die Lösung für bestimmte Herausforderungen liegt in den Klient*innen und im System selbst. Systemische Berater*innen, Therapeut*innen und Sozialarbeiter*innen grenzen sich ab von direkten Ratschlägen, Deutungen u. Ä., sondern verstehen sich eher als Begleiter*innen auf dem Weg eines Systems, zu einer eigenen Lösung zu kommen. Klient*innen werden hier als Subjekte gesehen, die angeregt werden sollen, eigene Lösungen zu finden.
- Systemische Therapeut*innen, Berater*innen und Sozialarbeiter*innen gehen davon aus, dass Klient*innen und Systeme viele Ressourcen haben, die sie für eigene Lösungen nutzen können. Ressourcenorientierung ist neben Lösungsorientierung eines der zentralen Grundparadigmen systemischer Beratung, Therapie und Sozialer Arbeit (Paulick, 2019).
- Systemischem Arbeiten liegt die Überzeugung zugrunde, dass jedes Verhalten sinnvoll ist. Klient*innen haben also gute Gründe für ihr Verhalten, unabhängig davon, ob diese für Außenstehende (auch die beratende Person) unmittelbar nachvollziehbar sind, sich im Rahmen gesellschaftlich-sozialer

Normen bewegen o. Ä. „Der Blick auf Systemzusammenhänge empfiehlt, Menschen zu respektieren als solche, die unter geeigneten Bedingungen auch anders können – im weitesten Sinn konstruktiver“ (Schlippe et al., o. J., S. 11).
- Systemisch arbeitende Professionelle können nur ‚Anstöße‘ zu Systemveränderungen geben. Man spricht in diesem Zusammenhang auch von sog. Pertubationen (Störungen; Maturana & Varela, 1984/2018, S. 27). Jeder Anstoß an irgendeiner Stelle des Systems verändert das Systemgeschehen, ohne dass vorhersagbar ist, welche Anregung welche Veränderung des Systems nach sich zieht (ebd.). Störungen sollten angemessen ungewöhnlich sein. „Wenn Menschen dem Gewöhnlichen ausgesetzt sind, bleiben sie meistens dieselben. Wenn sie aber etwas Un-gewöhnlichem begegnen, könnte dieses Un-gewöhnliche eine Veränderung auslösen. Wenn nun das Neue, auf das sie treffen, sehr (zu) ungewöhnlich ist, verschließen sie sich, um davon nicht inspiriert zu werden“ (Andersen, 1990/2018, S. 34 f.).
- Professionelle nehmen eine offene, nichtwissende Haltung ein und verstehen sich lediglich als Expert*innen für die Begleitung des Prozesses und der Aufrechterhaltung eines konstruktiven Gesprächsrahmens, verfügen hingegen explizit nicht über die Deutungshoheit hinsichtlich des Problems oder dessen Lösung.

Innerhalb der systemischen Ansätze haben sich verschiedenste Techniken und Methoden entwickelt (vgl. dazu weiterführend Levold & Wirsching, 2014/2020, S. 220–280; Schlippe & Schweitzer, 2013/2016, S. 223–346), u. a.:

- spezifische Frage- und Gesprächstechniken (z. B. zirkuläre Fragen, also Fragen, die zum Perspektivwechsel auffordern; Fragen nach Ausnahmen; Wunderfrage; Reframing, also das Neurahmen und Herstellen eines alternativen Sinnzusammenhangs),
- biografieorientierte Verfahren (z. B. Lebensflussarbeit, Genogramm),
- Aufstellungen und Skulpturarbeit,
- Methoden zur Strukturierung und grafischen Darstellung (z. B. Genogrammarbeit, Skalierungen, Netzwerkkarten),
- paradoxe Interventionen (Aufforderungen bzw. ‚Verordnungen‘ zur Beibehaltung oder Verschlimmerung des „Problems“),
- reflektierendes Team.

Die beschriebenen Techniken und Methoden finden Anwendung in formalisierten Beratungs- und Therapiesettings ebenso wie in vielen weniger formalisierten Handlungsfeldern Sozialer Arbeit. Neben den konkreten Interventionstechniken gibt es aber vor allem hinsichtlich des Grundverständnisses systemischer Ansätze eine große Schnittmenge zu genuin sozialarbeiterischen Zugängen und Verstehensweisen. Empfohlen wird daher auch die Verwendung des Begriffs „Systemische Soziale Arbeit" (Lüssi, 2001/2008; Hosemann & Geiling, 2013; Paulick, 2020a), der im Vergleich zu systemischer Beratung oder systemischer Therapie ein wesentlich umfangreicheres Spektrum an Handlungsarten, -feldern und Zuständigkeitsbereichen impliziert (Paulick, 2020a).

Literaturtipps zum Weiterlesen

Levold, Tom & Wirsching, Michael (Hrsg.) (2020). *Systemische Therapie und Beratung – das große Lehrbuch* (Reihe: Systemische Therapie, Beratung; 3., unveränd. Aufl.). Heidelberg: Carl-Auer (Erstaufl. erschienen 2014).

Paulick, Christian (2020). Systemischer Ansatz. *Socialnet Lexikon,* 23. 10. 2020. Verfügbar unter: www.socialnet.de/lexikon/Systemischer-Ansatz [16. 08. 2021].

Schlippe, Arist von & Schweitzer, Jochen (2016). *Lehrbuch der systemischen Therapie und Beratung. Bd. 1: Das Grundlagenwissen* (Reihe: Lehrbuch; 3., unveränd. Aufl.). Göttingen: Vandenhoeck & Ruprecht (letzte neubearb. Aufl. erschienen 2013).

Simon, Fritz B. & Rech-Simon, Christel (2021). *Zirkuläres Fragen. Systemische Therapie in Fallbeispielen. Ein Lernbuch* (14., unveränd. Aufl.). Heidelberg: Carl-Auer (Erstaufl. erschienen 1999).

Schluss und Ausblick

Die vorgestellten Grundorientierungen der Beratung und Therapie werden von Studierenden häufig nur psychotherapeutischen Arbeitskontexten zugesprochen. Dies ist aber ein fatales Missverständnis. Zum einen sind Bezüge auf die zugrunde liegenden Persönlichkeitstheorien sowie die Konzeptionen und Modelle zu menschlicher Entwicklung hoch bedeutsam in vielen Theorieentwürfen, die eindeutig sozialpädagogisch und sozialarbeiterisch orientiert sind (vgl. z.B. Böhnischs, 2019, Konzept der Lebensbewältigung und dessen Bezüge zu analytischen Denkfiguren). Zum anderen sind auch viele der in den ‚klassischen' Therapie- und Beratungsverfahren etablierten Methoden und Interventionsstrategien längst in der Praxis Sozialer Arbeit angekommen, verankert und weiterentwickelt.

Eine starke Orientierung an den skizzierten Erkenntnissen zu den Grundorientierungen der Beratung und Therapie bei zeitgleicher kritisch-reflexiver Einordnung erscheint uns vor dem Hintergrund aktueller gesellschaftlicher Entwicklungen auch und gerade für Soziale Arbeit bedeutsam. „Der Besitz des bestmöglichen Gesundheitszustandes bildet eines der Grundrechte jedes menschlichen Wesens" formulierte die Weltgesundheitsorganisation (WHO) bereits 1946 (S. 1). Zugleich klafft bis heute in der gesundheitlichen Versorgung im sozialen Bereich ein beträchtlicher „treatment gap" (WHO, 2001, S. 3; vgl. auch Gühne, Weinmann, Riedel-Heller & Becker, 2019, S. 7; vgl. bereits Sting & Zurhorst, 2000).

Ganz im Kontrast zu der in den westlichen Ländern lange gehegten Illusion gleicher Entwicklungschancen spielt der soziale Hintergrund keine abnehmende, sondern eine zunehmende Rolle: „Arm sein [...] macht krank" (Reichel, 2011, S. 232). Von der fortgesetzten Ausweitung und Steigerung des sozialen Gradienten in unserer Gesellschaft sind längst nicht mehr ‚nur' soziale Randgruppen betroffen. Es bedarf daher adäquater Konzepte in Diagnostik- sowie (Be-)Handlung aus dem Bereich der Sozialen Arbeit (Armbruster, 2007; Borg-Laufs, Gahleitner & Hungerige, 2018; Pauls, 2011/2013b). Soll also Soziale Arbeit eine angemessene professionelle Antwort auf gesundheitliche Überforderungen durch psychosoziale Verarbeitungsprozesse postmoderner Lebensverhältnisse bereitstellen, muss sie effektiv zu einer Verbesserung der psychosozialen Passung in den verschiedenen Dimensionen des menschlichen Lebens und der jeweils vorhandenen sozialen Chancenstruktur beitragen.

Das – so unsere These nicht nur in diesem Lehrbuch – kann sie auch hervorragend. Und dabei kann sie von den in diesem Band referierten Grundorientierungen der Beratung und Psychotherapie sehr profitieren. Auf Basis komplexer psychosozialer Diagnostik und unter Einbezug interdisziplinärer Theoriebestände der Sozialen Arbeit lassen sich psychische Störungen im „hard to reach"-Bereich viel besser als Ausdruck von Bewältigungsversuchen verstehen und (an-)erkennen, u. a. im Sinne eines Überlebens in Armut, Diskriminierung, nicht vorhandener Bindung und Versorgung, Benachteiligung (Gahleitner et al., 2021). Dazu ist es nötig, biografische Wissensbestände psychischer und sozialer Phänomene zusammen zu denken. Dann kann Mehrperspektivität gelingen. und „das Zusammenwirken von sozialstrukturellen und psychosozialen Einflussfaktoren thematisiert und strukturiert werden" (Böhnisch, 2010/2012, S. 223). Bereits in den 1970er-Jahren entwickelten sich „im Umfeld kritischer Pädagogik, Psychologie, Soziologie und Sozialer Arbeit" (Engel & Nestmann, 2020, S. 29) Konzepte im Sozial- und Gesundheitsbereich, die Krankheitsentwicklungen vor dem Hintergrund verhinderter Chancenstruktur verstehbar machten und deren „systemstützende und gesellschaftlich anpassende Funktionen aufdeckten. Unterfüttert waren diese Positionen von der Kritik an einem positivistischen Wissenschaftsverständnis ebenso wie von der Kritik an kapitalistischen Lebens- und Arbeitsbedingungen und deren Auswirkungen auf die Psyche, das Selbst, das Individuum, das Subjekt und auch auf die Lebenswelten" (ebd.).

Es ist bedauerlich genug, dass diese Überlegungen nur wenig Eingang in aktuelle Konzepte und Curricula der Psychotherapie finden. Ein großer Teil der aktuellen Psychotherapie lässt sich nach Engel und Nestmann (2020, S. 30) „im medizinischen Modell und in lebensweltabgehobener Praxis" verorten und vernachlässigt u. a. soziologische und kulturelle Aspekte, die für den psychosozialen Bereich maßgeblich sind. Aus der Perspektive der klinisch orientierten Sozialen Arbeit, Sozialtherapie und Beratung kann und sollte daher die Antwort umso entschiedener bereitgestellt werden. Auch Beratung stellt natürlich immer einen Teil der gesellschaftlich omnipräsenten Diskriminierungs- und Herrschaftsverhältnisse dar, „aber sie kann im besten Fall […] Teil einer Gerechtigkeits- und Selbstbemächtigungsorientierung werden" (ebd., S. 31). Beratung und Klinische Sozialarbeit (Kupfer et al., 2021) thematisieren wesentlich stärker, dass „Scheitern […] nicht lediglich und ausschließlich in einer individuellen oder biografischen Kausalitätskette krisenhafter Lebensereignisse, problematischer Abweichung und individueller Missgeschicke zu verorten" (Engel & Nestmann, 2020, S. 30) ist. Hierzu gehören als Kernbereiche Sozialer Arbeit die Thematisierung von Diskriminierungs- und Differenzverhältnissen, von Ungleichheitsbehandlungen und die explizite Einnahme einer „intersektionale[n] diskriminierungskritische[n] Perspektive" (Gebrande, Melter & Bliemetsrieder, 2017, S. 17), die jedoch mit klinisch-psychologischer Kompetenz und Streitbarkeit verbunden werden müssen, um sich im Gesundheitsbereich selbstbewusst als Disziplin und

Profession zu behaupten und wieder stärker in den Vordergrund zu rücken, dass „psychische Problemlagen in objektive gesellschaftliche Zusammenhänge eingebunden sind“ (Keupp, 1978, S. 220).

Literaturtipps zum Weiterlesen

Kupfer, Annett, Wesenberg, Sandra, Gahleitner, Silke Birgitta & Nestmann, Frank (2021). *Beratung und Psychotherapie. Aktuelle Entwicklungen im Spannungsfeld von Abgrenzung und fruchtbarer Kooperation* (Reihe: Grundfragen der Beratung, Bd. 1). Tübingen: DGVT.

Nestmann, Frank, Engel, Frank & Sickendiek, Ursel (Hrsg.) (2014). *Das Handbuch der Beratung.* 2 Bde. (3., unveränd. Aufl.). Tübingen: DGVT (Erstaufl. erschienen 2004).

Literatur

Ader, Sabine & Schrapper, Christan (Hrsg.) (2020). *Sozialpädagogische Diagnostik und Fallverstehen in der Jugendhilfe* (Reihe: Soziale Arbeit). München: Reinhardt.

Adler, Alfred (2012). Über den nervösen Charakter. Grundzüge einer vergleichenden Individualpsychologie und Psychotherapie. Bremen: Outlook (Original erschienen 1912).

Ahnert, Lieselotte (Hrsg.) (2014). *Theorien in der Entwicklungspsychologie*. Wiesbaden: Springer VS.

Aichhorn, August (2005). *Verwahrloste Jugend. Die Psychoanalyse in der Fürsorgeerziehung. Zehn Vorträge zur ersten Einführung* (Reihe: Huber Klassiker; 11., unveränd. Aufl.). Bern: Huber (Original erschienen 1925).

Ainsworth, Mary D. S., Bell, Silvia M. & Stayton, Donelda J. (1974). Infant-mother attachment and social development. „Socialization" as a product of reciprocal responsiveness to signals. In Martin P. Richards (Hrsg.), *The integration of a child into social world* (S. 99–135). Cambridge: Cambridge University Press.

Ainsworth, Mary D. Selter & Wittig, Barbara A. (1969). Attachment and the exploratory behavior of one year olds in a strange situation. In Brian M. Foss (Hrsg.), *Determinants of infant behaviour IV. Based on the proceedings of the fourth Tavistock Study Group on Mother-Infant Interaction, held at the House of the Ciba Foundation, London September 1965* (S. 113–136). London: Methuen.

Alzheimer, Alois (1907). Über eine eigenartige Erkrankung der Hirnrinde. *Allgemeine Zeitschrift für Psychiatrie und Psychisch-gerichtliche Medizin, 64*(1), 146–148.

American Psychiatric Association (APA) (2015). *Diagnostisches und statistisches Manual psychischer Störungen DSM-5*. Göttingen: Hogrefe (englisches Original erschienen 2013).

Andersen, Tom (2018). *Das Reflektierende Team. Dialoge und Dialoge über die Dialoge* (Reihe: Systemische Studien, Bd. 5; 6., unveränd. Aufl). Dortmund: VML (englisches Original erschienen 1990).

Andolfi, Maurizio (1992). *Familientherapie. Das systemische Modell und seine Anwendung* (4., unveränd. Aufl.). Freiburg: Lambertus (italienisches Original erschienen 1977).

Antonovsky, Aaron (1997). *Salutogenese. Zur Entmystifizierung der Gesundheit* (Reihe: Forum für Verhaltenstherapie und psychosoziale Praxis, Bd. 36). Tübingen: DGVT (englisches Original erschienen 1987).

Arbeitskreis Therapeutischer Jugendwohngruppen Berlin (AK TWG) (Hrsg.) (2005). *Das Therapeutische Milieu als Angebot der Jugendhilfe. Konzepte und Arbeitsweisen Therapeutischer Jugendwohngruppen in Berlin*. Berlin: Verlag allgemeine jugendberatung. Verfügbar unter: www.therapeutische-jugendwohngruppen.de/publikationen/Tagungsreader_AK_TWG_2005.pdf [24.11.2020].

Arbeitskreis Therapeutischer Jugendwohngruppen Berlin (AK TWG) (Hrsg.) (2008). *Das Therapeutische Milieu als Angebot der Jugendhilfe. Bd. 2: Beziehungsangebote – Diagnostik – Interventionen*. Berlin: Verlag allgemeine jugendberatung. Verfügbar unter: www.therapeutische-jugendwohngruppen.de/publikationen/Tagungsreader_AK_TWG_2008.pdf [24.11.2020].

Arbeitskreis Therapeutischer Jugendwohngruppen Berlin (AK TWG) (Hrsg.) (2009). *Abschlussbericht der Katamnesestudie therapeutischer Wohngruppen in Berlin. KATA-TWG.*

Berlin: Verlag allgemeine jugendberatung. Verfügbar unter: www.forschung-stationaere-jugendhilfe.de/downloads/kata-twg_bericht.pdf [24. 11. 2020].

Arbeitskreis Therapeutischer Jugendwohngruppen Berlin (AK TWG) (Hrsg.) (2012). *Das Therapeutische Milieu als Angebot der Jugendhilfe. Bd. 3: Wirksamkeit und Perspektiven.* Berlin: Verlag allgemeine jugendberatung. Verfügbar unter: www.therapeutische-jugendwohngruppen.de/publikationen/TWG-BandIII-v2.pdf [24. 11. 2020].

Arbeitskreis Therapeutischer Jugendwohngruppen Berlin (AK TWG) (Hrsg.) (2017). *Das Therapeutische Milieu als Angebot der Jugendhilfe. Bd. 4: Zwischen Ende und Anfang – Gestaltung von Entwicklungsprozessen in Therapeutischen Wohngruppen.* Berlin: Verlag allgemeine jugendberatung. Verfügbar unter: www.pfh-berlin.de/sites/default/files/2019-05/TWG-Band-4.pdf [24. 11. 2020].

Armbruster, Meinrad (2007). Mehr Elternkompetenz für Problemfamilien – Wie die Quadratur des Kreises gelingt. *Verhaltenstherapie mit Kindern und Jugendlichen – Zeitschrift für die psychosoziale Praxis, 3*(1), 19–26.

Bachelor, Alexandra & Horvath, Adam O. (1999). The therapeutic relationship. In Mark A. Hubble, Barry L. Duncan & Scott D. Miller (Hrsg.), *The heart and soul of change: What works in therapy* (S. 133–178). Washington, DC: American Psychological Association.

Bär, Marion, Kruse, Andreas & Re, Susanne (2003). Emotional bedeutsame Situationen im Alltag demenzkranker Heimbewohner. *Zeitschrift für Gerontologie und Geriatrie, 36*(6), 454–462.

Balfour, Andrew (2019). The fragile thread of connection: living as a couple with dementia. In Sandra Evans, Jane Garner & Rachel Darnley-Smith (Hrsg.), *Psychodynamic approaches to the experience of dementia. Perspectives from observation, theory and practice* (S. 118–132). New York: Routledge.

Baltes, Paul B. & Baltes, Margret M. (2018). Gerontologie: Begriff, Herausforderung und Brennpunkte. In Paul B. Baltes, Jürgen Mittelstraß & Ursula M. Staudinger (Hrsg.), *Alter und Altern. Ein interdisziplinärer Studientext zur Gerontologie* (Reihe: unveränd. Nachdr.; S. 1–34). Berlin: De Gruyter (Original erschienen 1994).

Bandura, Albert (1969). *Principles of behaviour modification.* London: Holt, Rinehart & Winston.

Bandura, Albert, Ross, Dorothea & Ross, Sheila A. (1963). Imitation of film-mediated aggressive models. *Journal of Abnormal and Social Psychology, 66*(1), 345–351. Verfügbar unter: www.uky.edu/~eushe2/Bandura/Bandura1963JASP.pdf [23. 08. 2021].

Barthelmess, Manuel (2016). *Die systemische Haltung. Was systemisches Arbeiten im Kern ausmacht* (Reihe: Systemische Therapie). Göttingen: Vandenhoeck & Ruprecht.

Bartholomeyczik, Sabine, Holle, Daniela & Halek, Margareta (2013). *Herausforderndes Verhalten bei Menschen mit Demenz verstehen. Die Verbesserung der Versorgung Demenzkranker durch Qualitätsinstrumente* (Reihe: Versorgungsstrategien für Menschen mit Demenz). Weinheim: Beltz Juventa.

Bartholomeyczik, Sabine, Halek, Margareta, Sowinski, Christine, Besselmann, Klaus, Dürrmann, Peter, Haupt, Martin, Kuhn, Christina, Müller-Hergl, Christian, Perrar, Klaus Maria, Riesner, Christine, Rüsing, Detlef, Schwerdt, Ruth, Kooij, Cora, van der & Zegelin, Angelika (2006). *Rahmenempfehlungen zum Umgang mit herausforderndem Verhalten bei Menschen mit Demenz in der stationären Altenhilfe.* Berlin: BMG. Verfügbar unter: www.bundesgesundheitsministerium.de/service/publikationen/pflege/details.html?bmg%5Bpubid%5D=112 [15. 08. 2021].

Bauer, Ullrich & Hurrelmann, Klaus (2021). *Einführung in die Sozialisationstheorie. Das Modell der produktiven Realitätsverarbeitung (MpR)* (Reihe: Pädagogik; 14., vollst. überarb. Aufl.). Weinheim: Beltz.

Baumann, Urs & Pfingstmann, Gertraud (1986). Soziales Netzwerk und soziale Unterstützung. *Nervenarzt, 57*(12), 686–691.

Beck, Ulrich (2019). Das Zeitalter der Nebenfolgen und die Politisierung der Moderne. In Ulrich Beck, Anthony Giddens & Scott Lash, *Reflexive Modernisierung. Eine Kontroverse* (unveränd. Neuausg.; S. 19–112). Frankfurt: Suhrkamp (englisches Original erschienen 1994).

Becker, Nicole (2007). Der Stellenwert biologischer Erklärungsmuster in der Debatte über ADHS. Eine Analyse pädagogischer Zeitschriften. In Ulrike Mietzner, Heinz-Elmar Tenorth & Nicole Welter (Hrsg.), *Pädagogische Anthropologie – Mechanismus einer Praxis* (Reihe: Zeitschrift für Pädagogik – Beihefte, Bd. 52; S. 186–201). Weinheim: Beltz.

Becker, Stephan (2005). Pädagogisch-therapeutische Milieus – psychoanalytische Sozialarbeit und Reformpädagogik in Konvergenz. *Psychosozial, 28*(3 [Nr. 101]), 119–128.

Becker, Stefanie, Kruse, Andreas, Schröder, Johannes & Seidl, Ulrich (2005). Das Heidelberger Instrument zur Erfassung von Lebensqualität bei Demenz (H.I.L.DE.). *Zeitschrift für Gerontologie und Geriatrie, 38*(2), 108–121. Verfügbar unter: www.uni-heidelberg.de/imperia/md/content/fakultaeten/vekw/ifg/forschung/hildekongress/becker_etal_2005.pdf [15.08.2021].

Beesdo-Baum, Katja & Wittchen, Hans-Ulrich (2020). Depressive Störungen: Major Depression und Dysthymie. In Jürgen Hoyer & Susanne Knappe (Hrsg.), *Klinische Psychologie & Psychotherapie* (3., vollst. überarb. Aufl.; S. 1027–1072). Berlin: Springer.

Berger, Peter L. & Luckmann, Thomas (2018). *Die gesellschaftliche Konstruktion der Wirklichkeit. Eine Theorie der Wissenssoziologie* (27., unveränd. Aufl.). Frankfurt: Fischer (englisches Original erschienen 1966).

Bernfeld, Siegfried (1974). Der soziale Ort und seine Bedeutung für Neurose, Verwahrlosung und Pädagogik. In Siegfried Bernfeld, *Antiautoritäre Erziehung und Psychoanalyse. Ausgewählte Schriften* (Reihe: Bd. 1; S. 198–211). Frankfurt: Ullstein (Original erschienen 1929).

Bertillon, Jacques & Farr, William (1893). *Manual of the International list of causes of death.* London: Department of Commerce and Labor.

Bettelheim, Bruno (1990). *Der Weg aus dem Labyrinth. Leben lernen als Therapie* (neu ausgest. Ausg.). München: Deutscher Taschenbuch Verlag (englisches Original erschienen 1974).

Bettelheim, Bruno (1999). *So können sie nicht leben. Die Rehabilitierung emotional gestörter Kinder* (2., unveränd. Aufl.). Stuttgart: Klett-Cotta (englisches Original erschienen 1964).

Bettelheim, Bruno (2007). *Liebe allein genügt nicht. Die Erziehung emotional gestörter Kinder* (2., unveränd. Aufl.). Stuttgart: Klett-Cotta (englisches Original erschienen 1950).

Bettelheim, Bruno & Sylvester, Emmy (1948). A therapeutic milieu. *American Journal of Orthopsychiatry, 18*(2), 191–206.

Bettighofer, Siegfried (2016). Übertragung und Gegenübertragung im therapeutischen Prozess (Reihe: Psychotherapie; 5., überarb. u. erw. Aufl.). Stuttgart: Kohlhammer.

Bierhoff, Hans-Werner & Rohmann, Elke (2010). Psychologie des Vertrauens. In Matthias Maring (Hrsg.), *Vertrauen – zwischen sozialem Kitt und der Senkung von Transaktionskosten* (Reihe: Schriftenreihe des Zentrums für Technik- und Wirtschaftsethik am Karlsruher Institut für Technologie, Bd. 3; S. 71–90). Karlsruhe: KIT Scientific Publications.

Birck, Angelika (2001). *Die Verarbeitung sexualisierter Gewalt in der Kindheit bei Frauen in der Psychotherapie.* Berlin: Behandlungszentrum für Folteropfer.

Blumer, Herbert (1973). Der Methodologische Standort des Symbolischen Interaktionismus. In Arbeitsgruppe Bielefelder Soziologen (Hrsg.), *Alltagswissen, Interaktion und gesellschaftliche Wirklichkeit. Bd 1: Symbolischer Interaktionismus und Ethnomethdologie* (Reihe: WV studium, Bd. 54; S. 80–188). Reinbek: Rowohlt.

Böhnisch, Lothar (1994). *Gespaltene Normalität. Lebensbewältigung und Sozialpädagogik an den Grenzen der Wohlfahrtsgesellschaft.* Weinheim: Juventa.

Böhnisch, Lothar (1996). Zur Wiedergewinnung des „pädagogischen Bezugs" in der Jugendhilfe. In Klaus Grunwald, Friedrich Ortmann, Thomas Rauschenbach & Rainer Treptow (Hrsg.), *Alltag, Nicht-Alltägliches und die Lebenswelt. Beiträge zur lebensweltorientierten Sozialpädagogik. Festschrift für Hans Thiersch zum 60. Geburtstag* (S. 233–237). Weinheim: Juventa.

Böhnisch, Lothar (2002). Räume, Zeiten, Beziehungen und der Ort der Jugendarbeit. Deutsche Jugend. *Zeitschrift für Jugendarbeit, 50*(2), 70–77.

Böhnisch, Lothar (2008). Milieubildung als pädagogisches Konzept einer lebensweltorientierten Jugendhilfe. In Klaus Grunwald & Hans Thiersch (Hrsg.), *Praxis Lebensweltorientierter Sozialer Arbeit. Handlungszugänge und Methoden in unterschiedlichen Arbeitsfeldern* (Reihe: Grundlagentexte Pädagogik; 2., unveränd. Aufl.; S. 435–441). Weinheim: Juventa (Erstauflage erschienen 2004).

Böhnisch, Lothar (2010). *Abweichendes Verhalten: eine pädagogisch-soziologische Einführung* (Reihe: Grundlagentexte Pädagogik; 4., überarb. u. erw. Aufl.). Weinheim: Juventa.

Böhnisch, Lothar (2012). Lebensbewältigung. Ein sozialpolitisch inspiriertes Paradigma für die Soziale Arbeit. In Werner Thole (Hrsg.), *Grundriss Soziale Arbeit. Ein einführendes Handbuch* (4., unveränd. Aufl.; S. 219–233). Wiesbaden: VS (letzte überarb. Aufl. erschienen 2010).

Böhnisch, Lothar (2019). *Lebensbewältigung. Ein Konzept für die Soziale Arbeit* (Reihe: Zukünfte; 2., überarb. u. erw. Aufl.). Weinheim: Beltz Juventa.

Böhnisch, Lothar, Lenz, Karl & Schröer, Wolfgang (2009). *Sozialisation und Bewältigung. Eine Einführung in die Sozialisationstheorie der zweiten Moderne* (Reihe: Juventa Paperback). Weinheim: Juventa.

Bois, Reinmar du & Ide-Schwarz, Henning (2001). Psychiatrie und Jugendhilfe. In Hans-Uwe Otto & Hans Thiersch (Hrsg.), *Handbuch Sozialarbeit, Sozialpädagogik* (2., völlig überarb. Aufl.; S. 1424–1433). Neuwied: Luchterhand.

Boissier de Sauvages de la Croix, François (1763). *Nosologia methodica sistens morborum classes.* 5 Bde. Lipsiae: Schwickert.

Borg-Laufs, Michael & Dittrich, Katja (Hrsg.) (2010). *Psychische Grundbedürfnisse in Kindheit und Jugend. Perspektiven für Soziale Arbeit und Psychotherapie* (Reihe: KiJu – Psychologie und Psychotherapie im Kindes- und Jugendalter, Bd. 15). Tübingen: DGVT.

Borg-Laufs, Michael, Gahleitner, Silke Birgitta & Hungerige, Heiko (2018). *Schwierige Situationen in Therapie und Beratung mit Kindern und Jugendlichen* (2., überarb. u. erw. Aufl.). Weinheim: Beltz.

Bourdieu, Pierre (1983). Ökonomisches Kapital, kulturelles Kapital, soziales Kapital. In Reinhard Kreckel (Hrsg.), *Soziale Ungleichheiten* (Reihe: Soziale Welt, Sonderbd. 2; S. 183–198). Göttingen: Schwartz. Verfügbar unter: http://unirot.blogsport.de/images/bourdieukapital.pdf [17.11.2020].

Bowlby, John (1973). *Mütterliche Zuwendung und geistige Gesundheit.* München: Kindler (englisches Original erschienen 1951).

Bowlby, John (2018a). *Bindung als sichere Basis. Grundlagen und Anwendung der Bindungstheorie* (4., unveränd. Aufl.). München: Reinhardt (englisches Original erschienen 1988).

Bowlby, John (2018b). *Bindung und Verlust. Bd. 1: Bindung* (2., unveränd. Aufl.). München: Reinhardt (englisches Original erschienen 1969).

Bowlby, John (2018c). *Bindung und Verlust. Bd. 2: Trennung – Angst und Zorn* (2., unveränd. Aufl.). München: Reinhardt (englisches Original erschienen 1973).

Bowlby, John (2018d). *Bindung und Verlust. Bd. 3: Verlust – Trauer und Depression* (2., unveränd. Aufl.). München: Reinhardt (englisches Original erschienen 1980).

Brackertz, Nicola (2007). *Who is hard to reach and why?* (Reihe: ISR Working Paper, Bd. 7). Hawthorne, Australia: The Swinburne Institute for Social Research. Verfügbar unter: http://library.bsl.org.au/jspui/bitstream/1/875/1/Whois_htr.pdf [24.11.2020].

Bräutigam, Barbara, Giertz, Karsten & Lerch, Leonore (2020). Psychotherapeutische, psychiatrische und psychosoziale Versorgung von Menschen mit Borderline-Persönlichkeitsstörung. *Psychotherapie Forum, 24*(3/4), 84–86. Verfügbar unter: www.researchgate.net/publication/347064696 [14.01.2021].

Brenner, Charles (2017). *Grundzüge der Psychoanalyse* (unveränd. Repr.). Frankfurt: Fischer (englisches Original erschienen 1955).

Brisch, Karl Heinz (2006). Bindungsstörungen – Grundlagen, Diagnostik und Konsequenzen für sozialpädagogisches Handeln. *Blickpunkt Jugendhilfe, 11*(3), 43–55.

Brisch, Karl Heinz (2020). *Bindungsstörungen. Von der Bindungstheorie zur Therapie* (Reihe: Fachbuch Klett-Cotta; 17, unveränd. Aufl.). Stuttgart: Klett-Cotta (letzte überarb. Aufl. erschienen 2009).

Brown, George W. & Harris, Tirril O. (Hrsg.) (1989). *Life events and illness.* New York: Guilford.

Browne, Caroline Jane & Shlosberg, Emma (2006). Attachment theory, ageing and dementia: A review of the literature. *Aging and Mental Health, 10*(2), 134–142.

Buber, Martin (2016). *Ich und Du* (Nachdr.). Stuttgart: Reclam (Original erschienen 1923).

Buber, Martin (2017). *Das dialogische Prinzip* (14., unveränd. Aufl.). Gütersloh: Gütersloher Verlags-Haus (letzte überarb. Aufl. erschienen 1992; Originale erschienen 1923–1954).

Bundesinstitut für Arzneimitteln und Medizinprodukte (BfArM) (o.J.). *ICD-11 – 11. Revision der ICD der WHO.* Köln: BrArM. Verfügbar unter: www.dimdi.de/dynamic/de/klassifikationen/icd/icd-11/ [13.08.2021].

BundespsychotherapeutenKammer (BPtK) (2013). Über die Grenzen zwischen psychischer Gesundheit und Krankheit? BPtK-Symposium zum neuen DSM-V. Berlin: BPtK. Verfügbar unter: www.bptk.de/ueber-die-grenzen-zwischen-psychischer-gesundheit-und-krankheit/ [13.08.2021].

Busch, Markus A., Maske, Ulrike E., Ryl, Livia, Schlack, Robert & Hapke, Ulfert (2013). Prävalenz von depressiver Symptomatik und diagnostizierter Depression bei Erwachsenen in Deutschland. Ergebnisse der Studie zur Gesundheit Erwachsener in Deutschland (DEGS1). *Bundesgesundheitsblatt – Gesundheitsforschung – Gesundheitsschutz, 56*(5/6), 733–739. Verfügbar unter: https://edoc.rki.de/bitstream/handle/176904/1501/20q1kPfuqFfQ.pdf [13.08.2021].

Buttner, Peter, Gahleitner, Silke Birgitta, Hochuli Freund, Ursula & Röh, Dieter (Hrsg.) (2018). *Handbuch Soziale Diagnostik. Perspektiven und Konzepte für die Soziale Arbeit* (Reihe: Hand- und Arbeitsbücher, Bd. 24). Berlin: DV.

Buttner, Peter, Gahleitner, Silke Birgitta, Hochuli Freund, Ursula & Röh, Dieter (Hrsg.) (2020). *Handbuch Soziale Diagnostik. Bd. 2: Soziale Diagnostik in den Handlungsfeldern der Sozialen Arbeit* (Reihe: Hand- und Arbeitsbücher, Bd. 26). Berlin: DV.

Caplan, Gerald (1974). *Support systems and community mental health.* New York: Behavioral Publications.

Cicchetti, Dante (1999). Entwicklungspsychopathologie: Historische Grundlagen, konzeptionelle und methodische Fragen, Implikationen für Prävention und Intervention. In Rolf Oerter, Cornelia von Hagen, Gisela Röper & Gil Noam (Hrsg.), *Klinische Entwicklungspsychologie* (S. 11–44). Weinheim: Beltz – PsychologieVerlagsUnion.

Coen, Robert F., Swanwick, Gregory R., O'Boyle, Ciaran A. & Coakley, Davis (1997). Behaviour disturbance and other predictors of carer burden in Alzheimer's disease. *International Journal of Geriatric Psychiatry, 12*(3), 331–336.

Cornell, Kathryn L. (2006). Person-in-situation: History, theory, and new directions for social work practice. *Praxis, 6*(4), 50–57. Verfügbar unter: www.canonsociaalwerk.eu/1940_Hamilton/Person%20in%20situation.pdf [17.11.2020].

Cournoyer, Barry R. (2011). *The social work skills workbook* (6., unveränd. Aufl.). Pacific Grove, CA: Brooks/Cole (letzte überarb. Aufl. erschienen 2008).

Crittenden, Patricia McKinsey (2000). Attachment and psychopathology. In Susan Goldberg, Ron Muir & Jon Kerr (Hrsg.), *Attachment theory. Social, developmental, and clinical perspectives* (unveränd. Taschenbuchausg.; S. 367–406). Hillsdale, NJ: Analytic Press (Original erschienen 1995).

Cuijpers, Pim & Dekker, Jack (2005). Psychological treatment of depression: a systematic review of meta-analyses. *Nederlands Tijdschrift voor Geneeskunde, 149*(34), 1892–1897.

Cullen, William (1766). *Synopsis nosologiae methodicae. Exhibens clariss. virorum Sauvagesii, Linnaei, Vogelii et Sagari systemata nosologica.* Edinburg: Creech.

Cummings, Jeffrey L. (1997). The neuropsychiatric inventory. Assessing psychopathology in dementia patients. *Neurology, 58*(5, Suppl. 6), S10–S16.

Cummings, Jeffrey L., Mega, Michael S., Gray, Kevin F., Rosenberg-Thompson, Susan, Carusi, Daniela Anne & Gornbein, Jeffrey (1994). The Neuropsychiatric Inventory: Comprehensive assessment of psychopathology in dementia. *Neurology, 44*(12), 2308–2314.

Deister, Arno (2015). Persönlichkeitsstörungen. In Hans-Jürgen Möller, Gerd Laux & Arno Deister, Psychiatrie, *Psychosomatik und Psychotherapie* (Reihe: Duale Reihe; 6., aktual. Aufl.; S. 378–399). Stuttgart: Thieme.

Deutsche Alzheimer Gesellschaft (DAlzG) (2020). *Die Häufigkeit von Demenzerkrankungen* (Reihe: Informationsblatt, Nr. 1). Berlin: DAlzG. Verfügbar unter: www.deutsche-alzheimer.de/fileadmin/Alz/pdf/factsheets/infoblatt1_haeufigkeit_demenzerkrankungen_dalzg.pdf [15.08.2021].

Deutsche Gesellschaft für Kinder- und Jugendpsychiatrie, Psychosomatik und Psychotherapie (DGKJP), Deutsche Gesellschaft für Psychiatrie und Psychotherapie, Psychosomatik und Nervenheilkunde (DGPPN) & Deutsche Gesellschaft für Sozialpädiatrie und Jugendmedizin (DGSPJ) (2018). *Langfassung der interdisziplinären evidenz- und konsensbasierten (S3) Leitlinie „Aufmerksamkeitsdifizit-/Hyperaktivitätsstörung (ADHS) im Kindes-, Jugend- und Erwachsenenalter“* (Reihe: AWMF-Registernr. 028-045). Berlin: AWMF. Verfügbar unter: www.awmf.org/uploads/tx_szleitlinien/028-045l_S3_ADHS_2018-06.pdf [14.08.2021].

Deutsche Gesellschaft für Psychiatrie und Psychotherapie, Psychosomatik und Nervenheilkunde (DGPPN), Deutsche Gesellschaft für Neurologie (DGN) & Deutsche Alzheimer Gesellschaft (DAlzG) (2016). *S3-Leitlinie „Demenzen“.* Langversion (Reihe: AWMF-Registernr. 038-013). Berlin: AWMF. Verfügbar unter: www.awmf.org/uploads/tx_szleitlinien/038-013l_S3-Demenzen-2016-07.pdf [15.08.2021].

Deutsches Institut für Medizinische Dokumentation und Information (DIMDI) (2020a). Affektive Störungen (F30–F39). In Deutsches Institut für Medizinische Dokumentation und Information (DIMDI) (Hrsg.), *Internationale statistische Klassifikation der Krankheiten und verwandter Gesundheitsprobleme. 10. Revision. German Modification. Version 2020.* Köln: DIMDI. Verfügbar unter: www.dimdi.de/static/de/klassifikationen/icd/icd-10-gm/kode-suche/htmlgm2020/block-f30-f39.htm [13.08.2021].

Deutsches Institut für Medizinische Dokumentation und Information (DIMDI) (2020b). Organische, einschließlich symptomatischer psychischer Störungen (F00–F09) In Deutsches Institut für Medizinische Dokumentation und Information (DIMDI) (Hrsg.), *Internationale statistische Klassifikation der Krankheiten und verwandter Gesundheitsprobleme. 10. Revision. German Modification. Version 2020.* Köln: DIMDI. Verfügbar unter: www.dimdi.de/static/de/klassifikationen/icd/icd-10-gm/kode-suche/htmlgm2020/block-f00-f09.htm [15.08.2021].

Deutsches Institut für Medizinische Dokumentation und Information (DIMDI) (2020c). Verhaltens- und emotionale Störungen mit Beginn in der Kindheit und Jugend (F90–F98). In Deutsches Institut für Medizinische Dokumentation und Information (DIMDI) (Hrsg.), *Internationale statistische Klassifikation der Krankheiten und verwandter Gesundheitsprobleme. 10. Revision. German Modification. Version 2020.* Köln: DIMDI. Verfügbar unter: www.dimdi.de/static/de/klassifikationen/icd/icd-10-gm/kode-suche/htmlgm2020/block-f90-f98.htm [14.08.2021].

Deutschsprachige Gesellschaft für Psychotraumatologie (DeGPT) (Hrsg.) (2019). *Posttraumatische Belastungsstörung. S3 Leitlinie der Deutschsprachigen Gesellschaft für Psychotraumatologie (DeGPT).* Berlin: AWMF.

Diebold, Rebekka (2016). *Depressionen und Soziale Arbeit. Umgang mit depressiv erkrankten Menschen in der Sozialen Arbeit.* Luxemburg: Kindle.

Dilling, Horst & Freyberger, Harald J. (Hrsg.) (2019). *Taschenführer zur ICD-10-Klassifikation psychischer Störungen* (9., überarb. Aufl.). Göttingen: Hogrefe (englisches Original erschienen 1994).

Doel, Mark (2012). *Social work: the basics* (Reihe: The basics). London: Routledge.

Doering, Stephan (Hrsg.) (2020). Versorgung von Menschen mit Borderline-Persönlichkeitsstörung [Themenheft]. *Psychotherapie Forum, 24*(3/4).

Dörr, Margret (2018). Psychoanalytische Pädagogik. In Hans-Uwe Otto & Hans Thiersch (Hrsg.), *Handbuch Soziale Arbeit. Grundlagen der Sozialarbeit und Sozialpädagogik* (6., überarb. Aufl.; S. 1223–1235). München: Reinhardt.

Dörr, Margret & Müller, Burkhard (2007). Einleitung: Nähe und Distanz als Strukturen der Professionalität pädagogischer Arbeitsfelder. In Margret Dörr & Burkhard Müller (Hrsg.), *Nähe und Distanz: Ein Spannungsfeld pädagogischer Professionalität* (2., unveränd. Aufl.; S. 7–27). Weinheim: Beltz Juventa (Erstaufl. erschienen 2006).

Drieschner, Elmar (2011a). Bindung in familialer und öffentlicher Erziehung. Zum Zusammenhang von psychischer Sicherheit, Explorationssicherheit und früher Bildung im geteilten Betreuungsfeld. In Elmar Drieschner & Detlef Gaus (Hrsg.), *Liebe in Zeiten pädagogischer Professionalisierung* (S. 105–156). Wiesbaden: VS.

Drieschner, Elmar (2011b). *Bindung und kognitive Entwicklung – ein Zusammenspiel. Ergebnisse der Bindungsforschung für eine frühpädagogische Beziehungsdidaktik. Eine Expertise der Weiterbildungsinitiative Frühpädagogische Fachkräfte (WiFF)* (Reihe: WIFF Expertisen, Bd. 13). München: WIFF. Verfügbar unter: www.weiterbildungsinitiative.de/uploads/media/WiFF_Expertise_13_Drieschner_Internet.pdf [24.11.2020].

Egger, Josef W. (2017). *Theorie und Praxis der biopsychosozialen Medizin. Körper-Seele-Einheit und sprechende Medizin.* Wien: Facultas.

Ehrenberg, Alain (2015). *Das erschöpfte Selbst. Depression und Gesellschaft in der Gegenwart* (Reihe: Campus Bibliothek; 2., erw. Aufl.). Frankfurt: Campus (französisches Original erschienen 1998).

Eller, Martina, Mielck, Andreas & Landgraf, Rüdiger (2005). Freunde machen den Zucker süß! – Eine Literaturübersicht über den Zusammenhang zwischen Diabetes mellitus und dem sozialen Netzwerk bzw. der sozialen Unterstützung. In Petra Bauer & Ulrich Otto (Hrsg.), *Mit Netzwerken professionell zusammenarbeiten. Bd. 1: Soziale Netzwerke in Lebenslauf- und Lebenslagenperspektive* (Reihe: Fortschritte der Gemeindepsychologie und Gesundheitsförderung, Bd. 11; S. 399–426). Tübingen: DGVT.

Ellis, Albert (2008). *Grundlagen und Methoden der rational-emotiven Verhaltenstherapie* (Reihe: Leben lernen, Bd. 26; 2., unveränd. Aufl.). Stuttgart: Klett-Cotta (englisches Original d. überarb. Neuaufl. erschienen 1992; englische Erstaufl. erschienen 1962).

Engel, Frank & Nestmann, Frank (2020). Kritische Beratung und Macht. *Verhaltenstherapie & psychosoziale Praxis, 52*(1), 29–40.

Engel, George L. (1977). The need for a new medical model: A challenge for biomedicine. *Science, 196*(4286), 129–136. Verfügbar unter: http://public-health.meduni-graz.at/archiv/artikel/Artikel%201977/1977_Engel_Biopsychosocial%20model.pdf [24.11.2020].

Engel, George L. (1980). The clinical application of the biopsychosocial model. *The American Journal of Psychiatry, 137*(5), 535–544. Verfügbar unter: http://citeseerx.ist.psu.edu/viewdoc/download?doi=10.1.1.921.5890&rep=rep1&type=pdf [24.11.2020].

Epiktet (2018). *Handbüchlein der Moral.* Stuttgart: Reclam.

Erikson, Erik H. (1975). *Dimensionen einer neuen Identität.* Frankfurt: Suhrkamp (englisches Original erschienen 1974).

Erikson, Erik H. (1992). *Einsicht und Verantwortung. Die Rolle des Ethischen in der Psychoanalyse* (unveränd. Nachdr. d. ungek. Ausg.). Frankfurt: Fischer (englisches Original erschienen 1964).

Erikson, Erik H. (2005). *Kindheit und Gesellschaft* (14., unveränd. Aufl.). Stuttgart: Klett-Cotta (englisches Original erschienen 1950).

Erikson, Erik H. (2020). *Identität und Lebenszyklus.* Drei Aufsätze (28., unveränd. Aufl.). Frankfurt: Suhrkamp (englisches Original erschienen 1959).

Espine, Marc-Jacob d' (1858). *Essai analytique et critique de statistique mortuaire comparée renfermant les monographies etíologiques des accidents et de la plupart des maladies mortelles.* Genf: Cherbuliez.

Estes, Carroll L. & Binney, Elizabeth A. (1989). The biomedicalization of aging: Dangers and dilemmas. *The Gerontologist, 29*(5), 587–596.

Evans, Sandra (2019). Attachment in confusional states and in dementia: theory into practice. In Sandra Evans, Jane Garner & Rachel Darnley-Smith (Hrsg.), *Psychodynamic approaches to the experience of dementia. Perspectives from observation, theory and practice* (S. 103–117). New York: Routledge.

Eysenck, Hans Jürgen & Rachman, Stanley (1973). *Neurosen, Ursachen und Heilmethoden. Einführung in die moderne Verhaltenstherapie* (6., unveränd. Aufl.). Berlin: DVW (englisches Original erschienen 1965).

Fahrenberg, Jochen, Hampel, Rainer & Selg, Herbert (2020). *FPI-R. Freiburger Persönlichkeitsinventar. Manual* (9., vollst. überarb. Aufl.). Göttingen: Hogrefe.

Falkai, Peter & Wittchen, Hans-Ulrich (Hrsg.) (2020). *Diagnostische Kriterien DSM-5* (2., korr. Aufl.). Göttingen: Hogrefe.

Faltermaier, Toni, Leplow, Bernd, Saup, Winfried & Selg, Herbert (2014). *Entwicklungspsychologie des Erwachsenenalters* (Reihe: Grundriss der Psychologie, Bd. 14; 3., vollst. überarb. Aufl.). Stuttgart: Kohlhammer.

Farr, William (1837). *British annals of medicine, pharmacy, vital statistics, and general science.* London: Sherwood, Gilbert & Piper.

Felitti, Vincent J. (2002). Belastungen in der Kindheit und Gesundheit im Erwachsenenalter: die Verwandlung von Gold in Blei. *Zeitschrift für Psychosomatische Medizin und Psychotherapie, 48*(4), 359–369. Verfügbar unter: www.fruehe-kindheit.net/download/Gold-zu-Blei-2002.pdf [27.11.2020].

Finke, Jobst (2019). *Personzentrierte Psychotherapie und Beratung. Störungstheorie – Beziehungskonzepte – Therapietechnik* (Reihe: Personzentrierte Beratung & Therapie, Bd. 16). München: Reinhardt.

Finke, Jobst (2020). Personzentriertes Arbeiten an der therapeutischen Beziehung. *Gesprächspsychotherapie und Personzentrierte Beratung, 51*(1), 6–10. Verfügbar unter: https://pce-literature.org/publications/personzentriertes-arbeiten-an-der-therapeutischen-beziehung-2020.pdf [16.01.2021].

Fischer, Gottfried & Riedesser, Peter (2020). *Lehrbuch der Psychotraumatologie* (5., aktual. u. erw. Aufl.). München: Reinhardt.

Fischer, Wolfram & Goblirsch, Martina (2018). Narrativ-biografische Diagnostik. In Peter Buttner, Silke Birgitta Gahleitner, Ursula Hochuli Freund & Dieter Röh (Hrsg.), *Handbuch Soziale Diagnostik. Perspektiven und Konzepte für die Soziale Arbeit* (Reihe: Hand- und Arbeitsbücher, Bd. 24; S. 246–254). Berlin: DV.

Fliegel, Steffen, Jänicke, Wolfgang, Münstermann, Sandra, Ruggaber, Günter, Veith, Andreas & Willutzki, Ulrike (Hrsg.) (2018). *Verhaltenstherapie. Was sie kann und wie es geht. Ein Lehrbuch.* Tübingen: DGVT.

Foerster, Heinz von (2020). *Wissen und Gewissen. Versuch einer Brücke* (10., unveränd. Aufl.). Frankfurt: Suhrkamp (Original erschienen 1993).

Fonagy, Peter (2018). *Bindungstheorie und Psychoanalyse* (4., unveränd. Aufl.). Stuttgart: Klett-Cotta (englisches Original erschienen 2001).

Fonagy, Peter, Gergely, György, Jurist, Elliot L. & Target, Mary (2002). *Affect regulation, mentalization, and the development of the self.* New York: Other Press.

Forbes, David, Bisson, Jonathan I., Monson, Candice M. & Berliner, Lucy (Hrsg.) (2020). *Effective treatments for PTSD. Practice guidelines from the International Society for Traumatic Stress Studies* (3., überarb. Aufl.). New York: Guilford.

Frances, Allen (2014). *Normal. Gegen die Inflation psychiatrischer Diagnosen* (2., unveränd. Aufl.). Köln: DuMont (englisches Original erschienen 2013).

Frankl, Viktor E. (2015). *Logotherapie und Existenzanalyse. Texte aus sechs Jahrzehnten* (Reihe: Psychologie; 3., unveränd. Aufl.). Weinheim: Beltz (Original erschienen 1959).

Freud, Anna (2011). *Psychoanalyse für Pädagogen. Eine Einführung* (6., unveränd. Aufl.). Bern: Huber (Original erschienen 1930).

Freud, Anna (2019). *Das Ich und die Abwehrmechanismen* (24., unveränd. Aufl. d. ungek. Ausg.). Frankfurt: Fischer (Original erschienen 1936).

Freud, Sigmund (2016). Triebe und Triebschicksale. In Sigmund Freud, *Studienausgabe. Bd. 3: Psychologie des Unbewußten* (12., unveränd. Aufl.; S. 75–102). Frankfurt: Fischer (Original erschienen 1915).

Freud, Sigmund (2018). *Das Unbehagen in der Kultur* (5., unveränd. Aufl.). Frankfurt: Fischer (Original erschienen 1930).

Fröhlich-Gildhoff, Klaus (2006). Die Kraft des Spiel(en)s – Personzentrierte Psychotherapie mit Kindern. *Psychotherapie im Dialog, 7*(1), 42–47.

Fuchs, Thomas (2008). Leibgedächtnis und Unbewusstes. Zur Phänomenologie der Selbstverborgenheit des Subjekts. In Rolf Kühn, Karl H. Witte, Sebastian Treyz, Thomas Fuchs & Frédéric Seyler (Hrsg.), *Methode und Subjektivität* (Reihe: Psycho-Logik. Jahrbuch für Psychotherapie, Philosophie und Kultur, Bd. 3; S. 33–50). Freiburg: Alber. Verfügbar unter: www.klinikum.uni-heidelberg.de/fileadmin/zpm/psychatrie/fuchs/Leibged-Ubw_01.pdf [15.08.2021].

Fuchs, Thomas (2010). Das Leibgedächtnis in der Demenz. In Andreas Kruse (Hrsg.), *Lebensqualität bei Demenz? Zum gesellschaftlichen und individuellen Umgang mit einer Grenzsituation im Alter* (S. 231–242). Heidelberg: AKA.

Gahleitner, Silke Birgitta (2005a). *Neue Bindungen wagen. Beziehungsorientierte Therapie bei sexueller Traumatisierung* (Reihe: Personzentrierte Beratung & Therapie, Bd. 2). München: Reinhardt.

Gahleitner, Silke Birgitta (2005b). *Sexuelle Gewalt und Geschlecht. Hilfen zur Traumabewältigung bei Frauen und Männern* (Reihe: Forschung psychosozial). Gießen: Psychosozial.

Gahleitner, Silke Birgitta (2017). *Soziale Arbeit als Beziehungsprofession. Bindung, Beziehung und Einbettung professionell ermöglichen.* Weinheim: Beltz Juventa.

Gahleitner, Silke Birgitta (2020). *Professionelle Beziehungsgestaltung in der psychosozialen Arbeit und Beratung* (Reihe: Beratung, Bd. 17; 2., überarb. u. erw. Aufl.). Tübingen: DGVT.

Gahleitner, Silke Birgitta (2021). *Das pädagogisch-therapeutische Milieu in der Arbeit mit Kindern und Jugendlichen. Trauma- und Beziehungsarbeit in stationären Einrichtungen* (3., aktual. Aufl.). Köln: Psychiatrie Verlag.

Gahleitner, Silke Birgitta & Dangel, Lucia (2018a). Biografiediagnostik anhand des Lebenspanoramas und des Erwachsenenbindungsinterviews. In Peter Buttner, Silke Birgitta Gahleitner, Ursula Hochuli Freund & Dieter Röh (Hrsg.), *Handbuch Soziale Diagnostik. Perspektiven und Konzepte für die Soziale Arbeit* (Reihe: Hand- und Arbeitsbücher, Bd. 24; S. 353–358). Berlin: DV.

Gahleitner, Silke Birgitta & Dangel, Lucia (2018b). Koordinaten psychosozialer Diagnostik und Intervention. In Peter Buttner, Silke Birgitta Gahleitner, Ursula Hochuli Freund & Dieter Röh (Hrsg.), *Handbuch Soziale Diagnostik. Perspektiven und Konzepte für die Soziale Arbeit* (Reihe: Hand- und Arbeitsbücher, Bd. 24; S. 392–396). Berlin: DV.

Gahleitner, Silke Birgitta & Dangel, Lucia (2018c). Lebensweltdiagnostik anhand der Säulen der Identität. In Peter Buttner, Silke Birgitta Gahleitner, Ursula Hochuli Freund & Dieter Röh (Hrsg.), *Handbuch Soziale Diagnostik. Perspektiven und Konzepte für die Soziale Arbeit* (Reihe: Hand- und Arbeitsbücher, Bd. 24; S. 359–364). Berlin: DV.

Gahleitner, Silke Birgitta & Hahn, Gernot (Hrsg.) (2012). *Übergänge gestalten, Lebenskrisen begleiten* (Reihe: Klinische Sozialarbeit – Beiträge zur psychosozialen Praxis und Forschung, Bd. 4). Bonn: Psychiatrie-Verlag.

Gahleitner, Silke Birgitta, Hahn, Gernot & Glemser, Rolf (Hrsg.) (2013). *Psychosoziale Diagnostik* (Reihe: Klinische Sozialarbeit – Beiträge zur psychosozialen Praxis und Forschung, Bd. 5). Köln: Psychiatrie-Verlag.

Gahleitner, Silke Birgitta, Hintenberger, Gerhard & Leitner, Anton (2013). Biopsychosozial – zur Aktualität des interdisziplinären Modells in Psychotherapie, Beratung und Supervision. *Resonanzen, 1*(1), 1–14. Verfügbar unter: www.resonanzen-journal.org/index.php/resonanzen/article/view/188/245 [18.11.2020].

Gahleitner, Silke Birgitta, Kühn, Martin, Purtscher-Penz, Katharina, Rothdeutsch-Granzer, Christina, Wahle, Thomas & Weiß, Wilma (2019). Beziehungs- und Milieuarbeit in Traumapädagogik, Traumaberatung und Traumatherapie. In Günter H. Seidler, Harald J. Freyberger, Heike Glaesmer & Silke Birgitta Gahleitner (Hrsg.), *Handbuch der Psychotraumatologie* (Reihe: Trauma & Gewalt – Fachbuch; 3., vollst. überarb. u. erw. Aufl.; S. 755–767). Stuttgart: Klett-Cotta.

Gahleitner, Silke Birgitta & Pauls, Helmut (2010). Soziale Arbeit und Psychotherapie. Zum Verhältnis sozialer und psychotherapeutischer Unterstützungen und Hilfen. In Werner Thole (Hrsg.), *Grundriss Soziale Arbeit. Ein einführendes Handbuch* (3., überarb. Aufl.; S. 367–374). Wiesbaden: VS.

Gahleitner, Silke Birgitta & Pauls, Helmut (2013). Biopsychosoziale Diagnostik als Voraussetzung für eine klinisch-sozialarbeiterische Interventionsgestaltung: Ein variables Grundmodell. In Silke Birgitta Gahleitner, Gernot Hahn & Rolf Glemser (Hrsg.), *Psychosoziale Diagnostik* (Reihe: Klinische Sozialarbeit – Beiträge zur psychosozialen Praxis und Forschung, Bd. 5; S. 61–77). Köln: Psychiatrie-Verlag.

Gahleitner, Silke Birgitta & Pauls, Helmut (2017). Psychosoziale Diagnose. In Deutscher Verein für öffentliche und private Fürsorge (Hrsg.), *Fachlexikon der sozialen Arbeit* (8., völlig überarb. u. akt. Aufl.; S. 682–683). Berlin: DV für öffentliche und private Fürsorge.

Gahleitner, Silke Birgitta & Röh, Dieter (2018). Biografie. In Peter Buttner, Silke Birgitta Gahleitner, Ursula Hochuli Freund & Dieter Röh (Hrsg.), *Handbuch Soziale Diagnostik. Perspektiven und Konzepte für die Soziale Arbeit* (Reihe: Hand- und Arbeitsbücher, Bd. 24; S. 55–63). Berlin: DV.

Gahleitner, Silke Birgitta & Rothdeutsch-Granzer, Christina (2016). Traumatherapie, Traumaberatung und Traumapädagogik – ein Überblick über aktuelle Unterstützungsformen zur Bewältigung traumatischer Erfahrungen. *Psychotherapie Forum, 21*(4), 142–148.

Gahleitner, Silke Birgitta & Schulze, Heidrun (2009). Psychosoziale Traumatologie – eine Herausforderung für die Soziale Arbeit. *Klinische Sozialarbeit, 5*(2), 4–7. Verfügbar unter: https://zks-verlag.de/wp-content/uploads/Zeitschrift-2009-2.pdf [27.11.2020].

Gahleitner, Silke Birgitta & Weiß, Wilma (2016). Traumapädagogisches diagnostisches (Fall-)Verstehen. In Wilma Weiß, Tanja Kessler & Silke Birgitta Gahleitner (Hrsg.), *Handbuch Traumapädagogik* (S. 262–271). Weinheim: Beltz.

Gahleitner, Silke Birgitta, Pauls, Helmut & Glemser, Rolf (2018). Diagnostisches Fallverstehen. In Peter Buttner, Silke Birgitta Gahleitner, Ursula Hochuli Freund & Dieter Röh (Hrsg.), *Handbuch Soziale Diagnostik. Perspektiven und Konzepte für die Soziale Arbeit* (Reihe: Hand- und Arbeitsbücher, Bd. 24; S. 117–127). Berlin: DV.

Gahleitner, Silke Birgitta & Wesenberg, Sandra (2019). (Therapeutische) Chancen für alle. Plädoyer für eine sozialtherapeutisch ausgerichtete KJP. In Marion Schwarz & Albert Matthias Fink (Hrsg.), *Konzepte, Erfahrungen und Perspektiven der Kinder- und Jugendlichenpsychotherapie. Facetten eines Heilberufs. Festschrift zum 25-jährigen Bestehen des bkj* (Reihe: Therapie & Beratung; S. 173–186). Gießen: Psychosozial-Verlag.

Gahleitner, Silke Birgitta, Zimmermann, Dorothea & Zito, Dima (2017). *Psychosoziale und traumapädagogische Arbeit mit geflüchteten Menschen* (Reihe: Fluchtaspekte). Göttingen: Vandenhoeck & Ruprecht.

Garbe, Elke (2005). *Martha. Psychotherapie eines Mädchens nach sexuellem Missbrauch* (3., unveränd. Aufl.). Münster: Votum (letzte überarb. Aufl. erschienen 1993).

Garner, Jane (2019). Where lies the expert? In Sandra Evans, Jane Garner & Rachel Darnley-Smith (Hrsg.), *Psychodynamic approaches to the experience of dementia. Perspectives from observation, theory and practice* (S. 15–27). New York: Routledge.

Gartzen, Kristina & Dodel, Richard (2018). Evidenzbasierte Pharmakotherapie der Alzheimer-Demenz. *Geriatrie-Report, 13*(4), 24–28.

Gebrande, Julia, Melter, Claus & Bliemetsrieder, Sandro (2017). Kritisch ambitionierte Soziale Arbeit – intersektional praxeologische Perspektiven. Einleitende Überlegungen. In Julia Gebrande, Claus Melter & Sandro Bliementsrieder (Hrsg.), *Kritisch ambitionierte Soziale Arbeit. Intersektional praxeologische Perspektiven* (S. 9–25). Weinheim: Beltz. Verfügbar unter: www.ciando.com/img/books/extract/3779945258_lp.pdf [17. 08. 2021].

Geißler-Piltz, Brigitte, Mühlum, Albert & Pauls, Helmut (2010). *Klinische Sozialarbeit* (Reihe: Soziale Arbeit im Gesundheitswesen, Bd. 7; 2., unveränd. Aufl.). München: Reinhardt (Erstaufl. erschienen 2005).

Gelso, Charles J. & Carter, Jean A. (1985). The relationship in counseling and psychotherapy: Components, consequences, and theoretical antecedents. *The Counseling Psychologist, 13*(2), 155–243.

Gelso, Charles J. & Carter, Jean A. (1994). Components of the psychotherapy relationship: Their interaction and unfolding during treatment. *Journal of Counseling Psychology, 41*(2), 296–306.

Gendlin, Eugene T. (1997). *Experiencing and the creation of meaning. A philosophical and psychological approach to the subjective* (Reihe: Nortwestern University studies in phenomenology & existential philosophy; Neudr.). Evanston, IL: Northwestern University Press (Original erschienen 1962).

George, Carol, Kaplan, Nancy & Main, Mary (1985). *The adult attachment interview. Unveröffentlichtes Manuskript.* Berkeley, CA: University of California at Berkeley.

Giertz, Karsten, Große, Lisa & Gahleitner, Silke Birgitta (Hrsg.) (2021). *Hard to reach. Schwer erreichbare Klientel unterstützen.* Köln: Psychiatrie-Verlag.

Giertz, Karsten, Große, Lisa, Gahleitner, Silke Birgitta & Steckelberg, Claudia (2021). Hard-to-reach-Klientel, Menschenrechte und Klinische Sozialarbeit. In Karsten Giertz, Lisa Große & Silke Birgitta Gahleitner (Hrsg.), *Hard to reach. Schwer erreichbare Klientel unterstützen* (S. 14–29). Köln: Psychiatrie-Verlag.

Gitterman, Alex & Germain, Carol B. (1999). *Praktische Sozialarbeit. Das „life model" der sozialen Arbeit. Fortschritte in Theorie und Praxis* (3., völlig neu bearb. Aufl.). Stuttgart: Enke (englisches Original erschienen 1996).

Glemser, Rolf (2013). Psychosoziale Gestaltungsdiagnostik als Schlüssel zu einem klinisch-sozialarbeiterischen Fallverstehen – ein Fallbeispiel aus der ambulanten Suchtkrankenhilfe. In Silke Birgitta Gahleitner, Gernot Hahn & Rolf Glemser (Hrsg.), *Psychosoziale Diagnostik* (Reihe: Klinische Sozialarbeit – Beiträge zur psychosozialen Praxis und Forschung, Bd. 5; S. 154–168). Bonn: Psychiatrie-Verlag.

Gloger-Tippelt, Gabriele (2016). Das Adult Attachment Interview. Durchführung und Auswertung. In Gabriele Gloger-Tippelt (Hrsg.), *Bindung im Erwachsenenalter* (Reihe: Psychologie-Handbuch; 3., unveränd. Aufl.; S. 93–112). Bern: Huber (letzte überarb. Aufl. erschienen 2012).

Gloger-Tippelt, Gabriele, Vetter, Jürgen & Rauh, Hellgard (2000). Untersuchungen mit der „Fremden Situation" in deutschsprachigen Ländern: Ein Überblick. *Psychologie in Erziehung und Unterricht, 47*(1), 87–98.

Goffman, Erving (2018a). *Rahmen-Analyse. Ein Versuch über die Organisation von Alltagserfahrungen* (10., unveränd. Aufl.). Frankfurt: Suhrkamp (englisches Original erschienen 1974).

Goffman, Erving (2018b). *Stigma. Über Techniken der Bewältigung beschädigter Identität* (24., unveränd. Aufl.). Frankfurt: Suhrkamp (englisches Original erschienen 1963).

Goldfried, Marvin R. & Davila, Joanne (2005). The role of relationship and technique in therapeutic change. *Psychotherapy: Theory, Research, Practice, Training, 42*(4), 421–430.

Goodyer, Ian M., Cooper, Peter, Vize, Christine M. & Ashby, Louisa (1993). Depression in 11–16 years old girls: The role of past parental psychopathology and exposure to recent life events. *Journal of Child Psychology and Psychiatry, 34*(7), 1103–1115.

Grabe, Hans J. & Giertz, Karsten (2020). Die Borderline-Persönlichkeitsstörung in den psychosozialen, psychotherapeutischen und psychiatrischen Versorgungssystemen von Deutschland. *Psychotherapie Forum, 24*(3/4), 100–107. Verfügbar unter: https://link.springer.com/content/pdf/10.1007/s00729-020-00147-0.pdf [14.01.2021].

Granovetter, Mark S. (1973). The strength of weak ties. *The American Journal of Sociology, 78*(6), 1360–1380.

Griesinger, Wilhelm (1845). *Die Pathologie und Therapie der psychischen Krankheiten, für Aerzte und Studirende.* Stuttgart: Krabbe. Verfügbar unter: urn:nbn:de:kobv:b4-200905191905.

Grossmann, Karin & Grossmann, Klaus E. (2017). *Bindungen. Das Gefüge psychischer Sicherheit* (7., unveränd. Aufl.). Stuttgart: Klett-Cotta (letzte überarb. Aufl. erschienen 2012).

Gühne, Uta, Weinmann, Stefan, Riedel-Heller, Steffi G. & Becker, Thomas (Hrsg.) (2019). *S3-Leitlinie Psychosoziale Therapien bei schweren psychischen Erkrankungen. S3-Praxisleitlinien in Psychiatrie und Psychotherapie* (2., überarb. Aufl.). Berlin: Springer.

Gysi, Jan (2018). *Veränderungen im ICD-11 im Bereich Trauma & Dissoziation.* Bern: sollievo.net. Verfügbar unter: www.jangysi.ch/.cm4all/uproc.php/0/Trauma%20%26%20Dissoziation%20im%20ICD-11_1.pdf [27.11.2020].

Häßler, Frank & Fegert, Jörg M. (2012). Hyperkinetische Störungen. In Jörg M. Fegert, Christian Eggers & Franz Resch (Hrsg.), *Psychiatrie und Psychotherapie des Kindes- und Jugendalters* (2., vollst. überarb. u. aktual. Aufl.; S. 889–909). Berlin: Springer.

Halek, Margareta & Bartholomeyczik, Sabine (2006). *Verstehen und Handeln. Forschungsergebnisse zur Pflege von Menschen mit Demenz und herausforderndem Verhalten.* Hannover: Schlütersche.

Hampel, Harald Jürgen, Graz, Christian, Zetzsche, Thomas, Rujescu, Dan & Möller, Hans-Jürgen (2017). Pharmakotherapie. In Claus-Werner Wallesch & Hans Förstl (Hrsg.), *Demenzen* (3., unveränd. Aufl.; S. 356–370). Stuttgart: Thieme (letzte überarb. Aufl. erschienen 2012).

Harnach, Viola (2007). *Psychosoziale Diagnostik in der Jugendhilfe. Grundlagen und Methoden für Hilfeplan, Bericht und Stellungnahme* (Reihe: Soziale Dienste und Verwaltung; 5., überarb. Aufl.). Weinheim: Juventa.

Heidenreich, Thomas & Michalak, Johannes (Hrsg.) (2013a). *Die „dritte Welle“ der Verhaltenstherapie. Grundlagen und Praxis.* Weinheim: Beltz.

Heidenreich, Thomas & Michalak, Johannes (2013). Einführung. In Thomas Heidenreich & Johannes Michalak (Hrsg.), *Die „dritte Welle“ der Verhaltenstherapie. Grundlagen und Praxis* (S. 13–19). Weinheim: Beltz.

Heiner, Maja (Hrsg.) (2004). *Diagnostik und Diagnosen in der Sozialen Arbeit. Ein Handbuch* (Reihe: Hand- und Arbeitsbücher, Bd. 11). Berlin: DV für öffentliche und private Fürsorge Berlin.

Heiner, Maja (2010). Diagnostik in der Sozialen Arbeit: Zielsetzung, Gegenstand und Dimensionen. *Archiv für Wissenschaft und Praxis der sozialen Arbeit, 41*(4), 14–28.

Heiner, Maja (2013). Wege zu einer integrativen Grundlagendiagnostik in der Sozialen Arbeit. In Silke Birgitta Gahleitner, Gernot Hahn & Rolf Glemser (Hrsg.), *Psychosoziale Diagnostik* (Reihe: Klinische Sozialarbeit. Beiträge zur psychosozialen Praxis und Forschung, Bd. 5; S. 18–34). Bonn: Psychiatrie-Verlag.

Hermer, Matthias (2009). Soziale Netzwerke und die Qualität der therapeutischen Beziehung. In Bernd Röhrle & Anton-Rupert Laireiter (Hrsg.), *Soziale Unterstützung und Psychotherapie* (Reihe: Fortschritte der Gemeindepsychologie und Gesundheitsförderung, Bd. 18; S. 191–225). Tübingen: DGVT.

Hermer, Matthias & Röhrle, Bernd (2008). Therapeutische Beziehungen: Geschichte, Entwicklungen und Befunde. In Matthias Hermer & Bernd Röhrle (Hrsg.), *Handbuch der therapeutischen Beziehung. Band 1: Allgemeiner Teil* (S. 15–105). Tübingen: DGVT.

Hernandez, Louisa, Robson, Paul & Sampson, Alice (2010). Towards integrated participation: Involving seldom heard users of social care services. *The British Journal of Social Work, 40*(3), 714–736.

Herwig-Lempp, Johannes (2006). ADHS als ein Erklärungsprinzip und seine Bedeutung in der Sozialen Arbeit. *Systhema, 19*(3), 270–283. Verfügbar unter: www.researchgate.net/publication/242689006 [14.08.2021].

Herzog, Walter (1991). Piaget im Lichte der Phänomenologie: Eine pädagogische Erkundung. In Max Herzog & Carl F. Graumann (Hrsg.), *Sinn und Erfahrung, Phänomenologische Methoden in den Humanwissenschaften* (S. 288–312). Heidelberg: Asanger.

Hesse, Erik (2018). The Adult Attachment Interview: Historical and current perspectives. In Jude Cassidy & Philip R. Shaver (Hrsg.), *Handbook of attachment. Theory, research, and clinical applications* (Reihe: Psychology; 3., überarb. Aufl.; S. 553–597). New York: Guilford.

Hesse, Erik & Main, Mary (2017). Desorganisiertes Bindungsverhalten bei Kleinkindern, Kindern und Erwachsenen. Zusammenbruch von Strategien des Verhaltens und der Aufmerksamkeit. In Karl Heinz Brisch, Klaus E. Grossmann, Karin Grossmann & Lotte Köhler (Hrsg.), *Bindung und seelische Entwicklungswege. Grundlagen, Prävention und klinische Praxis* (4., unveränd. Aufl.; S. 219–248). Stuttgart: Klett-Cotta.

Hoffmann, Heinrich (2018). *Der Struwwelpeter.* Renningen: Garant (Original erschienen 1845).

Hofmann, Werner (2019). Das Demenzsyndrom und Komorbiditäten. In Doris Gebhard & Eva Mir (Hrsg.), *Gesundheitsförderung und Prävention für Menschen mit Demenz. Grundlagen und Interventionen* (S. 13–31). Berlin: Springer.

Hofmann, Werner, Wille, Ekhard & Kaminsky, Stefan (2019). Leitliniengerechte exakte Diagnose und Codierung der Demenz. *Zeitschrift für Gerontologie und Geriatrie, 52*(2), 179–194. Verfügbar unter: www.researchgate.net/publication/331513162 [15.08.2021].

Homfeldt, Hans Günther & Sting, Stephan (2006). *Soziale Arbeit und Gesundheit. Eine Einführung.* München: Reinhardt.

Horkheimer, Max & Adorno, Theodor (1969). *Dialektik der Aufklärung. Philosophische Fragmente* (Neuausg.). Frankfurt: Fischer (Original erschienen 1947).

Horowitz, Mardi J. (2003). Persönlichkeitsstile und Belastungsfolgen. Integrative psychodynamisch-kognitive Psychotherapie. In Andreas Maercker (Hrsg.), *Therapie der posttraumatischen Belastungsstörungen* (2., überarb. u. erg. Aufl.; S. 107–128). Berlin: Springer.

Horowitz, Mardi J. (2011). *Stress response syndromes* (5., überarb. Aufl.). New York: Jason Aronson (Erstaufl. erschienen 1976).

Hosemann, Wilfried & Geiling, Wolfgang (2013). *Einführung in die Systemische Soziale Arbeit.* München: Reinhardt (2., überarb. Aufl. angekündigt für Dezember 2021).

Hurrelmann, Klaus, Bauer, Ullrich, Grundmann, Matthias & Walper, Sabine (2015). Vorwort: Die Entwicklung der Sozialisationsforschung. In Klaus Hurrelmann, Ullrich Bauer, Matthias Grundmann & Sabine Walper (Hrsg.), *Handbuch Sozialisationsforschung* (Reihe: Pädagogik; 8., vollst. überarb. Aufl.; S. 9–13). Weinheim: Beltz.

Irigaray, Luce (1980). *Speculum. Spiegel des anderen Geschlechts.* Frankfurt: Suhrkamp (französisches Original erschienen 1974).

Janoff-Bulman, Ronnie (1985). The aftermath of victimization: Rebuilding shattered assumptions. In Charles R. Figley (Hrsg.), *Trauma and its wake. The study and treatment of posttraumatic stress disorder* (S. 15–35). New York: Brunner/Mazel.

Joerißen, Peter & Will, Cornelia (1983). *Die Lebenstreppe. Bilder der menschlichen Lebensalter.* Eine Ausstellung des Landschaftsverbandes Rheinland, Rheinisches Museumsamt, Brauweiler, in Zusammenarbeit mit dem Städtischen Museum Haus Koekkoek, Kleve (Reihe: Schriften des Rheinischen Museumsamtes, Bd. 23). Pulheim: Rheinland.

Jurk, Charlotte (2019). Auf der Suche nach der Depression. Zur Weltfremdheit psychiatrischer Diagnosen. In Michael Dellwing & Martin Harbusch (Hrsg.), *Pathologisierte Gesellschaft?* (Reihe: Kriminologisches Journal - Beihefte, Bd. 12; S. 92–103). Weinheim: Beltz Juventa.

Kales, Helen C., Lyketsos, Constantine G., Miller, Erin M. & Ballard, Clive (2019). Management of behavioral and psychological symptoms in people with Alzheimer's disease: an international Delphi consensus. *International psychogeriatrics, 31*(1), 83–90.

Kanfer, Frederick H. (1984). *Ich will mich ändern: kognitive Verhaltenstherapie.* Videokassette (Reihe: Studieneinheit Humanistische Psychologie). München: Tellux-Film.

Kanfer, Frederik H. & George, Saslow. (1974). Verhaltenstheoretische Diagnostik. In Dietmar Schulte (Hrsg.), *Diagnostik in der Verhaltenstherapie* (Reihe: Fortschritte der klinischen Psychologie, Bd. 5; 2., durchges. Aufl.; S. 24–59). München: Urban & Schwarzenberg.

Karls, James N. & Wandrei, Karin E. (2008). *Person-In-Environment system. The PIE classification system for social functioning problems* (2., überarb. Aufl.). Washington, DC: NASW.

Kaufman, Sharon R., Shim, Janet K. & Russ, Ann J. (2004). Revisiting the biomedicalization of aging: Clinical trends and ethical challenges. *The Gerontologist, 44*(6), 731–738.

Keilson, Hans (2005). *Sequentielle Traumatisierung bei Kindern. Untersuchung zum Schicksal jüdischer Kriegswaisen* (Reihe: edition psychosozial; unveränd. Nachdr. der Erstausg.). Gießen: Psychosozial-Verlag (Original erschienen 1979).

Kelleher, Cathy, Seymour, Mairéad & Halpenny, Ann Marie (2014). *Promoting the participation of seldom heard young people: A review of the literature on best practice principles* (Reihe: arrow@dit, Bd. 14-1). Dublin: DCYA. Verfügbar unter: https://arrow.tudublin.ie/cgi/viewcontent.cgi?article=1026&context=aaschsslrep [14.01.2021].

Kemmerich, Rudolf (2017). *ADHS von A bis Z. Kompaktes Praxiswissen für Betroffene und Therapeuten.* Stuttgart: Kohlhammer.

Kessler, Tanja (2016). Äußere Eindrücke und innere Erwartungen. Theoretische Aspekte zu den Dynamiken von Übertragung und Gegenreaktion in der traumapädagogischen Arbeit. In Wilma Weiß, Tanja Kessler & Silke Birgitta Gahleitner (Hrsg.), *Handbuch Traumapädagogik* (S. 123–130). Weinheim: Beltz.

Keupp, Heiner (1978). Gemeindepsychologie als Widerstandsanalyse des professionellen Selbstverständnisses. In Heiner Keupp & Manfred Zaumseil (Hrsg.), *Die gesellschaftliche Organisierung psychischen Leidens. Zum Arbeitsfeld klinischer Psychologen* (S. 180–220). Frankfurt: Suhrkamp.

Keupp, Heiner (1987). *Psychosoziale Praxis im gesellschaftlichen Umbruch. 7 Essays.* Bonn: Psychiatrie-Verlag.

Keupp, Heiner (1998). Chancen des Umbruchs – das soziale Kapital Deutschlands. In Bernd Röhrle & Frank Nestmann (Hrsg.), *Netzwerkintervention* (Reihe: Fortschritte der Gemeindepsychologie und Gesundheitsförderung, Bd. 2; S. 279–296). Tübingen: DGVT.

Keupp, Heiner (2010). *Vom Ringen um Identität in der spätmodernen Gesellschaft.* Vortrag bei den 60. Lindauer Psychotherapiewochen, 18.04.2010. Verfügbar unter: www.lptw.de/archiv/vortrag/2010/keupp-vom-ringen-um-identitaet-in-der-spaetmodernen-gesellschaft-lindauer-psychotherapiewochen2010.pdf [10.08.2021].

Keupp, Heiner (2012). Alltägliche Lebensführung in der fluiden Gesellschaft. In Silke Birgitta Gahleitner & Gernot Hahn (Hrsg.), *Übergänge gestalten, Lebenskrisen begleiten* (Reihe: Klinische Sozialarbeit. Beiträge zur psychosozialen Praxis und Forschung, Bd. 4; S. 34–51). Bonn: Psychiatrie-Verlag.

Keupp, Heiner (2013a). *Heraus aus der Ohnmachtsfalle. Psychologische Einmischungen.* Tübingen: DGVT.

Keupp, Heiner (2013b). Von der Re-Sozialisierung von Normalität und Abweichung: eine persönliche Rückschau auf das biopsychosoziale Modell. *Resonanzen, 1*(1), 47–64. Verfügbar unter: www.resonanzen-journal.org/index.php/resonanzen/article/view/194/127 [25.11.2020].

Keupp, Heiner (2014). Selbstsorge in der Risikogesellschaft. In Silke Birgitta Gahleitner, René Reichel, Brigitte Schigl & Anton Leitner (Hrsg.), *Wann sind wir gut genug? Selbstreflexion, Selbsterfahrung und Selbstsorge in Psychotherapie, Beratung und Supervision* (S. 18–31). Weinheim: Beltz Juventa.

Keupp, Heiner, Ahbe, Thomas, Gmür, Wolfgang, Höfer, Renate, Mitzscherlich, Beate, Kraus, Wolfgang & Straus, Florian (2013). *Identitätskonstruktionen. Das Patchwork der Identitäten in der Spätmoderne* (5., unveränderte Auflage). Hamburg: Rowohlt (Erstaufl. erschienen 1999).

Keupp, Heiner & Höfer, Renate (Hrsg.) (2009). *Identitätsarbeit heute. Klassische und aktuelle Perspektiven der Identitätsforschung* (unveränd. Nachdr.). Frankfurt: Suhrkamp (Original erschienen 1997).

Kindler, Marie-Luise & Stitz, Anika (2013). Klinisch-sozialarbeiterische Diagnostik im Bereich schizophrener Erkrankungen – eine Falldarstellung. In Silke Birgitta Gahleitner, Gernot Hahn & Rolf Glemser (Hrsg.), *Psychosoziale Diagnostik* (Reihe: Klinische Sozialarbeit – Beiträge zur psychosozialen Praxis und Forschung, Bd. 5; S. 169–184). Bonn: Psychiatrie-Verlag.

Klasen, Jennifer, Nolte, Tobias, Möller, Heidi & Taubner, Svenja (2019). Aversive Kindheitserfahrungen, Bindungsrepräsentationen und Mentalisierungsfähigkeit von Psychotherapeuten in Ausbildung. *Zeitschrift für Psychosomatische Medizin und Psychotherapie, 65*(4), 353–371. Verfügbar unter: www.researchgate.net/publication/337767199 [16.01.2021].

Kleve, Heiko (2020). Arbeit mit Skulpturen und Aufstellungen. In Tom Levold & Michael Wirsching (Hrsg.), *Systemische Therapie und Beratung: das große Lehrbuch* (Reihe: Systemische Therapie, Beratung; 3., unveränd. Aufl.; S. 234–240). Heidelberg: Carl-Auer (Erstaufl. erschienen 2014).

Klie, Thomas (2006). Altersdemenz als Herausforderung für die Gesellschaft. In Nationaler Ethikrat (Hrsg.), *Altersdemenz und Morbus Alzheimer. Medizinische, gesellschaftliche und ethische Herausforderungen. Vorträge der Jahrestagung des Nationalen Ethikrates* 2005 (S. 65–81). Berlin: Nationaler Ethikrat. Verfügbar unter: https://repository.publisso.de/resource/frl:2470980-1/data [15.08.2021].

Knebel, Leonie (2013). Anstieg „depressiver Störungen" im neoliberalen Kapitalismus? Kritisch-psychologische Anmerkungen zu Methode und Ergebnissen der Depressionsforschung. *Forum Gemeindepsychologie, 18*(1), Art. 5. Verfügbar unter: www.gemeindepsychologie.de/fg-1-2013_06.html [14.08.2021].

Knuf, Andreas (2016). *Leben auf der Grenze. Erfahrungen mit Borderline* (Reihe: Balance Erfahrungen; korr. Nachdr. d. 3. Aufl.). Köln: Balance.

Koerber, Susanne (2014). Entwicklungspsychologie des Kindes. In Wolfgang Einsiedler, Margarete Götz, Andreas Hartinger, Friederike Heinzel, Joachim Kahlert & Uwe Sandfuchs (Hrsg.), *Handbuch Grundschulpädagogik und Grundschuldidaktik* (4., erg. u. aktal. Aufl.; S. 168–174). Bad Heilbrunn: Klinkhardt.

Kofahl, Christopher, Lüdecke, Daniel, Schalk, Benjamin, Härter, Martin & Knesebeck, Olaf von dem (2013). Was weiß und denkt die Bevölkerung über Alzheimer und andere Demenz-Erkrankungen? In Jan Böcken, Bernard Braun & Uwe Repschläger (Hrsg.), *Gesundheitsmonitor 2013. Bürgerorientierung im Gesundheitswesen. Kooperationsprojekt der Bertelsmann Stiftung und der Barmer GEK* (S. 39–62). Gütersloh: Bertelsmann Stiftung.

Kohlberg, Lawrence (2017). *Die Psychologie der Moralentwicklung* (8., unveränd. Aufl.). Frankfurt: Suhrkamp (englisches Original erschienen 1981).

Kohut, Heinz (2006). *Die Heilung des Selbst* (8., unveränd. Aufl.). Frankfurt: Suhrkamp (englisches Original erschienen 1977).

Kolk, Bessel A. van der (2000). Die Vielschichtigkeit der Anpassungsprozesse nach erfolgter Traumatisierung: Selbstregulation, Reizdiskriminierung und Entwicklung der Persönlichkeit. In Bessel A. van der Kolk, Alexander C. McFarlane & Lars Weisaeth (Hrsg.), *Traumatic Stress. Grundlagen und Behandlungsansätze. Theorie, Praxis und Forschung zu posttraumatischem Streß sowie Traumatherapie* (S. 169–194). Paderborn: Junfermann.

Kolk, Bessel A. van der, Burbridge, Jennifer A. & Suzuki, Joji (1999). Die Psychobiologie traumatischer Erinnerungen. Klinische Folgerungen aus Untersuchungen mit bildgebenden Verfahren bei Patienten mit posttraumatischer Belastungsstörung. In Annette Streeck-Fischer (Hrsg.), *Adoleszenz und Trauma* (2., unveränd. Aufl.; S. 57–78). Göttingen: Vandenhoeck & Ruprecht (Erstaufl. erschienen 1998).

Kollesch, Jutta (2019). *Kleine Schriften zur antiken Medizin* (Reihe: Corpus medicorum Graecorum. Supplementum, Bd. 6). Berlin: De Gruyter.

Kraft, Johannes W. (2017). Medikamentöse Therapie demenzieller Erkrankungen. *Der Internist, 58*(2), 117–124.

Krämer, Günter & Förstl, Hans (2008). *Alzheimer und andere Demenzformen* (5., vollst. überarb. Aufl.). Stuttgart: Trias.

Kraus, Wolfgang (2010). Patchwork-Identität. *Forum Gemeindepsychologie, 15*(2), Art. 10. Verfügbar unter: www.gemeindepsychologie.de/fg-2-2010_11.html [10.08.2021].

Krautkrämer-Oberhoff, Maria (2013). Traumapädagogik in der Heimerziehung. Biografiearbeit mit dem Lebensbuch „Meine Geschichte". In Jacob Bausum, Lutz Besser, Martin Kühn & Willma Weiß (Hrsg.), *Traumapädagogik. Grundlagen, Arbeitsfelder und Methoden für die pädagogische Praxis* (3., durchges. Aufl.; S. 126–137). Weinheim: Juventa.

Krieger, Wolfgang (2010). Netzwerkarbeit als Methode der Sozialen Arbeit. In ISO filial RGSU w. g. Saratove (Hrsg.), *Professionalnye resursy sozialnoj sfery. Cbornik hautschnych trudow. Tshast 1* (S. 23–29). Saratov: Privolž.

Kriz, Jürgen (2014). *Grundkonzepte der Psychotherapie* (Reihe: Schlüsselbegriffe; 7., überarb. u. erw. Aufl.). Weinheim: Beltz.

Kröger, Christine (2016). Was heißt eigentlich „psychisch krank"? Überlegungen zum Verständnis und zum Umgang mit psychischen Störungen in Beratungsprozessen. *Beratung Aktuell, 17*(3), 3–17. Verfügbar unter: http://beratung-aktuell.de/wp-content/uploads/2019/11/BA-3-2016.pdf [25.11.2020].

Krumenacker, Franz-Josef (2001). Entwicklung beginnt mit Pädagogen: Über milieutherapeutische Beziehungsgestaltung. In St. Theresienhaus (Hrsg.), *Beziehungsarbeit in der Jugendhilfe. Gestaltungsformen und Rahmenbedingungen* (S. 13–50). Bremen: Amberg.

Kruse, Andreas (2006). Ethische und sozialpsychologische Implikationen von Altersdemenz und Alzheimer-Erkrankung. In Nationaler Ethikrat (Hrsg.), *Altersdemenz und Morbus Alzheimer. Medizinische, gesellschaftliche und ethische Herausforderungen. Vorträge der Jahrestagung des Nationalen Ethikrates* 2005 (S. 51–62). Berlin: Nationaler Ethikrat. Verfügbar unter: https://repository.publisso.de/resource/frl:2470980-1/data [15.08.2021].

Kühn, Martin (2013a). „Macht Eure Welt endlich wieder zu meiner!" Anmerkungen zum Begriff der Traumapädagogik. In Jacob Bausum, Lutz Besser, Martin Kühn & Wilma Weiß (Hrsg.), *Traumapädagogik. Grundlagen, Arbeitsfelder und Methoden für die pädagogische Praxis* (3., durchges. Aufl.; S. 24–37). Weinheim: Beltz Juventa.

Kühn, Martin (2013b). Traumapädagogik und Partizipation. Zur entwicklungslogischen, fördernden und heilenden Wirksamkeit von Beteiligung in der Kinder- und Jugendhilfe. In Jacob Bausum, Lutz Besser, Martin Kühn & Wilma Weiß (Hrsg.), *Traumapädagogik. Grundlagen, Arbeitsfelder und Methoden für die pädagogische Praxis* (3., durchges. Aufl.; S. 138–148). Weinheim: Juventa.

Kupfer, Annett (2015). *Wer hilft helfen? Einflüsse sozialer Netzwerke auf Beratung* (Reihe: Beratung, Bd. 16). Tübingen: DGVT.

Kupfer, Annett (2020). Soziale Netzwerke ebnen viele Wege – Oder: Ein Netzwerk prominenter Bezugskonzepte und aktueller gesundheits- und sozialpolitischer Rahmungen. *Verhaltenstherapie & psychosoziale Praxis, 52*(1), 41–50.

Kupfer, Annett & Nestmann, Frank (2015). Soziale Unterstützung – Social Support. Eine zentrale Funktion sozialer Netzwerke. In Markus Gamper, Linda Reschke & Marten Düring (Hrsg.), *Knoten und Kanten. Bd. 3: Soziale Netzwerkanalyse in Geschichts- und Politikforschung* (Reihe: Sozialtheorie; S. 151–179). Bielefeld: transcript.

Kupfer, Annett, Wesenberg, Sandra, Gahleitner, Silke Birgitta & Nestmann, Frank (2021). *Beratung und Psychotherapie. Aktuelle Entwicklungen im Spannungsfeld von Abgrenzung und fruchtbarer Kooperation* (Reihe: Grundfragen der Beratung, Bd. 1). Tübingen: DGVT.

Labonté-Roset, Christine, Hoefert, Hans-Wolfgang & Cornel, Heinz (Hrsg.) (2010). *Hard to reach. Schwer erreichbare Klienten in der Sozialen Arbeit* (Reihe: Praxis, Theorie, Innovation, Bd. 9). Berlin: Schibri.

Laireiter, Anton-Rupert (2009). Soziales Netzwerk und Soziale Unterstützung. In Karl Lenz & Frank Nestmann (Hrsg.), *Handbuch Persönliche Beziehungen* (S. 75–99). Weinheim: Juventa.

Langfeldt, Hans-Peter & Nothdurft, Werner (2015). *Psychologie. Grundlagen und Perspektiven für die soziale Arbeit* (5., aktual. Aufl.). Neuwied: Luchterhand.

Lauter, Hans (2009). *100 Jahre Alzheimerkrankheit. Wandlungen des Demenzverständnisses im Spiegel der Zeit. Erweiterte Fassung eines Vortrags aus Anlass des 20-jährigen Bestehens der Deutschen Alzheimer Gesellschaft.* Berlin: DAlzG.

Leber, Aloys (Hrsg.) (1983). *Reproduktion der frühen Erfahrung. Psychoanalytisches Verständnis alltäglicher und nicht alltäglicher Lebenssituationen* (Reihe: Psychoanalytische Reflexion und therapeutische Verfahren in der Pädagogik, Bd. 8). Frankfurt: Fachbuchhandlung Psychologie.

LeDoux, Joseph E. (2012). *Das Netz der Gefühle. Wie Emotionen entstehen* (6., unveränd. Aufl.). München: Hanser (englisches Original erschienen 1996).

Legenbauer, Tanja & Kölch, Michael (2019). Depressive Störungen bei Kindern und Jugendlichen. In Jörg M. Fegert, Franz Resch, Paul Plener, Michael Kaess, Manfred Döpfner, Kerstin Konrad & Legenbauer.Tanja (Hrsg.), *Psychiatrie und Psychotherapie des Kindes- und Jugendalters* (Reihe: Springer Reference Medizin; 3., vollst. überarb. u. akt. Aufl.; S. 1–18). Wiesbaden: Springer.

Lenz, Karl & Nestmann, Frank (2009). Persönliche Beziehungen – eine Einleitung. In Karl Lenz & Frank Nestmann (Hrsg.), *Handbuch Persönliche Beziehungen* (S. 9–25). Weinheim: Juventa.

Levold, Tom (2020). Kommunikation und Beobachtung: Die Kybernetik 2. Ordnung. In Tom Levold & Michael Wirsching (Hrsg.), *Systemische Therapie und Beratung – das große Lehrbuch* (Reihe: Systemische Therapie, Beratung; 3., unveränd. Aufl.; S. 53–58). Heidelberg: Carl-Auer (Erstaufl. erschienen 2014).

Levold, Tom & Wirsching, Michael (Hrsg.) (2020). *Systemische Therapie und Beratung – das große Lehrbuch* (Reihe: Systemische Therapie, Beratung; 3., unveränd. Aufl.). Heidelberg: Carl-Auer (Erstaufl. erschienen 2014).

Linné, Carl von (1737). *Genera plantarum eorumque characteres naturales.* Frankfurt: Varrentrapp & Wenner.

Loch, Ulrike & Schulze, Heidrun (2002). Biografische Fallrekonstruktion im handlungstheoretischen Kontext der Sozialen Arbeit. In Werner Thole (Hrsg.), *Grundriss Soziale Arbeit. Ein einführendes Handbuch* (2., überarb. u. akt. Aufl.; S. 559–576). Leverkusen: Leske + Budrich.

Lohaus, Arnold & Vierhaus, Marc (2019). *Entwicklungspsychologie des Kindes- und Jugendalters für Bachelor* (Reihe: Springer-Lehrbuch; 4., vollst. überarb. Aufl.). Wiesbaden: Springer VS.

Lucke, Margot (2010). Demenz in der Pflege im häuslichen und stationären Bereich – wo klemmt es? In Deutscher Ethikrat (Hrsg.), *Demenz – Ende der Selbstbestimmung? Vorträge der Tagung des Deutschen Ethikrates* 2010 (S. 69–72). Berlin: Deutscher Ethikrat.

Ludewig, Kurt (2021). *Einführung in die theoretischen Grundlagen der systemischen Therapie* (4., unveränd. Aufl.). Heidelberg: Carl-Auer (letzte überarb. Aufl. erschienen 2009).

Lüssi, Peter (2008). *Systemische Sozialarbeit. Praktisches Lehrbuch der Sozialberatung* (Reihe: Soziale Arbeit, Bd. 9; 6., unveränd. Aufl.). Bern: Haupt (letzte überarb. Aufl. erschienen 2001).

Luhmann, Niklas (2017). *Systemtheorie der Gesellschaft.* Berlin: Suhrkamp (Original erschienen 1975).

Lyman, Karen A. (1989). Bringing the social back in: a critique of the biomedicalization of dementia. *The Gerontologist, 29*(5), 597–605.

Märtens, Michael (1997). *Psychotherapie im Kontext: soziale und kulturelle Koordinaten therapeutischer Prozesse.* Heidelberg: Asanger.

Main, Mary B. & Hesse, Erik (1993). Parents' unresolved traumatic experience are related to infant disorganized attachment status: Is frightened and/or frightening parentalbehavior the linking mechanism? In Mark T. Greenberg, Dante Cichetti & E. Mark Cummings (Hrsg.), *Attachment in the preschool years* (Reihe: The John D. and Catherine T. MacArthur Foundation series on mental health and development; unveränd. Neuausg.; S. 161–182). Chicago, IL: University of Chicago Press (Erstaufl. erschienen 1990).

Main, Mary B., Kaplan, Nancy & Cassidy, June (1985). Security in infancy, childhood and adulthood. A move to the level of representation. In Inge Bretherton & Everett Waters (Hrsg.), *Growing points in attachment theory and research* (Reihe: Monographs of the Society for Research in Child Development, Bd. 50; S. 66–106). Chicago: University of Chicago Press.

Mallinckrodt, Brent (1991). Clients' representations of childhood emotional bonds with parents, social support, and the formation of the working alliance. *Journal of Counseling Psychology, 38*(4), 401–409.

Maslow, Abraham H. (1994). *Psychologie des Seins. Ein Entwurf* (unveränd. Nachdr. d. ungek. Ausg.). München: Kindler (englisches Original erschienen 1962).

Mattner, Dieter (2014). ADHS gibt es nicht. Unerwünschtes Verhalten ist keine Krankheit. *GEW Zeitung Rheinland-Pfalz, 113*(3), 7–8. Verfügbar unter: www.gew-rlp.de/index.php?eID=dumpFile&t=f&f=34457&token=5503c65bea1e0849bcdee9802255517a712f6c66&sdownload=&n=GEW-Ztg_03-14.pdf [14.08.2021] (Original erschienen 2013).

Maturana, Humberto R. (1985). Biologie der Kognition. In Humberto R. Maturana, *Erkennen. Die Organisation und Verkörperung von Wirklichkeit. Ausgewählte Arbeiten zur biologischen Epistemologie* (2., durchges. Aufl.; S. 32–80). Braunschweig: Vieweg (englisches Original erschienen 1970).

Maturana, Humberto R. & Varela, Francisco J. (2018). *Der Baum der Erkenntnis. Die biologischen Wurzeln menschlichen Erkennens* (7., unveränd. Aufl.). München: Scherz (spanisches Original erschienen 1984).

May, Eduard Gustav (ca. 1847–1853). *Das Stufenalter des Menschen [Lebenstreppe].* Berlin: Museum Europäischer Kulturen. Verfügbar unter: https://smb.museum-digital.de/index.php?t=objekt&oges=107283&navlang=de [10.08.2021].

McCrae, Robert R. & Costa, Paul T. (1999). A five-factor theory of personality. In Lawrence A. Pervin & Oliver P. John (Hrsg.), *Handbook of personality theory and research* (2., überarb. Aufl.; S. 139–153). New York: Guilford.

Mead, George Herbert (2003). Sozialpsychologie als Gegenstück der physiologischen Psychologie. In George Herbert Mead, *Gesammelte Aufsätze. Bd. 1* (2., unveränd. Aufl.; S. 199–209). Frankfurt: Suhrkamp (englisches Original erschienen 1909).

Mead, George Herbert (2020). *Geist, Identität und Gesellschaft. Aus der Sicht des Sozialbehaviorismus* (19., unveränd. Aufl.). Frankfurt: Suhrkamp (englisches Original erschienen 1934).

Meszaros, Kurt (2007). Modelllernen. In Gerhard Stumm & Alfred Pritz (Hrsg.), *Wörterbuch der Psychotherapie* (2., erw. Aufl.; S. 440). Wien: Springer.

Miesen, Bère M.L. (1993). Alzheimer's disease, the phenomenon of parent fixation and Bowlby's attachment theory. *International Journal of Geriatric Psychiatry, 8*(2), 147–153.

Miesen, Bère M.L. (2006). Attachment in dementia. Bound from birth? In Bère M.L. Miesen & Gemma M.M. Jones (Hrsg.), *Care-giving in dementia. Research and applications. Bd. 4* (S. 105–132). London: Routledge.

Miethe, Ingrid (2017). *Biografiearbeit. Lehr- und Handbuch für Studium und Praxis* (Reihe: Grundlagentexte Methoden; 3., durchges. Aufl.). Weinheim: Beltz Juventa.

Möller, Hans-Jürgen (2015). Untersuchung psychiatrischer Patienten. In Hans-Jürgen Möller, Gerd Laux & Arno Deister (Hrsg.), *Psychiatrie, Psychosomatik und Psychotherapie* (Reihe: Duale Reihe; 6., aktual. Aufl.; S. 28–55). Stuttgart: Thieme.

Montada, Leo, Lindenberger, Ulman & Schneider, Werner (2018). Fragen, Konzepte, Perspektiven. In Werner Schneider & Ulman Lindenberger (Hrsg.), *Entwicklungspsychologie* (8., überarb. Aufl.; S. 27–60). Weinheim: Beltz.

Moreno, Jacob Levy (2008). *Gruppenpsychotherapie und Psychodrama. Einleitung in die Theorie und Praxis* (6., unveränd. Aufl.). Stuttgart: Thieme (Original erschienen 1959).

Moreno, Jacob Levy (2014). *Die Grundlagen der Soziometrie. Wege zur Neuordnung der Gesellschaft* (4., unveränd. Aufl.). Wiesbaden: VS (englisches Original erschienen 1934).

Mühlum, Albert & Gahleitner, Silke Birgitta (2008). Klinische Sozialarbeit als Fachsozialarbeit – Professionstheoretische Annäherung und professionspolitische Folgerungen. In Silke Birgitta Gahleitner & Gernot Hahn (Hrsg.), *Klinische Sozialarbeit. Zielgruppen und Arbeitsfelder* (Reihe: Beiträge zur psychosozialen Praxis und Forschung, Bd. 1; S. 44–59). Bonn: Psychiatrie-Verlag.

Müller, Burkhard (2004). Sozialpädagogische Diagnosen und der „Allgemeine Soziale Dienst" (ASD). In Franz-Josef Krumenacker (Hrsg.), *Sozialpädagogische Diagnosen in der Praxis. Erfahrungen und Perspektiven* (S. 63–76). Weinheim: Juventa.

Müller, Hans-Rüdiger (1999). Zum Verhältnis von Erziehung und Therapie in der Heimerziehung. In Herbert E. Colla, Thomas Gabriel, Spencer Millham, Stefan Müller-Teusler & Michael Winkler (Hrsg.), *Handbuch Heimerziehung und Pflegekinderwesen in Europa* (S. 405–413). Neuwied: Luchterhand.

Nestmann, Frank (2004). Beratungsmethoden und Beratungsbeziehung. In Frank Nestmann, Frank Engel & Ursel Sickendiek (Hrsg.), *Das Handbuch der Beratung. Bd. 2: Ansätze, Methoden und Felder* (S. 783–796). Tübingen: DGVT.

Nestmann, Frank (2010). Soziale Unterstützung – Social Support. *Enzyklopädie Erziehungswissenschaft Online, 2*(8), 1–39.

Nestmann, Frank (2013). *Die alltäglichen Helfer. Theorien sozialer Unterstützung und eine Untersuchung alltäglicher Helfer aus vier Dienstleistungsberufen* (Reihe: Prävention und Intervention im Kindes- und Jugendalter, Bd. 2; unveränd. Online-Ausg.). Berlin: Gruyter (Original erschienen 1988).

Nestmann, Frank, Engel, Frank & Sickendiek, Ursel (Hrsg.) (2014). *Das Handbuch der Beratung.* 2 Bde. (3., unveränd. Aufl.). Tübingen: DGVT (Erstaufl. erschienen 2004).

Noack, Juliane (2010). Erik H. Erikson: Identität und Lebenszyklus. In Benjamin Jörissen & Jörg Zirfas (Hrsg.), *Schlüsselwerke der Identitätsforschung* (S. 37–54). Wiesbaden: VS.

Ortmann, Karlheinz (2006). Beratung in der Klinischen Sozialarbeit. *Klinische Sozialarbeit, 2*(Sonderausgabe), 23. Verfügbar unter: www.zks-verlag.de/wp-content/uploads/klinsa_special_2006.pdf [14.08.2021].

Pantuček, Peter & Röh, Dieter (Hrsg.) (2009). *Perspektiven Sozialer Diagnostik. Über den Stand der Entwicklung von Verfahren und Standards* (Reihe: Soziale Arbeit, Bd. 5). Wien: Lit.

Pantuček-Eisenbacher, Peter (2019). *Soziale Diagnostik. Verfahren für die Praxis Sozialer Arbeit* (Reihe: Soziale Arbeit auf einen Blick; 4., überarb. u. aktual. Aufl.). Göttingen: Vandenhoeck & Ruprecht.

Paulick, Christian (2019). Ressourcenorientierung. *Socialnet Lexikon,* 01.04.2019. Verfügbar unter: www.socialnet.de/lexikon/Ressourcenorientierung [17.08.2021].

Paulick, Christian (2020a). Systemische Soziale Arbeit. *Socialnet Lexikon,* 23.10.2020. Verfügbar unter: www.socialnet.de/lexikon/Systemische-Soziale-Arbeit [17.08.2021].

Paulick, Christian (2020b). Systemischer Ansatz. *Socialnet Lexikon,* 23.10.2020. Verfügbar unter: www.socialnet.de/lexikon/Systemischer-Ansatz [16.08.2021].

Pauls, Helmut (2011). *Klinische Sozialarbeit. Grundlagen und Methoden psycho-sozialer Behandlung* (Reihe: Grundlagentexte Soziale Berufe; 2., überarb. Aufl.). Weinheim: Juventa (Erstauflage erschienen 2004; 3., unveränd. Aufl. erschienen 2013).

Pauls, Helmut (2013a). Das biopsychosoziale Modell – Herkunft und Aktualität. *Resonanzen, 1*(1), 15–31. Verfügbar unter: www.resonanzen-journal.org/index.php/resonanzen/article/view/191/124 [25. 11. 2020].

Pauls, Helmut (2013b). *Klinische Sozialarbeit. Grundlagen und Methoden psycho-sozialer Behandlung* (Reihe: Grundlagentexte Soziale Berufe; 3., unveränd. Aufl.). Weinheim: Beltz Juventa (letzte überarb. Aufl. erschienen 2011).

Paulus, Peter (1997). Soziale Netzwerke, soziale Unterstützung und Gesundheit. In Hans Günther Homfeldt & Bettina Hünersdorf (Hrsg.), *Soziale Arbeit und Gesundheit* (S. 175–203). Neuwied: Luchterhand.

Pawlow, Iwan P. (2006). *Die höchste Nerventätigkeit (das Verhalten) von Tieren. Eine zwanzigjährige Prüfung der objektiven Forschung. Bedingte Reflexe.* Sammlung von Artikeln, Berichten, Vorlesungen und Reden (Nachdr. d. 3., unveränd. Aufl.). Saarbrücken: VDM (russisches Original erschienen 1923).

Perry, Bruce D. & Pollard, Ronnie A. (1998). Homeostasis, stress, trauma and adaptation. A neurodevelopmental view of childhood trauma. *Child and Adolescent Psychiatric Clinics of North America, 7*(1), 33–51. Verfügbar unter: www.researchgate.net/publication/13395198 [27. 11. 2020].

Petermann, Franz, Schwörer, Mona Céline & Ruhl, Uwe (2020). Aufmerksamkeitsdefizit-/Hyperaktivitätsstörungen (ADHS). In Jürgen Hoyer & Susanne Knappe (Hrsg.), *Klinische Psychologie & Psychotherapie* (3., vollst. überarb. Aufl.; S. 813–836). Berlin: Springer.

Petzold, Hilarion G., Wolf, Hans Ulrich, Landgrebe, Birgit, Josič, Zorica & Steffan, Angela (2000). „Integrative Traumatherapie" – Modelle und Konzepte für die Behandlung von Patienten mit „posttraumatischer Belastungsstörung". In Bessel A. van der Kolk, Alexander C. McFarlane & Lars Weisaeth (Hrsg.), *Traumatic Stress. Grundlagen und Behandlungsansätze. Theorie, Praxis und Forschung zu posttraumatischem Streß sowie Traumatherapie* (Reihe: Innovative Psychotherapie und Humanwissenschaften, Bd. 62; S. 445–549). Paderborn: Junfermann.

Pfeiffer, Wolfgang M. (2019). Vorwort. In Carl R. Rogers, *Therapeut und Klient. Grundlagen der Gesprächspsychotherapie* (Reihe: Geist und Psyche; 24., unveränd. Aufl.; S. 9–16). Frankfurt: Fischer (Original erschienen 1977).

Piaget, Jean (2020). *Psychologie der Intelligenz* (Reihe: Schlüsselwerke; 2., unveränd. Aufl. d. vollst. durchges., überarb. und erw. Neuausg.). Stuttgart: Klett-Cotta (französisches Original erschienen 1947).

Piaget, Jean & Inhelder, Bärbel (2009). *Die Psychologie des Kindes* (10., unveränd. Aufl. d. ungek. Ausg.). Stuttgart: Klett-Cotta (französisches Original erschienen 1966).

Pörksen, Bernhard (2019). Konstruktivismus. In Jan Volker Wirth & Heiko Kleve (Hrsg.), *Lexikon des systemischen Arbeitens.* Heidelberg: Carl-Auer. Verfügbar unter: www.carl-auer.de/magazin/systemisches-lexikon/konstruktivismus [16. 08. 2021].

Post, Stephen Garrard (1995). *The moral challenge of Alzheimer disease. Ethical issues from diagnosis to dying.* Baltimore, MD: The Johns Hopkins University Press.

Rahman, Shibley & Howard, Rob (2019). *Demenz kompakt. Kurzlehrbuch zur Pflege und Versorgung von Menschen mit Demenz.* Göttingen: Hogrefe (englisches Original erschienen 2018).

Rauchfleisch, Udo (2001). *Arbeit im psychosozialen Feld. Beratung, Begleitung, Psychotherapie, Seelsorge.* Göttingen: Vandenhoeck & Ruprecht.

Reddemann, Luise (2021). *Psychodynamisch Imaginative Traumatherapie – PITT®. Ein Mitgefühls- und Ressourcen-orientierter Ansatz in der Psychotraumatologie* (Reihe: Leben lernen, Bd. 241; 11., überarb. Aufl.). Stuttgart: Klett-Cotta.

Reddemann, Luise & Sachsse, Ulrich (1999). Trauma first! *Persönlichkeitsstörungen – Theorie und Therapie, 3*(1), 16–20.

Redl, Fritz (1959). The concept of a „therapeutic milieu". *The American Journal of Orthopsychiatry, 29*(4), 721–736.

Redl, Fritz (1982). *Erziehungsprobleme, Erziehungsberatung. Aufsätze* (unveränd. Nachdr.). München: Piper (Original erschienen 1978).

Redl, Fritz (1987). *Erziehung schwieriger Kinder. Beiträge zu einer psychotherapeutisch orientierten Pädagogik* (4., unveränd. Aufl.). München: Piper (Erstaufl. erschienen 1971).

Reichel, Rene (2011). Psychotherapie ist keine Privatsache. Sozial- und gesundheitliche Überlegungen zur Psychotherapie. In Michael Kierein & Anton Leitner (Hrsg.), *Psychotherapie und Recht* (S. 231–260). Wien: Facultas.

Remschmidt, Helmut, Schmidt, Martin H. & Poustka, Fritz (2017). *Multiaxiales Klassifikationsschema für psychische Störungen des Kindes- und Jugendalters nach ICD-10 der WHO. Mit einem synoptischen Vergleich von ICD-10 und DSM-5* (7., aktual. Aufl.). Bern: Hogrefe.

Richmond, Mary E. (1903). *Friendly visiting among the poor. A handbook for charity workers.* London: Macmillan. Verfügbar unter: urn:oclc:record:1045612903 [25.11.2020].

Rogers, Carl R. (1987). Die allgemeine Struktur unseres systematischen Denkens. In Carl R. Rogers, *Eine Theorie der Psychotherapie, der Persönlichkeit und der zwischenmenschlichen Beziehungen. Entwickelt im Rahmen des klientenzentrierten Ansatzes* (S. 18–48). Köln: GwG (englisches Original erschienen 1959).

Rogers, Carl R. (2004). Die notwendigen und hinreichenden Bedingungen für Persönlichkeitsentwicklung durch Psychotherapie. In Carl R. Rogers & Peter F. Schmid (Hrsg.), *Personzentriert. Grundlagen von Theorie und Praxis* (Reihe: Edition Psychologie und Pädagogik; 4., unveränd. Aufl. d. 2. erw. Aufl. von 1995; S. 165–184). Mainz: Grünewald (Original erschienen 1957).

Rogers, Carl R. (2016). *Die klientenzentrierte Gesprächspsychotherapie* (20., unveränd. Aufl.). Frankfurt: Fischer (englisches Original erschienen 1951).

Rogers, Carl R. (2018). Menschen oder die Wissenschaft? Eine philosophische Frage. In Carl R. Rogers, *Entwicklung der Persönlichkeit. Psychotherapie aus der Sicht eines Therapeuten* (Reihe: Konzepte der Humanwissenschaften; 21., unveränd. Aufl.; S. 197–222). Stuttgart: Klett (englisches Original erschienen 1955).

Rogers, Carl R. (2019a). Die zwischenmenschliche Beziehung: Das tragende Element in der Therapie. In Carl R. Rogers, *Therapeut und Klient. Grundlagen der Gesprächspsychotherapie* (S. 211–231). Frankfurt: Fischer (englisches Original erschienen 1962).

Rogers, Carl R. (2019b). *Therapeut und Klient. Grundlagen der Gesprächspsychotherapie* (Reihe: Geist und Psyche; 24., unveränd. Aufl.). Frankfurt: Fischer (Original erschienen 1977).

Rogers, Carl R. & Buber, Martin (1992). Dialog zwischen Martin Buber und Carl Rogers. Moderiert von Maurice Friedmann, 18. April 1957. *Integrative Therapie, 18*(3), 245–260 (Gespräch von 1957).

Röhrle, Bernd (1994). *Soziale Netzwerke und soziale Unterstützung.* Weinheim: Beltz PVU.

Röhrle, Bernd (2001). Soziale Netzwerke. In Detlef H. Rost (Hrsg.), *Handwörterbuch Pädagogische Psychologie* (Reihe: Schlüsselbegriffe; 2., überarb. u. erw. Aufl.; S. 657–668). Weinheim: PVU.

Röper, Gisela & Noam, Gil (1999). Entwicklungsdiagnostik in klinisch-psychologischer Therapie und Forschung. In Rolf Oerter, Cornelia von Hagen, Gisela Röper & Gil Noam (Hrsg.), *Klinische Entwicklungspsychologie* (S. 218–239). Weinheim: Beltz-Psychologie Verlags Union.

Rosenthal, Gabriele (2002). Biographisch-narrative Gesprächsführung. Zu den Bedingungen heilsamen Erzählens im Forschungs- und Beratungskontext. *Psychotherapie und Sozialwissenschaft, 4*(3), 204–227.

Sander, Kirsten (2012). Interaktionsordnung. Zur Logik des Scheiterns und Gelingens professioneller Praxis. In Andreas Hanses & Kirsten Sander (Hrsg.), *Interaktionsordnungen. Gesundheit als soziale Praxis* (S. 15–34). Wiesbaden: Springer VS.

Satir, Virginia (2019). *Mein Weg zu dir. Kontakt finden und Vertrauen gewinnen* (16., neu gest. Aufl.). München: Kösel (englisches Original erschienen 1976).

Satir, Virginia (2020). *Selbstwert und Kommunikation. Familientherapie für Berater und zur Selbsthilfe* (24., unveränd. Aufl.). Stuttgart: Klett-Cotta (englisches Original erschienen 1972).

Schaefer, Ina, Kümpers, Susanne & Cook, Tina (2020). „Selten Gehörte" für partizipative Gesundheitsforschung gewinnen: Herausforderungen und Strategien. *Bundesgesundheitsblatt – Gesundheitsforschung – Gesundheitsschutz,* 10.12.2020 (online first). Verfügbar unter: https://link.springer.com/content/pdf/10.1007/s00103-020-03269-7.pdf [14.01.2021].

Schäfer, Ingo (Hrsg.) (2020). S3-Leitlinie Posttraumatische Belastungsstörung [Themenheft]. *Trauma & Gewalt, 14*(2).

Schäufele, Martina, Köhler, Leonore, Lode, Sandra & Weyerer, Siegfried (2009). Menschen mit Demenz in stationären Pflegeeinrichtungen: aktuelle Lebens- und Versorgungssituation. In Ulrich Schneekloth & Hans-Werner Wahl (Hrsg.), *Pflegebedarf und Versorgungssituation bei älteren Menschen in Heimen. Demenz, Angehörige und Freiwillige, Beispiele für „Good Practice"* (S. 159–221). Stuttgart: Kohlhammer.

Schicktanz, Silke & Schweda, Mark (2012). Im Spannungsfeld von Pro-Age und Anti-Aging: Interdisziplinäre Diskurse über das Altern und die Rolle der Medizin. In Silke Schicktanz & Mark Schweda (Hrsg.), *Pro-Age oder Anti-Aging? Altern im Fokus der modernen Medizin* (Reihe: Kultur der Medizin, Bd. 35; S. 9–22). Frankfurt: Campus.

Schleiffer, Roland (2006). Über hilfreiche Beziehungen in der Jugendhilfe. In Carl Richard Montag (Hrsg.), *Rückblicke – Perspektiven. Festschrift zum 65. Geburtstag von Theo Eckmann* (S. 97–129). Bonn: Montag Förderstiftung.

Schlippe, Arist von, Loth, Wolfgang, Borst, Ulrike, Otto, Wiebke, Spierling, Klaus Henner, Klein, Rudolf, Fritz, Rainer, Kreth, Rüdiger, Jansen, Joachim, Landsmann, Manfred, Kerk, Christian, Vosberg, Sybille, Epple, Hartmut, Oestereich, Cornelia, Neumann-Wirsig, Heidemarie, Klindworth, Gisela, Königswieser, Roswita & Mardorf, Elisabeth (o.J.). *Der systemische Ansatz und seine Praxisfelder.* Berlin: SG. Verfügbar unter: https://systemische-gesellschaft.de/wp-content/uploads/2016/02/SG_Systemischer-Ansatz-und-seine-Praxisfelder.pdf [17.08.2021].

Schlippe, Arist von & Schweitzer, Jochen (2016). *Lehrbuch der systemischen Therapie und Beratung. Bd. 1: Das Grundlagenwissen* (Reihe: Lehrbuch; 3., unveränd. Aufl.). Göttingen: Vandenhoeck & Ruprecht (letzte neubearb. Aufl. erschienen 2013).

Schmid, Marc (2007). *Psychische Gesundheit von Heimkindern. Eine Studie zur Prävalenz psychischer Störungen in der stationären Jugendhilfe.* Weinheim: Juventa.

Schmid, Marc (2010). Psychisch belastete Heimkinder – eine besondere Herausforderung für die Schnittstelle zwischen Klinischer Sozialarbeit und Kinder- und Jugendpsychiatrie/-psychotherapie. In Silke Birgitta Gahleitner & Gernot Hahn (Hrsg.), *Klinische Sozialarbeit. Gefährdete Kindheit – Risiko, Resilienz und Hilfen* (Reihe: Beiträge zur psychosozialen Praxis und Forschung, Bd. 3; S. 113–121). Bonn: Psychiatrie-Verlag.

Schmid, Marc (2014). *Entwicklungspsychopathologische Grundlagen einer Traumapädagogik.* Vortrag bei der Fachtagung „Warum und wenn, wie sollte ich etwas ändern?“, 31.01./01.02. 2014 in Dornach. Verfügbar unter: https://docplayer.org/25162611 [27.11.2020].

Schmid, Peter F. (1995). Souveränität und Engagement. Zu einem personzentrierten Verständnis von „Person“. In Carl R. Rogers & Peter F. Schmid, *Person-zentriert. Grundlagen von Theorie und Praxis* (S. 15–152). Mainz: Grünewald.

Schmid, Peter F. (2002). *Die therapeutische Beziehung als personale Herausforderung.* Vortrag beim 34. Weinsberger Kolloquium. Wien: IPS. Verfügbar unter: www.apg-ips.at/images/uploads/artikel/paper-pca.pdf [15.01.2021].

Schmidt, Hans-Reinhard (Hrsg.) (2018). *Modekrankheit ADHS. Eine kritische Aufsatzsammlung.* Frankfurt: Mabuse.

Schmidtke, Klaus & Otto, Markus (2017). Alzheimer-Demenz. In Claus-Werner Wallesch & Hans Förstl (Hrsg.), *Demenzen* (3., unveränd. Aufl.; S. 203–227). Stuttgart: Thieme (letzte überarb. Aufl. erschienen 2012).

Schmithüsen, Franziska & Ferring, Dieter (2015). Entwicklungspsychologie. In Franziska Schmithüsen (Hrsg.), *Lernskript Psychologie* (Reihe: Springer-Lehrbuch; S. 245–286). Berlin: Springer.

Schrapper, Christian (Hrsg.) (2004). *Sozialpädagogische Diagnostik und Fallverstehen in der Jugendhilfe. Anforderungen, Konzepte, Perspektiven* (Reihe: Koblenzer Schriften zur Pädagogik). Weinheim: Juventa (2., unveränd. Aufl. erschienen 2010; Neuausg. erschienen 2020).

Schröder, Sabine (2004). *Psychosoziale Versorgung im Gesundheitswesen der Zukunft – Klinische Sozialarbeit als spezifische Beratungs- und Behandlungskompetenz Sozialer Arbeit.* Diplomarbeit. Köln: KFH NW. Verfügbar unter: https://zks-verlag.de/wp-content/uploads/files_s620_e2325_o24871_0_size_o_band-6.pdf [14.08.2021].

Schüle, Cornelius, Baghai, Thomas C. & Rupprecht, Rainer (2007). Neue Erkenntnisse zur Pathogenese und Pathophysiologie der Depression. *Der Nervenarzt, 78*(3), 531–550.

Schulze, Heidrun (2006). Biografietheoretische Konzeptualisierung als soziale und geschichtliche Dimensionierung des Psychischen. *Klinische Sozialarbeit, 2*(2), 10–12. Verfügbar unter: https://zks-verlag.de/wp-content/uploads/Zeitschrift-2006-2.pdf [18.11.2020].

Schulze, Heidrun (2008). Interkulturelle Fallarbeit – Einlassen auf plurale Realitäten. In Silke Birgitta Gahleitner & Gernot Hahn (Hrsg.), *Klinische Sozialarbeit. Zielgruppen und Arbeitsfelder* (Reihe: Beiträge zur psychosozialen Praxis und Forschung, Bd. 1; S. 75–93). Bonn: Psychiatrie-Verlag.

Schuntermann, Michael F. (2018). *Einführung in die ICF. Grundkurs, Übungen, offene Fragen* (4., aktual. Aufl.). Landsberg: Ecomed.

Schwarzer, Gudrun & Walper, Sabine (2020). Entwicklungspsychologie. In Markus Antonius Wirtz (Hrsg.), *Dorsch – Lexikon der Psychologie* (19., überarb. Aufl.; S. 37–40). Bern: Hogrefe. Verfügbar unter: https://dorsch.hogrefe.com/gebiet/entwicklungspsychologie [10.08. 2021].

Schwing, Rainer & Fryszer, Andreas (2018). *Systemisches Handwerk. Werkzeug für die Praxis* (Reihe: Systemische Therapie; 9., unveränd. Aufl.). Göttingen: Vandenhoeck & Ruprecht (letzte überarb. Aufl. erschienen 2015).

Seidler, Günter H., Freyberger, Harald J., Glaesmer, Heide & Gahleitner, Silke Birgitta (Hrsg.) (2019). *Handbuch der Psychotraumatologie* (Reihe: Trauma & Gewalt – Fachbuch; 3., vollst. überarb. u. erw. Aufl.). Stuttgart: Klett-Cotta.

Seiffge-Krenke, Inge (2014). Psychoanalytische Entwicklungsbetrachtungen der Jugend. In Lieselotte Ahnert (Hrsg.), *Theorien in der Entwicklungspsychologie* (S. 380–403). Wiesbaden: Springer VS.

Selvini Palazzoli, Mara, Boscolo, Luigi, Cecchin, Gianfranco & Prata, Giuliana (1981). Hypothetisieren – Zirkularität – Neutralität. Drei Richtlinien für den Leiter einer Sitzung. *Familiendynamik, 6*(4), 123–138.

Sennett, Richard (2010). *Der flexible Mensch. Die Kultur des neuen Kapitalismus* (8., unveränd. Aufl.). Berlin: Berliner Taschenbuch Verlag (englisches Original erschienen 1998).

Siebert, Horst (2005). *Pädagogischer Konstruktivismus. Lernzentrierte Pädagogik in Schule und Erwachsenenbildung* (Reihe: Pädagogik und Konstruktivismus; 3., überarb. u. erw. Aufl.). München: Beltz.

Simon, Fritz B. (2020). *Einführung in Systemtheorie und Konstruktivismus* (Reihe: Compact; 9., unveränd. Aufl.). Heidelberg: Carl-Auer (letzte überarb. Aufl. erschienen 2013).

Simon, Fritz B. & Rech-Simon, Christel (2021). *Zirkuläres Fragen. Systemische Therapie in Fallbeispielen. Ein Lernbuch* (14., unveränd. Aufl.). Heidelberg: Carl-Auer (Erstaufl. erschienen 1999).

Simon, Titus (Hrsg.) (2020a). *Schwere Arbeit. Erzählungen vom gelingenden Beziehungsaufbau zu schwer zugänglicher Klientel.* Weinheim: Beltz Juventa.

Simon, Titus (2020b). Vorbemerkungen des Herausgebers. In Titus Simon (Hrsg.), *Schwere Arbeit. Erzählungen vom gelingenden Beziehungsaufbau zu schwer zugänglicher Klientel* (S. 7–13). Weinheim: Beltz Juventa.

Skinner, Burrhus F. (1956). A case history in scientific method. *American Psychologist, 11*(5), 221–233.

Skinner, Burrhus F. (1973). *Wissenschaft und menschliches Verhalten.* München: Kindler (englisches Original erschienen 1953).

Solomon, Judith & George, Carol C. (2011). *Disorganized attachment and caregiving.* New York: Guilford.

Solomon, Susan D. & George, Carol C. (1999). *Attachment disorganization.* New York: Guilford.

Sommerfeld, Peter, Dällenbach, Regula & Rüegger, Cornelia (2010). Entwicklung durch Kooperation. Instrumente und Verfahren der Sozialen Arbeit in der Psychiatrie – Einblicke in ein kooperatives Forschungs- und Entwicklungsprojekt. *Schweizerische Zeitschrift für Soziale Arbeit, 5*(8/9), 8–34.

Sorell, Gwendolyn T. & Montgomery, Marilyn J. (2009). Feminist perspectives on Erikson's theory: Their relevance for contemporary identity development research. *Identity, 1*(2), 97–128. Verfügbar unter: www.researchgate.net/publication/247502689 [10.08.2021].

Spangler, Gottfried (2012). Die Psychobiologie der Bindung. Ebenen der Bindungsorganisation. Bindungstheorie und Familiendynamik. In Gerhard J. Suess, Hermann Scheurer-Englisch & Walter-Karl P. Pfeiffer (Hrsg.), *Bindungstheorie und Familiendynamik. Anwendung der Bindungstheorie in Beratung und Therapie* (Reihe: Edition psychosozial; 2., unveränd. Aufl.; S. 157–177). Gießen: Psychosozial (Erstaufl. erschienen 2001).

Staub-Bernasconi, Silvia (1995). Dimensionen Sozialer Arbeit – Annäherung an ihren Gegenstand. In Silvia Staub-Bernasconi, *Systemtheorie, soziale Probleme und Soziale Arbeit: lokal, national, international* (Reihe: Soziale Arbeit, Bd. 13; S. 95–117). Bern: Haupt (Original erschienen 1993).

Stecklina, Gerd & Wienforth, Jan (Hrsg.) (2020). *Handbuch Lebensbewältigung und Soziale Arbeit. Praxis, Theorie und Empirie* (Reihe: Übergangs- und Bewältigungsforschung). Weinheim: Beltz Juventa.

Steele, Howard, Steele, Miriam & Fonagy, Peter (1996). Associations among attachment classifications of mothers, fathers and their infants. Evidence for a relationship-specific perspective. *Child Development, 67*(2), 541–555.

Steinhausen, Hans-Christoph (2019). *Psychische Störungen bei Kindern und Jugendlichen. Lehrbuch der Kinder- und Jugendpsychiatrie und -psychotherapie* (9., neu bearb. u. erw. Aufl.). München: Elsevier.

Stern, Daniel N. (2020). *Die Lebenserfahrung des Säuglings* (12., unveränd. Aufl.). Stuttgart: Klett-Cotta (letzte überarb. Aufl. erschienen 2007; englisches Original erschienen 1985).

Sting, Stephan & Zurhorst, Günter (Hrsg.) (2000). *Gesundheit und Soziale Arbeit. Gesundheit und Gesundheitsförderung in den Praxisfeldern Sozialer Arbeit.* Weinheim: Juventa.

Straus, Florian (2008). Soziale Netzwerke und Identität. *Forum Gemeindepsychologie, 13*(1), Art. 5. Verfügbar unter: www.gemeindepsychologie.de/fg-1-2008_05.html [25.11.2020].

Taubner, Svenja, Fonagy, Peter & Bateman, Anthony W. (2019). *Mentalisierungsbasierte Therapie* (Reihe: Fortschritte der Psychotherapie, Bd. 75). Göttingen: Hogrefe.

Terr, Lenore C. (1991). Childhood traumas: An outline and overview. *American Journal of Psychiatry, 148*(1), 10–20.

Tews, Hans Peter (1995). *Altersbilder – Über Wandel und Beeinflussung von Vorstellungen vom und Einstellungen zum Alter* (Reihe: Forum, Bd. 16; 2., unveränd. Aufl.). Köln: Kuratorium Deutsche Altershilfe (Erstaufl. erschienen 1991).

Tolman, Edward C. (1967). *Purposive behavior in animals and men* (2., unveränd. Nachdr.). New York: Appleton-Century-Crofts (Original erschienen 1932).

Trieschman, Albert E., Whittaker, James K. & Brendtro, Larry K. (1990). *Erziehung im therapeutischen Milieu. Ein Modell* (6., unveränd. Aufl.). Freiburg: Lambertus (englisches Original erschienen 1969).

Trojan, Alf & Süß, Waldemar (2011). Soziale Netzwerke und Netzwerkförderung. In Bundeszentrale für gesundheitliche Aufklärung (Hrsg.), *Leitbegriffe der Gesundheitsförderung und Prävention* (S. 501–503). Gamburg: Verlag für Gesundheitsförderung.

Vaughn, Brian E., Heller, Carroll & Bost, Kelly K. (2012). Bindung und Gleichaltrigenbeziehungen während der frühen Kindheit. In Gerhard J. Suess, Hermann Scheurer-Englisch & Walter-Karl P. Pfeifer (Hrsg.), *Bindungstheorie und Familiendynamik* (2., unveränd. Aufl.; S. 53–82). Gießen: Psychosozial (Erstaufl. erschienen 2001).

Vaux, Alan (1988). *Social support. Theory, research, and intervention.* New York: Praeger.

Vidal, Nicole (2020). *ADHS – Karriere einer Diagnose.* SWR2 Wissen Aula, Sendung am 13.04.2020. Köln: SWR. Verfügbar unter: www.swr.de/swr2/wissen/adhs-karriere-einer-diagnose-swr2-wissen-aula-2020-04-13-neu-100.pdf [14.08.2021].

Voderholzer, Ulrich (2019). Die Dritte Welle der Verhaltenstherapie – Überlegenheit im Vergleich mit klassischer kognitiver Verhaltenstherapie? Editorial. *Verhaltenstherapie, 29*(2), 77–79. Verfügbar unter: www.karger.com/Article/Pdf/500697 [16.08.2021].

Watson, John B. (2000). *Behariovismus* (Reihe: Reprints Psychologie, Bd. 4; 5., unveränd. Aufl.). Eschborn: Klotz (englisches Original erschienen 1930).

Watzlawick, Paul (2018). *Die erfundene Wirklichkeit: Wie wissen wir, was wir zu wissen glauben? Beiträge zum Konstruktivismus* (11., unveränd. Aufl.). München: Piper (Original erschienen 1981).

Weersing, V. Robin, Jeffreys, Megan, Do, Minh-Chau, Schwartz, Karen T. & Bolano, Carl (2017). Evidence base update of psychosocial treatments for child and adolescent depression. *Journal of Clinical Child & Adolescent Psychology, 46*(1), 11–43. Verfügbar unter: www.ncbi.nlm.nih.gov/pmc/articles/PMC5296370/pdf/nihms841457.pdf [14.08.2021].

Weinberg, Dorothea (2020). *Traumatherapie mit Kindern. Strukturierte Trauma-Intervention und traumabezogene Spieltherapie* (Reihe: Leben lernen, Bd. 178; 7., unveränd. Aufl.). Stuttgart: Klett-Cotta (Erstaufl. erschienen 2005).

Weinhold, Kathy & Nestmann, Frank (2012). Soziale Netzwerke und soziale Unterstützung in Übergängen. In Silke Birgitta Gahleitner & Gernot Hahn (Hrsg.), *Übergänge gestalten, Lebenskrisen begleiten* (Reihe: Klinische Sozialarbeit. Beiträge zur psychosozialen Praxis und Forschung, Bd. 4; S. 52–67). Bonn: Psychiatrie-Verlag.

Weiss, Robert S. (1974). The provisions of social relationships. In Zick Rubin (Hrsg.), *Doing unto others. Joining, molding, conforming, helping loving* (S. 17–26). Englewood Cliffs, NJ: Prentice-Hall.

Weiß, Wilma (2008). Wie kann man Philipp beim Suchen helfen? Die Unterstützung von Selbstbildung – eine pädagogische Chance zur Bewältigung kumulativer traumatischer Erlebnisse. *Trauma & Gewalt, 2*(4), 328–336.

Weiß, Wilma (2016). *Philipp sucht sein Ich. Zum pädagogischen Umgang mit Traumata in den Erziehungshilfen* (Reihe: Basistexte Erziehungshilfen; 8., durchges. Aufl.). Weinheim: Beltz Juventa.

Weiß, Wilma, Kessler, Tanja & Gahleitner, Silke Birgitta (Hrsg.) (2016). *Handbuch Traumapädagogik* (Reihe: Beltz Handbuch). Weinheim: Beltz.

Wesenberg, Sandra (2015). Demenzielle Erkrankungen als gesellschaftliche Herausforderung – Zur notwendigen Änderung existierender Leitbilder. *Forum Gemeindepsychologie, 20*(2), Art. 2. Verfügbar unter: www.gemeindepsychologie.de/fg-2-2015_03.html [15.08.2021].

Wesenberg, Sandra, Frank, Christina, Andrade, Marilena de, Weber, Miriam & Gahleitner, Silke Birgitta (2019). *BEGEVAL. Begleitevaluation der Therapeutischen Jugendwohngruppen in Berlin. Abschlussbericht. November 2018* (Reihe: Schriften zur psychosozialen Gesundheit). Goßmannsdorf: ZKS Medien.

Wetzstein, Verena (2006). Alzheimer-Demenz: Entstehung eines Krankheitsbegriffs. In Nationaler Ethikrat (Hrsg.), *Altersdemenz und Morbus Alzheimer. Medizinische, gesellschaftliche und ethische Herausforderungen. Vorträge der Jahrestagung des Nationalen Ethikrates 2005* (S. 37–48). Berlin: Nationaler Ethikrat. Verfügbar unter: https://repository.publisso.de/resource/frl:2470980-1/data [15.08.2021].

Wetzstein, Verena (2012). Demenz als Ende der Personalität? Plädoyer für eine Ethik der Relationalität. In Silke Schicktanz & Mark Schweda (Hrsg.), *Pro-Age oder Anti-Aging? Altern im Fokus der modernen Medizin* (Reihe: Kultur der Medizin, Bd. 35; S. 179–196). Frankfurt: Campus.

Wienands, András (o.J.). Zur Verwendung der systemischen Familienskulptur in der Arbeitsweise von Peggy Papp, Virginia Satir sowie Fred und Bunny Duhl. *Zeitschrift für systemische Therapie, 21*(3/4), 155–169. Verfügbar unter: www.dgsf.org/service/wissensportal/andras-wienands-zur-verwendung-der-systemischen-familienskulptur-.. [17.08.2021] (Original erschienen 2003).

Willson, Rhena & Branch, Rob (2012). *Grundlagen der Kognitiven Verhaltenstherapie für Dummies. Ihr Weg zum inneren Frieden* (2., überarb. u. erw. Aufl,). Weinheim: Wiley-VCH (englisches Original erschienen 2005).

Wirtz, Ursula (2005). *Seelenmord. Inzest und Therapie* (13., unveränd. Aufl.). Zürich: Kreuz (Erstaufl. erschienen 1989).

Wißmann, Peter & Gronemeyer, Reimer (2008). *Demenz und Zivilgesellschaft – eine Streitschrift*. Frankfurt: Mabuse.

Wolpe, Joseph (1977). *Praxis der Verhaltenstherapie* (2., unveränd. Nachdr.). Bern: Huber (englisches Original erschienen 1969).

World Health Organization (WHO) (1946). *Verfassung der Weltgesundheitsorganisation.* Genf: WHO. Verfügbar unter: www.admin.ch/ch/d/sr/i8/0.810.1.de.pdf [17.08.2021] (in Kraft getreten 1948).

World Health Organization (WHO) (Hrsg.) (1950). *Handbuch der internationalen statistischen Klassifizierung der Krankheiten, Gesundheitsschädigungen und Todesursachen. 6. Überarbeitung des internationalen Verzeichnisses der Krankheiten und Todesursachen.* Angenommen 1948 von der Weltgesundheitsorganisation in Genf. Deutsche Ausgabe. 3 Bde. Wiesbaden: Statistisches Bundesamt. Verfügbar unter: www.dimdi.de/dynamic/.downloads/klassifikationen/icd-vorrevisionen/icd-6.zip [13.08.2021].

World Health Organization (WHO) (2001). *The World Health Report 2001. Mental health: new perspectives, new hope.* Genf: WHO. Verfügbar unter: www.who.int/entity/whr/2001/en/whr01_en.pdf [25.11.2020].

World Health Organization (WHO) (2016). *Internationale Klassifikationen psychischer Störungen. ICD-10 Kapitel V (F). diagnostische Kriterien für Forschung und Praxis* (6., überarb. Aufl. unter Berücksichtigung der Änderungen gemäß ICD-10-GM [German Modification] 2016). Bern: Hogrefe.

World Health Organization (WHO) (2019). *ICD-11. International classification of diseases 11th revision. The global standard for diagnostic health information.* Genf: WHO. Verfügbar unter: https://icd.who.int/en/ [18.11.2020].

Wygotski, Lew Semjenowitsch (2003). Das Bewußtsein als Problem der Psychologie des Verhaltens. In Lew Semjonowitsch Wygotski, *Ausgewählte Schriften. Bd. 1: Arbeiten zu theoretischen und methodologischen Problemen der Psychologie* (unveränd. Nachdr.; S. 279–308). Köln: Pahl-Rugenstein (deutsche Erstausg. erschienen 1987; russisches Original erschienen 1925).

Yehuda, Rachel (2002). Die Neuroendokrinologie bei Posttraumatischer Belastungsstörung im Licht neuer neuroanatomischer Befunde. In Anette Streeck-Fischer, Ulrich Sachsse & Ibrahim Özkan (Hrsg.), *Körper, Seele, Trauma. Biologie, Klinik und Praxis* (2., durchges. Aufl.; S. 43–71). Göttingen: Vandenhoeck & Ruprecht.

Zimmermann, Peter, Brückl, Tanja, Lieb, Roselind, Nocon, Agnes, Ising, Marcus, Beesdo, Katja & Wittchen, Hans-Ulrich (2008). The interplay of familial depression liability and adverse events in predicting the first onset of depression during a 10-year follow-up. *Biological Psychiatry, 63*(4), 406–414.

Zogg, Heidi (2005). *Wandel der psychiatrischen Nosologie von 1950 bis heute (Diagnostik von ICD-6 bis ICD-10). Eine kritische Studie zu den ICD-Revisionen.* Dissertation. Zürich: Universität Zürich. Verfügbar unter: http://psychotherapie-zogg.ch/wp-content/uploads/2020/11/Dissertation-.pdf [13.08.2021].

Zulauf Logoz, Marina (2012). Bindung, Vertrauen und Selbstvertrauen. *Zeitschrift für Pädagogik, 58*(6), 784–798.